U0124487

樂金文化

樂金文化

劉奕吟——譯

羅伯特‧霍克特 & 亞倫‧詹姆斯
Robert Hockett　　Aaron James

消除你對貨幣供給過多的疑慮，
從聯準會政策看收入、失業率、
惡性通膨問題的解答

通膨的
恐懼

MONEY
FROM
NOTHING

Or, Why We Should Stop Worrying
About Debt and Learn to Love the Federal Reserve

目錄

我指的是債務——新的紅色威脅，這次是由油墨組成。

——米奇・丹尼斯（Mitch Daniels，共和黨籍前印第安納州州長）

不帶諷刺意味的說

我認為，「在任何時候都必須預算平衡」的迷信，是存在一些道理的。一旦被揭穿，就會奪走每個社會為了防止支出失控，而必須擁有的保障之一。

——諾貝爾經濟學獎得主　保羅・薩繆森（Paul Samuelson）

現在看看這些笨蛋
你就是這樣子搞的
你在 MTV 上彈吉他
那些都是做樣子的
歌星就是那樣搞的
這樣就能賺到錢，還會有女人倒貼

——險峻海峽合唱團（Dire Straits），

〈不勞而獲〉（Money for Nothing）

序言

要談論對通膨的恐懼，
得先揭開金錢的神祕面紗

「你一直都有這樣的力量，親愛的，只是你必須自己學會如何使用它。」
——葛琳達（Glinda），北方的善良女巫，
《綠野仙蹤》（*The Wizard of Oz*，1939）

　　小時候你也許跟許多人一樣，看過電影版的《綠野仙蹤》。你也許還記得剛剛引用的那句話，是出現在故事最後場景的重要台詞。善良的女巫葛琳達在向桃樂絲（Dorothy）解釋，她漫長的磨難（被一場大風暴捲離她的家鄉堪薩斯州）可能具有什麼意義。

　　重要的教訓是：你一直有能力回到堪薩斯州——用你的鞋子輕輕的互敲。你只是沒有意識到而已，所以你必須自己去學習。**但現在，你可以藉由了解自己的能力，來賦予自己力量。**

　　這聽起來很像女性賦權的寓意，它也很可能確實是。但如今人們經常忘記，這部根據李曼·法蘭克·鮑姆（L. Frank Baum）所寫的兒童讀物改編的電影，**最終是一部關於金錢的寓言故事**。鮑姆不僅曾經是一名演員，寫過許多關於奧茲國的故事（虛構的美國烏托邦），還是曾經擁有一

間報社的政治活躍分子。這個人們自以為十分熟悉的故事，其實是在回應鮑姆那個時代的經濟危機。[1]

但我們這本書不是寓言故事。如果這本書有一個重要的論點，那就是即使在一百年後，人們依然沒有把葛琳達（和鮑姆）提示的教訓銘記在心。教訓是：雖然我們歷經金融危機，我們一直擁有力量能控制金錢。不過，我們還沒有完全意識到，它能如何協助治癒我們的社會。

現在，是時候透過了解我們的能力，賦予我們自己力量了。

真的嗎？《綠野仙蹤》（一本被人忽視的政治哲學小書）是未來繁榮的關鍵，或許也是拯救國家的關鍵？是的。回想一下那個著名場景：桃樂絲與她的同伴，沿著黃磚路，最後到達翡翠城。偉大的巫師正在上演一場壯觀的表演。突然，小狗托托（Toto）拉開布幕，露出了一個忸怩作態、笨手笨腳的人，在用煙霧和鏡子變戲法。現在，我們用「拉開布幕」這句老話，來表示揭幕或揭開面紗。我們幾乎已經忘記，最初的寓言所拉開的布幕是什麼了。

鮑姆的書在 1900 年出版時，其本意是揭露「金本位」是一種幻覺。也就是不存在金色石子鋪成的「黃磚路」，能通往共享繁榮的綠色翡翠城永遠是神話，太多的宣傳。

回想一下主要人物就行了。布幕後面笨手笨腳的「奧茲巫師」是誰？（oz. 的意思是「盎司」，這當然是衡量貴金屬的單位）他代表當時的政府官員。

東方和西方的邪惡女巫是誰？就是東海岸和西海岸城市的銀行家們，他們為了私人利益而大肆宣揚黃金的神話──這個利益是以犧牲大片內陸地區為代價的。

膽小的獅子呢？則是放任銀行家為所欲為的政治階級與知識分子。

沒有心臟的錫鐵人呢？是城市裡的產業工人，他們從不與農民結盟。

桃樂絲是誰？她是中西部農家的女兒，在 1890 年代經歷了經濟衰退和房屋喪失抵押品贖回權的浪潮。經濟衰退就是把桃樂絲從家鄉堪薩斯州捲走的巨大龍捲風。

　　如果這些還不明顯，就再想想鮑姆那個時代的危機——他經歷過的危機。到了 1900 年，美國經濟已經經歷幾十年的貨幣匱乏。畢竟，這就是金本位的全部意義所在——將貨幣的供給，限制在從地下挖出來的、某種特定黃色石子的稀缺供應上。因此，當西部、澳洲、或南非的淘金者們一整年的收穫不好時，唉，就沒有足夠的錢能維持經濟成長。這會造成經濟學家所說的「通貨緊縮」，也就是「太少的錢追逐太多的商品」，進而導致中西部的經濟緊縮。大城市以外的農民（例如：堪薩斯州）受到的衝擊最大。

　　早期的美洲殖民地缺乏貴金屬，所以他們使用帳面信用（被稱為「代用貨幣」〔scrip〕的紙張），甚至是以菸草或貝殼珠子當作貨幣。後來，革命後的共和國開國元勳們接管政權，宣布一種新的記帳單位（也就是「美元」），正式將美元跟黃金、白銀掛勾。但實際上，它往往只與其中一個或另一個掛勾，這取決於有什麼金屬可用。美國內戰期間，綠背紙幣「美鈔」（譯注：greenback；因為鈔票背面為綠色，故美元被俗稱為綠背紙幣）的發行與黃金或白銀都沒有嚴格的關聯，因為這時的美國公債被認為「跟黃金一樣好」。到了 19 世紀中後期，主要的政治運動——「美鈔黨黨員」（Greenbacker）和後來的「自由鑄造銀幣團體」（free silver men；或譯白銀黨黨員）都瘋狂圍繞著貨幣政策，這在我們現在看來似乎有些奇怪。後來被稱為「1873 年罪行」（crime of 1873）的鑄幣法案，為我們帶來現在所說的「金本位」，最終引起了特定人的憤怒。據說，倫敦與紐約的銀行家們，像是羅斯柴爾德（Rothschilds）與摩根家族（Morgans）誘騙了容易上當的國會議員，在立法的午夜最後一刻將白

銀「去貨幣化」（demonetize）。因此，在之後的蕭條週期中，不信任和懷疑只會加劇。到了 1896 年，美國內布拉斯加州「民粹主義」眾議員威廉·詹寧斯·布萊恩（William Jennings Bryan），在一場被有些人視為是美國歷史上最著名的演講中，譴責這種只與黃金掛勾的作法。「你們不應該把帶刺的皇冠壓在勞工的額頭上。你們不應該把人類釘在黃金的十字架上。」他怒吼。

布萊恩是個坦率的人，他提出一個嚴肅的建議，與美國人過去使用貝殼、代用貨幣，以及其他形式的貨幣的作法一致：**如果沒有足夠的美元，就發行更多的美元**。因為現在除了黃金以外，還有白銀可支持。鮑姆是一名支持進步政策的前記者，也是早期的女權主義者，他很清楚他所處時代的政治，而他似乎也同意這個觀點。在最初版本的故事中，桃樂絲穿著一雙銀色的拖鞋，暗指「金銀複本位制」（bi-metallism），也就是使用兩種金屬當作貨幣本位。你該如何「用鞋子互碰發出喀嗒聲」然後「回到堪薩斯州」呢？官員們只需要在公開聲明中，取消只與黃金掛勾的承諾，更多的貨幣流通就將會「再次重振」經濟，有利於當時仍是主要經濟支持者的農民。

富蘭克林·德拉諾·羅斯福（Franklin Delano Roosevelt）總統最終在 1933 年發表聲明。他宣布，從那時起，無論是黃金或其他任何石子，都將不再支持國內貨幣的轉換。偉大的英國經濟學家凱因斯（J. M. Keynes）稱這項決定「極其正確」。「金銀複本位制」現在對我們來說聽起來很荒謬，因為它的概念是：我們需要更多的石子，這一次是銀色的石子。但是，那是因為我們對貨幣的理解發生了根本性的變化，因此回想起來，會認為金本位制度本身有多麼的瘋狂。

透過對金錢「揭開布幕」，鮑姆的寓言故事引出更深層的問題：為什麼要偏執於石子，而不是沙灘上的貝殼，或銀河中的星星呢？錢不在那些

地方。**金錢從來就不是黃金、白銀、紙或任何有形的東西**，這些東西的數量從來就不正確。雖然鮑姆的書沒有產生直接的政治影響，但這個哲學觀點至今仍使我們受益——誰知道呢，當美國開始接受這個教訓，也就是大約三十年後透過法令發行貨幣時，或許當時已經長大成人的孩子們，還記得葛琳達在他們的床邊故事中給予的良好一課。

威廉·詹寧斯·布萊恩本身是 1913 年美國的中央銀行——美國聯邦準備理事會（The Federal Reserve），英文又稱「the Fed」——成立過程中的關鍵一角。聯準會的成立，為二十年後的 1933 年羅斯福宣布建立明確的法定貨幣，奠定了基礎。美元終於完全「社會化」，即由公營銀行發行與管理。在經歷一開始的成長陣痛期之後，新的中央銀行透過發行新貨幣支付戰爭時期的巨額開支，同時用財政部發行的「自由公債」（Liberty Bond）抵消潛在的通貨膨脹影響。美國已經準備好兌現其共享繁榮的承諾。在 1950 年代與 1960 年代，美國做得比以往任何時候都還要好。這是今天許多人歌頌的美國資本主義的戰後「黃金時代」。

在某種程度上，我們的中央銀行、公營銀行，以及「社會化」美元做為資本主義支柱的顯著成功，從未消除美國六十幾年來，在官方金本位制度上造成的所有混亂。也許這沒什麼好驚訝的。畢竟，這就是美國。當歷史學家理查·霍夫士達特（Richard Hofstadter）發現他所稱的「美國政治中的妄想偏執風格」時，他舉例最重要的特徵是「激烈誇張的感覺、多疑和陰謀幻想」；還有 1950 年代的麥卡錫主義（編按：McCarthyism；這個詞語源自於 1950 年代以美國共和黨參議員約瑟夫·雷蒙德·麥卡錫為代表的一種政治態度。麥卡錫認為，共產黨滲透了美國政府的某些部門與其他機構。為了阻止國家被顛覆，他用大規模的宣傳和不加以區分的指責，製造一系列的調查和聽證去曝光這些滲透。後來，延伸意為用大規則的宣傳與沒有證據支持的指責，去打壓他人或政治上的異己），是「民粹

主義」領導者在 1895 年對「國際黃金戒指的祕密陰謀集團」的擔憂。許多美國人因為害怕「社會主義」而抗拒聯邦準備系統的建立，這也是意料中的事。難怪羅斯福在 1933 年放棄黃金承諾時，會被視為是一種政府接管的政策。羅斯福自己的預算主管路易·道格拉斯（Louis Douglas）還辭職，稱這是「西方文明的終結」。

隨著極端分子對其他正常人產生或大或小的影響，妄想偏執的風格也隨時代的變化來來去去。但正如霍夫士達特所解釋的，它對政治右派的影響一直特別大：

正如丹尼爾·貝爾（Daniel Bell）所言，現代右派覺得自己被剝奪財產。儘管他們下定決心要重新奪回美國，阻止最後的破壞性顛覆行為，但美國基本上已經從他們與他們的同類身邊被奪走了。過去美國的美德，已經被四海為家的人和知識分子蠶食了；過去的競爭的資本主義，已經逐漸被社會主義和共產主義的陰謀家破壞了；過去的國家安全與獨立，已經被叛國陰謀破壞了，他們最強大的代理人不僅是外來者和外國人，還有處於美國權力中心的主要政治家。

以上內容在今天肯定能引起共鳴。但是請注意，這些內容是在 1964 年所寫下的。[2]

同年，史丹利·庫柏力克（Stanley Kubrick）的黑色喜劇巨作《奇愛博士》（*Dr. Strangelove or: How I Learned to Stop Worrying and Love the Bomb*），首次出現在美國電影的銀幕上。「妄想偏執狂」就是它的重要主題之一。失控的美國空軍將領傑克·D·里巴（Jack D. Ripper）對蘇聯發動核武攻擊，來報復他猜想敵人對美國供水系統的祕密攻擊——氟化物的偷襲。「我再也不能坐視共產主義的滲透、共產主義的灌輸、共產主義

的顛覆——以及國際共產主義的陰謀——榨取和淨化我們所有的珍貴體液。」雖然聽起來很奇怪，但當時的觀眾很快就能認出，庫柏力克對約翰伯奇協會（John Birch Society）當時反對自來水加氟做為「集體醫療」的惡搞，又是另一個共產主義的威脅。

在這本書裡，我們認為失控的債務與通貨膨脹帶來的「綠色威脅」，跟霍夫士達特與庫柏力克對「紅色威脅」的理解和惡搞，並沒有什麼不同。事實上，非理性的恐懼總會阻礙人們對金錢的合理理解。這樣的恐懼使《007：金手指》（Goldfinger；英國特務詹姆士·龐德〔James Bond〕阻止從諾克斯堡竊取黃金的陰謀）等電影大受歡迎，也引發人們對諾克斯堡是否還有黃金的懷疑——如果沒有，這些黃金都去哪裡了。這樣的恐懼還推動了更重大的發展，像是 2008 年金融危機後的財政撙節，以及像前國會議員羅恩·保羅（Ron Paul）等金甲蟲（goldbug）的重新出現——他幾十年來一直呼籲調查「諾克斯堡事件」、恢復金本位，甚至是徹底廢除聯準會（「終結聯準會」）。妄想偏執的政治風格解釋了為什麼金錢怪人、叫賣小販與狂熱者，總是能在金融危機之後從陰影中走出來，以及為什麼在 2008 年金融危機過後，參議員泰德·克魯茲（Ted Cruz）會再次呼籲金本位。想像一下：他會因為在他的支持者面前表現得嚴肅認真，而獲得加分。可以肯定的是，妄想偏執狂不只是政治右派的弊病。有些占領華爾街（Occupy Wall Street）活動的抗議者，也加入羅恩·保羅呼籲廢除聯準會的行列，部分原因是聯準會在 2008 年之前的繁榮時期管理不善，部分原因是它放寬貨幣供給（「量化寬鬆」〔quantitative easing，簡稱QE）帶來不公平的結果。[3]

唉，今天的情況與一百年前相比，其實並沒有太大不同，當時聯邦準備系統才剛起步，我們問問自己，如何做才能最適當的確保資本主義對大多數人有效，或甚至問問自己，資本主義是否能勝任這項任務。上一次出

現的協議，讓我們迎來了美國資本主義的「黃金歲月」，以及一度看似不可避免的自由民主（具有相對自由的市場與社會保險的「混合經濟」）崛起。如今，世界各地建立起來的民主制度正「倒回」威權主義（由最富有或能力最差的人統治）和裙帶資本主義。民主共和國這個概念的可行性，本身就是個問題。

因此，我們真的應該思考：我們是否充分接受葛琳達（和鮑姆）的教導了？我們是否真的了解金錢的力量，了解我們身為社會一分子能做的事情了？**我們能更適當的理解金錢，迎接一個新的「黃金」時代嗎？**

它發生過一次。它就有可能再發生一次。

我們希望這本書能幫助你意識到，金錢對於我們共同的政治計畫有多麼重要。你將會看到，聯邦準備系統如何朝對人民有利的方向更好的運作。你甚至會對口袋裡和銀行帳戶裡的錢更加了解。有些投資者因為擁有這種高級知識而大賺一筆。但是，難道我們不都應該了解我們的錢嗎？畢竟，錢是我們主要的公共制度之一。當然，這對有效的民主來說更是不可或缺的。

然而，如果你真的想了解金錢與其運作，也許不應該去問傳統學術界的經濟學家。從經濟學教科書封面上所有的硬幣與美元符號，你可能無法得知這點，美國主要大學的主流經濟學家很少關注貨幣與銀行業。你最好去問央行總裁、市場交易員或金融法律專家——這些人往往會知道，政府機構實際上是如何運作的（畢竟，他們的生計仰賴於此）。

幸運的是，我們作者當中有一位——鮑伯——剛好是金融監管方面的專家，且擁有在紐約聯邦準備銀行（New York Federal Reserve）、國際貨幣基金（International Monetary Fund, IMF）、以及曼哈頓中城的一家精品投資銀行工作的第一手經驗。

但是，歸根究柢，錢究竟是什麼？這個問題並非只是一個法律或技術

問題；這也是一個哲學問題。幸運的是，作者當中的另一位——亞倫——剛好是一位研究經濟學與政治哲學交叉領域的專業哲學家。

鮑伯接受過金融與哲學方面的訓練。經濟學家與金融家聽到他在耶魯大學接受過諾貝爾獎得主羅伯・席勒（Robert Shiller）的教導，一定會印象深刻；哲學家們如果聽說，他在牛津大學當羅德學者（Rhodes scholar）的時候，曾與偉大的邁可・達米特（Michael Dummett）研究數理邏輯和哲學，一定會刮目相看。亞倫寫了一本關於全球經濟公平——總之，就是這個概念——的書，並與研究哲學且稱之為「社會科學」的經濟學家結識。他在哈佛大學當研究生時，曾與著名的托馬斯・斯坎倫（T. M. Scanlon）一起學習，這也為我們把金錢看作是社會契約（透過它，我們給予彼此應得的東西）的一部分想法帶來了紅利（斯坎倫寫過一本著名的道德哲學著作，名為《我們對彼此負有什麼義務》〔*What We Owe To Each Other*〕）。

也許我們兩人在某個時刻相遇並且攜手合作，不是偶然而是必然的。我們很快便成為很好的朋友。正如我們在深夜談話——有時候長達八小時——中所發現的，金錢在哲學與政治上的重要性，竟然在學術高度專業化的道路上消失了。這是一個絕佳的研究機會。然而，我們相信金錢這個主題太重要，不能被掩埋在學術的詭辯之中；同時也太急迫，不能等待同行審查的出版過程。考慮到大眾對金錢與公共財政的困惑，我們決定盡自己的一份力量，為 21 世紀再次揭開布幕。

我們的想法是，把法律、經濟、歷史與哲學的各個部分融合在一起，寫成一本一般讀者都能理解與明白的書，希望讀者的目光不會變得太呆滯。許多關於金錢的書籍與著作都採用辯論式風格，使人閱讀起來輕鬆愉快，理解起來卻模糊不清。但是，太多時候，在模糊的口號和世俗的裝腔作勢下，重大的錯誤往往以智慧的名義傳播。被認為是顯而易見的東西，

其實不應該是顯而易見的。我們想揭開金錢的神祕面紗，真正了解它，弄清事情的真相，所以我們避開很多常用的修辭手法。我們冒著讓讀者昏昏欲睡的風險，試著用通俗易懂的語言，慢慢的、清楚的解釋最基本的內容，希望能幫助那些困惑的公民，理解那些常被晦澀難懂或技術性語言所掩蓋的概念。如果我們夠幸運的話，相信習慣激烈爭辯的老練讀者，會感謝我們清除了輿論的迷霧。

　　一旦我們的思維都更清晰了，只要我們眼前有好的選擇，也許，只是也許，我們就會開始一起為未來做出更好的選擇。

量化寬鬆不等於通膨？
——金錢的本質是「承諾」

　　美元、美元、美元——只要住在美國的領土上，或者我們是美國公民，就別無選擇，只能想辦法以某種方式來獲得美元。無論是：為了美元去做一份討厭的工作，努力存美元，努力不讓自己在美元資產上破產；向朋友、祖父母、或「發薪日」貸款人借美元；用美元來安排生活、愛好和休閒娛樂。我們常常在追逐美元、美元、美元。在這片自由的土地上，我們慶祝我們賺錢的自由。但說實話，我們是被迫以美元「購買」自由，年復一年（直到死亡解救我們）。

　　死亡與稅——就像人們說的，逃稅是不可能的，更不用提那些惱人的費用、罰款和交通罰單了。假如你的腳踏車或購物推車撞到一輛停在路旁汽車的擋泥板，這也許只是個意外，但你還是要承擔損害賠償的責任，也許是透過法院的命令。這可能會花掉你很多錢。對於任何這類的法律強制性的支付，相關政府部門的官員絕不會接受歐元、比特幣或臉書股票。在美國，他們只接受美元。

　　除非你交出美元，無論是拿現金或是找銀行借貸，否則總有一天，你的工資會被扣除，或者你會被送進監獄。在殖民時期的美國，窮人有時被允許用穀物，或他們自己種的任何東西納稅——那個時候，錢幣很難弄到

手。但如今，除了美元其他東西都不行。也就是說，只有美元能讓你遠離牢獄之災。

對於那些（以美元計）已經很富有的人來說，自由得來很容易（無論他們是靠工作、運氣，還是繼承遺產）。對大多數美國人來說，購買自由是昂貴的，別提賺錢讓人精疲力盡了。在最近的一項調查中，有超過60% 的受訪者說，由於沒有存款，他們不得不借錢來支付 500 美元的汽車修理費。[1]

我們聽到戰後幾十年「黃金時代」的懷舊故事，當時美國或多或少兌現「水漲船高」的承諾——無論遊艇和小艇都是。大批的中產階級蓬勃發展，工作比他們以前所做的好多了。而且，工資更高，工作時間更短。每個人都喜歡新的四十小時工作週，這讓他們有更多的時間度過悠閒的晚上、週末，或是跟朋友和家人在黃金歲月去湖邊或海灘的假期。這聽起來像是一種社會交易，讓整個強制的體系看起來是可接受的——但那是五十年前的事了。順帶一提，五十年也就是半個世紀。如今，隨著共享繁榮的承諾成為歷史的後照鏡，太平盛世的夢想正在消逝。

人們很容易感到絕望。**如果美國無法實現共存共榮的承諾，還有什麼事能恢復人民的信心呢？幸運的是，我們還有一條前進的路。我們只需了解金錢的力量就可以了。**

在討論時間的本質時，聖奧古斯丁（Saint Augustine）曾坦言：沒有人問我時間是什麼的時候，我知道；但一問我，我就不知道了。

金錢也讓人覺得難以描述。我們窮極一生在追逐它，試圖得到更多的錢。但至於我們真正希望得到的是什麼，我們之中卻很少人明確的知道。

很少有東西能對人類的交易活動產生如此深遠的影響。我們為了它長時間工作，擔心擁有太少或太多的它；為了它爭吵，甚至可能為了它破壞婚姻、友誼、或商業夥伴關係。考慮到它帶來的種種麻煩，以下是個好問

題：人們是否應該避開這個東西，或者至少找些更值得關注的東西。即便如此，除了最清心寡慾的人以外，幾乎所有人都想多擁有它一點。

如此吸引我們注意的「它」到底是什麼？當被問到「錢」是什麼的時候，很少人能回答得出來。就像時間和妙妙貓（Cheshire Cat）一樣，當你努力盯著它看時，它就消失了。正如路易斯·卡洛爾（Lewis Carroll）在《愛麗絲夢遊仙境》（*Alice in Wonderland*）中所說，這是「沒有貓的笑容」（編按：《愛麗絲夢遊仙境》故事中，愛麗絲追逐時而出現、時而消失的貓，貓的笑容一直出現，但你永遠看不到那隻貓〔a grin without a cat〕。這裡比喻錢像融入空氣之中，只是人們看不見）。

金錢比以往任何時候都更能主宰這個世界，但就連受過良好教育的人也愈來愈不了解它。許多人意識到，如今「錢不以任何東西為基礎」——不是金條、不是存放在銀行金庫某處的成堆硬幣或紙幣。金錢現在是「法定貨幣」，是透過簡單的決定，就像是奉國王之旨，就能由政府發行出來的。它以某種方式存在銀行體系之中，以電子貸方與借方的形式，在我們的銀行帳戶之間流動。我們對新的支付技術很輕易就能上手。在大城市，人們只需用一張簽帳金融卡或信用卡就能過日子，或者用電子銀行轉帳就能購買車子或房子。在開發中國家，如今支付方式通常是透過簡訊在進行——**現在手機在真正意義上是持有現金的**。也許我們永遠不會有一個完全沒有現金的未來，但我們現在可以很輕易的想像這種情況。這件事本身能告訴我們一些事情：現金本身不是金錢，而是它的象徵、代表或化身。

然而，我們之中的許多人依然認為，與黃金、紙幣或硬幣——你知道的，就是那些可以拿在手裡、鎖在保險箱裡、或放在床墊底下的東西——相比，金錢的「虛擬」現實讓人困惑，甚至不值得信賴。畢竟，人們確實有理由對「法定貨幣」的空泛本質，以及它是否與一直以來的貨幣有所不同，感到哲學上的困惑。

金錢無疑仍是舉足輕重的東西，是人類事務中更重要的力量之一。它是什麼呢？當然，我們需要更適當的理解這個東西，它抽象的特性，它具有能改善或扭曲生活的力量。雖然時間的本質可能不是最緊迫的問題，但金錢的本質對每個人的生活、我們的社會、以及它的未來，都至關重要。

　　所以，這是一個固有的哲學和實際問題：錢是什麼？為了得到答案，請再看一次 1 美元紙鈔。在最上方，你會看到「聯邦儲備票據」（Federal Reserve Note，或譯為聯邦儲備券）的字樣。大多數人都不知道這是什麼意思，但律師會告訴你，這裡的「票據」（note）是法律專有名詞「本票」（promissory note）的縮寫。這是借據的專業術語。1 美元的紙鈔是由美國中央銀行（聯邦準備系統）所發行的借據，代表某種承諾。因此，假設已經發行貨幣超過一個世紀的聯準會，對於貨幣的定義並不是完全錯誤的，那麼**貨幣本身就是……一種承諾**。

　　是哪種承諾呢？簡單來說，這是一種稅額抵減。當然，還有更多承諾，因為你可以把它花在各式各樣的東西上。但除了商業用途以外，如果你拿出 1 美元（或夠多的美元）來支付稅單，這就是政府不會把你送進監獄的承諾。1 美元是一張「免獄卡」，是你每年「通往自由的門票」。

　　但如果美元是一種承諾，它們就可以像任何承諾一樣，只要決定做出承諾，就能被發行。一個人會如何答應和一位朋友見面喝咖啡呢？只要下定決心說出那句神奇的話：「到時候見，我答應你！」就行了。如果美國人要讓共和國恢復共享繁榮的感覺，前進的道路其實是簡單而美麗的：只要做出新的、更好的美元承諾就好了。**具體來說，中央銀行可以直接給我們錢。或者，國會可以決定透過財政或貨幣當局給我們錢**；在美國，即是財政部與聯準會，就像它們在冠狀病毒大流行期間所做的那樣。

　　這聽起來是否太天真了，或者太容易了？如果是，你可能需要更加了解金錢實際上是如何運作的。銀行體系已經創造並給予我們錢，它只是以

一種間接和低效率的方式進行。如果央行直接把錢存進我們的銀行帳戶，它就能更有效率的完成它當前的工作（當然，它還必須管理通貨膨脹——我們將會解釋它如何可靠的做到這件事）。大多數人不會覺得這是顯而易見的。不過，這只是顯示，我們需要更深入的了解金錢是什麼，以及銀行在做什麼。

在 2008 年之前的繁榮時期，樂觀情緒很容易出現。美國經歷了三、四十年的工資停滯不前，與日益分歧的政治氣氛。但是，你知道的，這是美國！這是一個積極樂觀的國家！接著，突然之間，籠罩美國人的自信常態和無可躲避的繁榮霧氣消散了。納稅人為大型投資公司紓困；數以百萬計的納稅人失去他們的工作、房子、以及充滿希望的未來。金融體系因為運轉失常和腐敗而暴露無遺。在不確定的未來面前，信任崩潰了。

布希（Bush）與歐巴馬（Obama）政府的官員們為了恢復銀行體系，做了他們必須做的事情。他們阻止一場更大的災難。為了清理資產負債表而設計的問題資產紓困計畫（Troubled Asset Relief Program，簡稱 TARP），甚至為公眾帶來好處。但是在政治上，這不重要。抱怨幾乎馬上就出現了。陶德－法蘭克法案（Dodd-Frank Act）通過後，對私人銀行制定更嚴格的監管，但在我們剛剛目睹的這場金融災難面前，該法案似乎顯得相當溫和。主要的作惡者幾乎沒有為他們的罪行受苦。金融家們一度失去了聲望，但很快的，他們又重回大量、快速的賺錢方式。

此外，還有非常多的作惡者該受責備。他們主要是貪婪、短視的銀行家嗎？還是那些掩護他們的經濟學家？或者是極右派和極左派都喜歡的目標——聯準會，也就是美國的央行？是派對正熱鬧的時候，選擇不「端走酒杯」的繁榮時期聯準會主席艾倫·葛林斯潘（Alan Greenspan）？葛林斯潘故意讓房地產泡沫膨脹並破裂，以為我們或許能滿懷希望的在事後收拾殘局（他後來承認這是個錯誤——他誤判投資者的謹慎）。或者，

真的是讓擁有房子的美國夢變得太容易的房利美（Fannie Mae）與房地美（Freddie Mac）嗎？或者，就這個問題而言，是那些成千上萬個擴張他們的信貸額度、購買更多的房子、以為這些房子只會增值的人嗎？因為，你知道的，鄰居們可以用「自述收入」（stated income）貸款買房子，然後似乎突然之間就變富有了。

左派與右派傾向用不同的診斷方法，但都找到了一個基本的共識：一定有什麼地方出了大問題。在這些自我交易、自我服務的合理化，以及明顯對於到底發生什麼事缺乏了解之後，現在誰還能受到信任去解決問題？銀行家們自己對複雜的金融市場知之甚少，他們只知道用來榨取利益的利基市場；監管機構常常聽從銀行家的觀點，遵循盲目的「相信市場」口號；此外，經濟學界一直是放鬆管制的最大鼓吹者，他們對即將到來的危機完全沒有意識，對歷史上的蕭條與崩潰也有一定程度的遺忘或漠不關心。所以，人們想知道，誰是「專家」？或者，真正的專家還存在嗎？

最終，美國找到一位意想不到的英雄──一位謙遜、說話溫和的普林斯頓大學教授，也是經濟大蕭條時期的學生，名為班．柏南克（Ben Bernanke）。

聽起來可能令人驚訝，但美國主要學術部門的經濟學家們，並非真正了解中央銀行、貨幣、以及信用的「管路系統」。他們大多沒有接受過這樣實用性的訓練，只透過兼職工作或獨立學習來了解。總體經濟學只教基礎的課程，目前依然有專家，但是做為一項嚴肅的研究項目，總體經濟學早已失寵。對於大多數「嚴肅」的經濟學家來說，它要不是「個體」，就是「也是個體的總體」，或者什麼都不是。

柏南克是一個老派的經濟學家。他仔細的研究歷史，比較不依賴那些讓近代經濟學家著迷的模型，並找到了想像非傳統行為的勇氣。當他被任命為聯準會主席時，他的領導能力終於將經濟推向復甦。

經濟經歷了長時間平緩但穩定的改善——至少在 COVID-19 疫情爆發之前（在我們最後一次編輯本書時，股市已經崩盤，聯準會已將 1.5 兆美元注入經濟體系——它們做了我們建議的事。至於疫情造成多大的傷亡，我們現在仍緊張的等待著）。然而，儘管我們曾享受過一段時間的「好經濟」，但美國仍然漂泊無依。它不信任他人，總是找人來責怪，而且它的承諾比以往任何時候都更加不確定。我們健忘，或者急於把過去拋諸腦後，現在又被一場可能帶來嚴重的經濟、社會、醫療後果的突發公共衛生事件，打個措手不及。生活中有很多東西是人們不需要完全理解的，人們可以在一棟建築物裡生活或工作，無須了解它的管路系統。只有當發生緊急情況，水電工被叫來的時候，人們才能真正了解一、兩件通常被認為是理所當然的事情。如果說 COVID-19 疫情的爆發，就像經歷一部我們已經看過的糟糕恐怖電影一樣，那麼 2008 年的突發事件可能會讓人覺得已經過去很久了，甚至被遺忘了。但是在那之後的十年左右，我們從來沒有學到金融危機教了我們哪些關於錢的事——包括如何恢復民主方面，以及柏南克向我們證明了什麼。

柏南克擔任聯準會主席時的絕招是什麼？他復興了英格蘭銀行（Bank of England）曾經採取的措施。聯準會參與擴大的「公開市場操作」（open market operations），這代表它購買大量與住房相關的金融資產，而不是將自己局限於更傳統的美國公債。第三階段的「量化寬鬆」（稱為 QE III），將有效的為房價設定一個「下限」。這是大多數美國人的生計與財富所在，因此上漲的價格將會在整體經濟中產生漣漪效應。雖然這個絕招當時是非正統的，但卻取得出色的效果（聯準會也宣布類似但更為激進的措施，以應對疫情大爆發）。

在 2009 年《60 分鐘》（60 *Minutes*）節目的訪談中，記者斯科特・佩利（Scott Pelley）詢問柏南克一個看似非常合理的問題：聯準會究竟如

何為所有的支出買單？數百萬的房屋，以及因此而產生的抵押資產，都很昂貴，對吧？以下是採訪的過程：

記者斯科特・佩利：聯準會花的錢是納稅人的錢嗎？

聯準會主席柏南克：不是稅收。銀行在聯準會會有帳戶，就像你在商業銀行有帳戶一樣。因此，借錢給銀行，**我們只需用電腦調高它們的帳戶規模**，也就是用他們在聯準會的帳戶。（粗體字是作者補充）

柏南克的回答聽起來令人驚訝：「我們只需用電腦」。

這意思是——只要按下按鍵？聽起來很不可思議，所以讓我們一步一步慢慢來。聯準會官員坐在一台電腦前。然後，他們把數字加到銀行的帳戶上，並搶購數百萬美元的不動產抵押貸款證券。他們透過「憑空」生錢的方式，間接購買房屋——進而解決房屋危機。他們透過在電腦前不停的敲鍵盤，一遍又一遍的按下 0 這顆鍵，來做到這件事。

但是，**如果這就是錢被創造出來的方式，如果它就像按下電腦按鍵一樣容易，有人可能會疑惑：為什麼我不能擁有更多的錢呢？**聯準會不能在我個人的銀行帳戶裡加幾個零就好嗎？

答案是：對，可以。

但它應該這樣做嗎？這本書會解釋為什麼應該做，以及如何做。如果處理得當，從長期來看，在緊急情況下所發揮的作用——無論是 2008 年的金融危機，還是 2020 年的冠狀病毒大流行——都能有助於修補與更新我們受損的社會契約。貨幣政策可以為我們所有人帶來一個更繁榮的未來。

我們必須解釋，錢是一種承諾，一種可消費的約定索取權或借據。既然這就是關於錢的全部，我們實際上都可以擁有更多的錢。我們只要做出更多的承諾，就能生出更多的錢——創造新的索取權，然後真正改變人們

的生活。

對許多人來說，這將引發人們對通貨膨脹失控的擔憂。對於央行能夠和應該採取哪些措施，來管理流通中的貨幣供給，我們將有很多話要說。現在，請注意，**貨幣政策的關鍵在於確保既不做過多的承諾，也不做過少的承諾**——我們以最富有成效的方式做出承諾。最近，美國一直處於「承諾太少」的狀態，沒有足夠的資金放在合適的地方。所以，**美國真正需要的是新的承諾，這些承諾是下定決心就可以做到的。**

如果聯準會現在「使用電腦」向私人銀行提供錢，那麼同樣的按鍵，也可以被用來在每一個公民的普通銀行帳戶中產生新的錢。畢竟，央行的基本使命就是提高公民的購買力。問題是如何好好的做到這點。聯準會現在把錢給私人銀行，然後只希望它們能把更多的錢借給公民，但是其實沒必要用這種間接、無效的方式做事。我們可以省去中間人。聯準會可以在需要的時候，直接鍵入新創造的錢給我們，並在經濟面臨「過熱」風險的時候，「踩下剎車」。

這本書就是關於如何做、以及為什麼要這樣做。

當柏南克解釋他的非傳統方法時，他指出我們對可能性有著錯誤假設。他打趣的說，所謂的量化寬鬆的問題在於，「它在實踐上行得通，但是在理論上行不通」。[2] 真正的問題是，糟糕的理論被誤認為是世間智慧的糟糕想法。不過，我們真的應該修正理論：我們認為金錢應該與實際上的金錢更加保持一致的想法。

如果專業的經濟學家被視為是經濟體系的「水電工」，我們或許應該感到憂心。在美國大部分主要大學裡的正統經濟學家，幾乎完全無視貨幣（你聽到這點可能會很驚訝——在主要的經濟模型中，貨幣與銀行完全被忽略，或者即使有提及，貨幣與銀行也沒有影響力）。難怪主流經濟學家會對 2008 年的金融危機（從我們的銀行系統開始的）措手不及。如果我

們的民主仍處於緊急狀態，就不能請正統的經濟學家來解決迫切問題。我們需要更深入的診斷和解決方法。也許，為了符合民主國家的身分，我們應該自己學習一些有關金錢的事。

有一個著名的例外，它是經濟學中相對較新的一個學派，被稱為現代貨幣理論（modern monetary theory，簡稱 MMT）。這個學派是復興與建立在一些被遺忘的、年代較久的傳統思想基礎上——「紙鈔學派」或貨幣「國定」論、貨幣「信用」理論、「後凱因斯學派」、「功能財政」理論，以及其他我們會講到的傳統理論。**MMT 主要描述貨幣系統是如何運作的**——至少在美國、英國、日本或瑞士等國家，政府在不採用固定匯率的情況下，發行自己的貨幣，且主要借入這些貨幣。與其說它是一種「理論」，不如說它是一個簡單的觀察：如果你借用自己的錢，並償還債務給自己，你就不會破產，因為你永遠可以發行更多的錢，來償還你的債務。[3] 在這種情況下，面臨的挑戰不是償債，而是管理可能出現的通貨膨脹。這種想法認為，一旦我們檢查了金融的「管路系統」，就可以糾正傳統經濟思維中的某些錯誤，並能清楚的看見制定更好的政策的道路。

有一段時間，MMT 在部落格圈與財經媒體上引起不小的轟動。當「緊縮政策」變得陳舊過時的時候，它看起來既陌生又新鮮。然而，它的許多關鍵見解依然沒有被充分賞識。部分原因在於，它經常被諷刺為可以無限制的「印錢」，無須擔心赤字或通貨膨脹。接著，「免費午餐」的想法開始被一些人用稻草人的論點、瘋狂的惡性通貨膨脹預言（**威瑪德國！辛巴威！委內瑞拉！**）來攻擊，這些人通常是聰明、真正應該懂得更多的人。如果你仔細聽，你能聽到核災般的「珍貴體液」與「紅色威脅」的回音，特別在這些歇斯底里的警告聲背後響起。看似合理的、嚴肅的風險評估任務，最後屈服於恐慌的製造。

我們兩位作者都是 MMT 經濟學家的旅伴，但是出發點不同，我們是

從法律與哲學領域來的。我們也有一些關鍵的不同點，可以幫助 MMT 回應批評者。MMT 論者經常呼籲立法者控制通貨緊縮與通貨膨脹的趨勢，這立刻引發許多人的擔心，擔心目光短淺的從政者在競選連任時會「花錢如流水」。我們同意 MMT 的觀點，認為需要在生產場所增加更多的公共支出。但我們認為，**央行可以且應該在管理通膨方面，發揮更細緻的作用，也就是使用我們在稍後要介紹的新工具**（請特別參考第十二章）。因此，我們真正需要的是，**對公共貨幣與央行工作有更好的認識──包含它的歷史、管路系統，以及在民主制度中的關鍵作用。說到底，這就是本書所要談的內容。**

　　一旦我們對金錢有了更清楚的了解，我們就會知道，花這麼多生命去追求的到底是什麼東西。我們將會了解金錢到底是什麼，我們如何能擁有更多的金錢，以及更複雜的貨幣政策如何幫忙修補我們的社會契約。我們可以不用那麼擔心社會總是瀕臨崩潰。我們也可以阻止霍夫士達特所說貨幣政治的「妄想偏執風格」，侵蝕我們的大腦、扭曲我們的話語，以及阻礙我們的選擇。當我們對我們的社會契約本身有了更佳的理解後，將能了解如何更新它，為所有人帶來更繁榮的承諾，以及更健康的社會與政治。[4]

第 1 部

現代貨幣的故事

　　大多數人都對金錢感到困惑，這不足為奇。因為這招模糊的黑魔法可以追溯到美國的歷史——從早期殖民時期對貨幣的爭論，到南方認為金屬本位就像奴隸制一樣，對文明來說是「自然」且必需的；再到 20 世紀初期約翰・皮爾龐特・摩根（J. P. Morgan）的祕密幕後交易；再到今天稱貨幣發行為「印錢」的壞習慣（我們稍後會解釋，這是不可能的）。今天，這些困惑扭曲我們的思維與政治哲學——甚至在許多見多識廣的知識分子中也是如此。

　　首先且重要的是，我們忽略了貨幣是組成社會契約的基礎。貨幣上的承諾，是政府統治我們生活的重要組成部分。現在，我們比以往任何時候都更需要在一個更新的社會契約中，擁有新的貨幣承諾，以防止民主進一步滑向威權主義。

第 1 章

貨幣的基礎
是對監獄的恐懼

2018 年春天，傳奇拳擊手曼尼・帕奎奧（Manny Pacquiao）宣布推出自己的新加密貨幣。這肯定讓很多人產生疑問：一個拳擊手，以某種方式創造了有些人可能認為是真正的錢的東西？有可能嗎？

事實上，這並沒有那麼不可思議。正如偉大的非正統經濟學家海曼・明斯基（Hyman Minsky）說過的：「每個人都能創造貨幣；問題在於如何讓它被接受。」

帕奎奧是有史以來最成功、收入最高的運動員之一，因此他所稱的「PAC 代幣」（PAC Token）至少有一定的知名度。另一方面，這位偉大的拳擊手已經兩次處於半退休狀態，並且正在追求擔任菲律賓參議員的新工作。他從來沒有遇過為他的比賽募集資金的困難，他自己也不缺錢。所以我們不清楚帕奎奧承諾了什麼，也不清楚他為什麼而承諾。他的解釋是，「這可以是一種與粉絲們保持聯繫的方式，我們也可以用這個加密貨幣做很多事情」——但他並沒有確切的把事情說清楚。

雖然帕奎奧的承諾並不是很明確，但最近市場上有一種硬幣的承諾卻更慘。它甚至被取名為「無用的以太坊代幣」（Useless Ethereum Token）——有些人稱之為「虛無幣」（NothingCoin）。它的創立文件明確指出，

這種硬幣「顯然不會為投資者提供任何價值」。然而，這原本也許是個巧妙的惡作劇，卻迅速的募集到將近 20 萬美元。隨後發行的「對你沒幫助幣」（Do Nothing for You Coin）可能也會有同樣的效果——不過在這次發行中，它的網頁盡職的告知潛在投資者，這次發行只是一個詭計。

這一切都發生在最近人們對比特幣、以太幣、謎戀貓（編按：CryptoKitties，一個在區塊鏈上養育、繁殖數位貓咪的遊戲），以及一系列加密產品的狂熱中。根據 2017 年 11 月的新聞報導，人們甚至以他們的房屋做為抵押，去借款進行加密投機。對於我們這些才剛要忘記經濟大衰退的人來說，突然覺得這一切聽起來熟悉得可怕——太像 2008 年爆發、並造成今天政治和文化動盪、過度繁榮的抵押貸款投機「泡沫」。對許多人來說，比特幣熱潮和新的金融技術也讓他們對於何謂金錢，產生了更深的困惑。比特幣是錢嗎？如果不是，錢到底是什麼？

我們在前言中遺漏一條線索。再看一次 1 美元鈔票——或者，看看你口袋裡剛好有的任何一張美元鈔票。可以是 1 美元、5 美元、10 美元……任何一張美元鈔票。你看最上方，你會看到「聯邦儲備票據」的字樣——再說一次，這是本票的法律專有名詞。這是借據的專業術語。但是如果「借據」的意思是「我欠你」，那麼聯準會欠我們什麼呢？它怎麼可能欠我們，對我們有「義務」呢？

我們已經看到答案了：美元是政府做出的承諾，只要你拿出那張 1 美元（或這更多的美元）來支付稅單，政府就不會把你送進監獄。它是一種稅務現金券。政府消費它，使它成為事實，並承諾會承認用它做為任何債務（「所有債務，包含公共與私人的」）的付款，藉此擔保其價值。你可以堅守那個承諾，然後取得你的自由。只要把鈔票交出來，大聲喊上面的字——「『票據』在此（也就是『本票』），所以現在可以讓我走了吧！」

我們追逐美元，是不是因為「萬能的美元」激起市場信心，成為一種「價值儲存」（store of value），就像經濟學家喜歡說的那樣呢？是因為美元在我們難得旅遊的時候，也能流通得很順利嗎？還是因為投資者目前沒有逃離美國政府的債券嗎？不完全是。更多是為了償還美國人的債務，以避免牢獄之災，我們可以稱之為「熱愛自由」（如果你的意思是不坐在牢裡就是自由）。因為這些法律上的強制性稅務、費用和罰款，美國人全部都只能用美元支付。

這就是為什麼像比特幣這樣的私人「加密貨幣」，永遠無法與美元、歐元或披索匹敵的原因。它們不能、而且也許永遠不會被接受，可以用來支付稅金或其他的政府負債。

◆ 錢不等於黃金

在金本位時代，聯準會確實明確承諾過，它會為每一美元生產一定數量的黃金（如果你不辭辛勞的去要求的話）。用凱因斯的話來說，聯邦儲備票據實際上是一種「倉單」（warehouse warrant）。就像博物館的衣帽間工作人員拿著你的雨傘，然後給你一張紙，承諾在你出示「領取憑證」時會歸還雨傘一樣。當你手裡有一張美元鈔票，就可以從中央銀行那裡取回 1 美元的黃金。銀行不會把你的東西搬來搬去，而是為了（字面上的）妥善保管而持有它。

然而，現在已經沒有實物可以取回了——沒有金條，甚至連金券（gold certificate）也沒有。如果你出現在全美各地的聯邦準備系統大樓裡，拿出一張 100 美元的鈔票，你能很幸運的換回好幾張 20 美元鈔票——不管怎樣，它只會是更多被標為「聯邦儲備票據」的鈔票，也就是更多的承諾。聯準會的票據是「無限延續」的承諾。

1971 年，美國前總統理查・尼克森（Richard Nixon）切斷美元與黃金之間僅存的聯繫。即便在那個時候，也只有一間外國央行有權以美元兌換黃金——因為羅斯福在三十八年前，就已經終止了個人對黃金的索取權。然而，「金本位」總是誤導人，它們鼓勵黃金本身就是貨幣的觀念，實際上黃金只是支付承諾的象徵——**這個承諾才是真正的貨幣。如果承諾是「如黃金般的」，只能說是像黃金一樣可靠的。**

存在諾克斯堡與紐約聯邦準備銀行等金庫中的黃金，確實曾經向人們保證過金錢的承諾。如今，在某些金庫中曾經存在黃金的事實，更助長了這個錯誤的觀念：某些東西疑似是虛幻的，而且黃金不再被持有的事實，是不值得信任的。不過，你會很高興的知道，在你手中或銀行帳戶裡的「法定貨幣」美元，真的是真正的美元。只要聯準會的承諾如同黃金——也就是說，是可靠的，它們就會一直是真正的錢。

◆ 對監獄的恐懼

現代貨幣的故事可以追溯到 1648 年的《西伐利亞條約》（*Treaty of Westphalia*），當時國家體系首次建立。在三十年戰爭的踐踏下，歐洲的國王們與王子們達成一項協議：他們將在不同的土地上劃分權力，每個人都承認其他人有權統治他們各自的領地。大家維持協議，歐洲才平息下來。

幾百年後（經歷了一段漫長、黑暗的全球殖民征服時期，直到第二次世界大戰後才真正結束），民族國家體系圍繞全球。正是這種法制體系，在今天將美國、加拿大和墨西哥，劃分為不同「主權」的國家。它早於每一個現存的政府，定義今天各國在什麼情況下，能在各自境內合法的行使管轄權。是它賦予政府建立貨幣當局與發行貨幣的權利，不論美元、披

索、英鎊、歐元、人民幣、或其他貨幣。

事實上，政府可以發行自己的官方貨幣，但不一定能保證任何人都會在當地市場使用這些貨幣。即使宣布了一個新的單位，人們也可能像以前一樣依照當地習俗行事。然而，**主權政府也被賦予以它們選定的記帳單位，去收取費用與稅收的權利；如果有必要的話，甚至可以用槍威脅**。單位錯了，就是沒有納稅——於是稅務員來了，同時還跟著警察。

換句話說，貨幣是「國家的產物」。這一點在 1797 年就得到解釋。解釋的不是別人，正是歷史上最偉大的哲學家之一伊曼努爾·康德（Immanuel Kant）。他問，「起初只是商品的東西，最後卻變成了貨幣，這怎麼可能呢？」

他的回答是：

如果一個強大、奢侈的統治者，最初為了他的隨從（他的宮廷）的裝飾與富麗堂皇而使用一種原料，然後用這種原料（做為商品）（例如，金、銀、銅、或是一種美麗的貝殼子安貝〔cowries〕；或是一種在剛果被稱為馬庫〔makutes〕的編織物；在塞內加爾的鐵錠，或甚至是在幾內亞海岸的黑奴），向他的臣民徵稅；反過來，再按照跟臣民和他們之間的交易規則（在市場或交易所），用那些他需要的、在獲得的過程中轉移到行業中的同一種原料來支付，這件事就會發生。[1]

請注意，過剩的物品——美麗的貝殼、鐵錠、甚至是奴隸——都可以變成貨幣，一切都是因為君王的稅收需求。

在這一點，康德早於另一位德國經濟學家克納普（G. F. Knapp）。這位經濟學家經常被認為，是在 1905 年解釋了國家在貨幣構成中的角色的人——康德在這點反而被遺忘了。「貨幣是法律的產物。」克納普是這麼

說的。[2] 這個觀點對凱因斯產生極大的影響。凱因斯後來成為 20 世紀大部分時間裡最傑出的經濟學家。正如凱因斯所言，貨幣是「國家承諾在其付款機構接受的任何東西，無論它是否被宣布為公民之間的法定貨幣」。[3]

想知道為什麼政府發行的貨幣會受到關注，可以想像一下：一個陽光普照的國家，叫做幸福之國（Eudamia）。政府剛宣布一種新的記帳單位，叫做「快樂幣」。考慮到該國將成為度假勝地，於是選定使用「J」這個符號為單位。政府也宣布，從今以後，它只接受用快樂幣繳稅。官員們盡職的採取行動，拒絕以任何其他東西做為付款。快樂幣很快的成為「貨幣」——不只是用於繳稅，還用於整個幸福之國的支付。

為什麼？因為，面對逮捕和牢獄之災，每個人都會陷入極大的麻煩，因此無論高興或不高興，他們都會透過工作、借錢、貨幣兌換、或其他任何方式，去獲得足夠的快樂幣，以履行他們的納稅義務。當一個人在做生意的時候，完全以不同的貨幣運作，只在繳稅時才把這些錢換成快樂幣，這樣做是很不方便的。所以，快樂幣很快的就會在正常的商業活動中被接受。或許其他競爭的貨幣仍會流通，或許以前沒有已經建立的貨幣，總之你有充分的理由去獲得這個新的單位。因此，快樂幣將會很快的占據主導地位——這一切都是因為，人們確切的希望能避免牢獄之災。

這就是為什麼到了 2002 年，歐元迅速被所有歐元區國家採用。有必要對於歐元做為「價值儲存」抱持信心嗎？希臘人一直信任德拉克馬、義大利人信任里拉、西班牙人信任比塞塔——但還有什麼貨幣能比德國馬克更可靠？！官員們不必等待歐元逐漸流行起來，就像透過與其他貨幣的市場競爭獲得吸引力一樣，人們只是認為他們需要持有歐元，才能支付任何罰款、費用和稅款。他們可以確信其他人也會加入歐元的行列，因為他們也可能面臨被捕或被扣工資的風險。不論有沒有必要對別人有信心，人們開始用歐元交易，只是為了讓自己不進監獄。

20 世紀頗具影響力的自由主義經濟學家路德維希・馮・米塞斯（Ludwig von Mises）會說，歐元的採用不可能像它實際上那樣順利的進行下去。在回答克納普的稅務驅動貨幣觀點時，米塞斯寫道，「不是國家，而是所有在市場上進行交易的人常見的作法，創造了貨幣。」[4] 他說得對，常見作法是其中的一部分。但是，政府不僅僅是市場上的另一個參與者，它更是有著不尋常影響力的參與者；它決定了什麼支付方式會成為「常見作法」。它確立了人們相互認可某一種特定貨幣，並且用它來清償債務與付款的條件。歷史上可能充斥著軟弱的政府或特殊的複雜情況，但是當代政府有足夠的手段，尤其是徵稅的權力，來建立一個社會所選擇的貨幣。[5]

對於米塞斯來說，國家憑空創造出來的「信用貨幣」——包含像歐元等法定貨幣——必須把自己跟某種在常見作法中已經存在的貨幣聯繫起來。他威脅性的警告我們，否則「商業永遠會保護自己，免受任何其他方式的損害」。[6] 他想的究竟是什麼？他指的是暴力起義嗎——用大多數消費者和商人沒有、得不到、也不會用來對抗防暴警察的武器？還是當警察出現在你家門前，揮舞著國稅局的信件時，走過去對警察高喊「我要報警」。更好的辦法是，打電話給律師——這可能是你唯一的選擇，因為我們的國家在使用武力方面，擁有合法的壟斷權。

人們當然可以購買金條，將它們埋在後院，妥善保管，或者把錢投入比特幣。現在，在不使用政府貨幣的情況下，在網路上買賣東西比以往任何時候都更容易。但是，人們還是得住在某個地方，某個你付錢買東西的實體地點。除了逃稅，生活在你附近的每個人，某些時候都至少需要一些政府當局的貨幣。再加上，用許多不同的貨幣管理事務可能帶來極大的不便，這足以讓大多數人在日常商務中，接受用政府的貨幣支付。無論以前發生了什麼事，即使以前沒有貨幣，國家都會建立起屬於它的貨幣。

◆ 用來支付的東西

不過，沒有政府，貨幣就無法存在嗎？其實可以的。在古代和前現代時期，在沒有我們現在所說的「政府」的促進下，一個村莊或社區也會有貨幣——用泥板、記帳木棍、雞、豬或駱馬。近代，香菸曾在第二次世界大戰期間成為貨幣，在戰俘營中流通；之後幾年也曾經在德國流通。此後，在沒有得到監獄當局批准的情況下，它們被用於某些監獄的付款與儲蓄。

所以，現代政府並不是金錢的根本。在任何地方或時代，金錢本身到底是什麼呢？

在伏爾泰（Voltaire）著名的諷刺作品《憨第德》（Candide）中，英雄憨第德與他的僕人卡坎波（Cacambo），碰巧來到一個了不起的國家奧多拉多（El Dorado），在這個國家，「有用的與令人愉快的東西，全部同等的融合在一起」。穿著破舊衣服的孩子們，在街上用閃亮的黃色、紅色和綠色石頭玩遊戲，當他們要匆匆趕去學校時，他們竟然把那些色彩繽紛的石頭和其他玩具一起留在街上。這群難以管束的遊客們很快就發現，這些石頭是黃金、綠寶石、紅寶石和鑽石，而且都是適合國王的品質。他們驚奇的收集寶石，注意到孩子們所受的優秀教育，「被教導要表現出對黃金與寶石的輕視」。[7]

後來，兩位客人在參加了一場很棒的聚會之後，認為他們應該付給主人一大筆錢，以答謝招待。當他們送上寶石時，主人們「突然大笑起來，撫著他們的肚子好一陣子」。一位主人最後解釋：「請原諒我們……在你們拿出我們公路上常見的礫石給我們，當成你們支付的貨幣時，我們忍不住笑了。當然，你們沒有這個王國的任何貨幣；但是，在這個屋子裡吃飯，根本就沒必要擁有任何的錢。」

主人們如此親切，真是太好了。憨第德與卡坎波得到了寶石，但不是

錢。為什麼？因為這些彩色寶石並沒有被「認可」是一種支付、或是解決他們對主人欠下任何債務的方式。奧多拉多的錢在哪裡？故事沒有說。但是，如果有人想要找到它，這個故事的正確寓意是——如果我們稍微即興發揮一下——不要尋找寶石，或者任何其他本質上有形的東西。**看看到底是什麼解決了債務**（在這個例子中，指的是欠派對主人的債務），那個東西便是其公認的支付方式，也就是清償債務的方式。

亞當‧斯密（Adam Smith）在他著名的《國富論》（*An Inquiry into the Nature and Causes of the Wealth of Nations*）中忽略了這個重點。假設一個麵包師傅想要獲得肉，願意用麵包交換。但是——唉，擁有肉的肉販已經有了他所需要的麵包了，那會怎麼樣呢？亞當‧斯密擔心他們「沒有東西可以交換……在這種情況下，他們之間不會做出任何交換行為。他不能做他們的生意，他們也不能做他的顧客。」[8] 亞當‧斯密推斷，他們必須用雙方都需要的其他東西來交換，譬如黃金或白銀之類的商品。

亞當‧斯密顯然不是歷史學家。在充滿信任的社區中，這不太會是個問題。麵包師傅只需要靠信用取得肉，欠下一筆債，以後再用價值相當的東西償還債務就行了。

麵包師傅是可信的，他有一門手藝和可靠的名聲。社區也會強制執行他承擔的任何債務，提供他最終會還清債務的額外保證。正如外交官兼經濟學家米歇爾‧因內斯（A. Mitchell Innes）在 1913 年所解釋：「當如此簡單的一個系統就能滿足所有要求時，就絕對沒有理由去假設如此笨拙的手段會成為交易媒介。」我們需要的不是「接受黃金與白銀這類奇怪的普遍協議，而是對神聖義務的普遍意識……建立在古代的債務法規之上」。[9]

有了可信的承諾，肉販也可以借到錢。假設他想要燭台，但是燭台製造者是個素食主義者，他可以憑藉以後會還她錢的承諾，靠信用向她借錢。透過承諾，他對她創造一筆負債——也就是借據。聰明的肉販會意識

到，他不必自己付錢——如果她願意接受麵包師傅欠他的麵包，只要把麵包師傅欠他的借據轉給她，燭台的債務就可以光明正大的被解決了。用一個簡單的麵包交貨，債務就全都解決了！（我們會在第七章解釋，這在有利的經濟下是如何運作的）。因此，借據可以是錢——也就是「支付的東西」。錢，如果你願意的話，只是一種流通的、可消費的承諾，是用來支付、清償債務或其他義務（例如：稅）的那種承諾。

我們的肉販、麵包師傅、以及燭台製造者所做的事，與我們在購買東西時所做的一般商業交易，沒有太大的不同。這也是關於債務清償的問題。你想從小販那裡買一顆蘋果。你抓著蘋果問：「我欠你什麼？」你問的是，為了得到蘋果，你對小販欠下的債務，以及你要怎樣清償那筆債務、怎樣償還付款，才能把蘋果變成你的（「償還」是「付款」的古代法律用語。「償還」是一種具體的「提交」——提交所欠的東西）。

每一種關係，無論是工作、婚姻，還是友誼，無論是在鄉村還是在更大的社會中，都伴隨著債務與義務。我們欠別人東西，他們也欠我們東西。想一想，你多久會說「我欠你一次」、「這次我請客」、「下次你請客」等。我們常說禮尚往來。如果我們做錯了，我們會「下次把事情做對」、「補償你」、「把事情擺平」。我們所做的就是，記錄我們欠別人與被別人欠的不斷變化的餘額，也就是我們的負債與資產、赤字與盈餘。

人類似乎是天生的會計師。我們對彼此和自己負責，用最好的簿記來記錄我們之間的事情，但是要記錄事情的進展並不容易。當我們假定「事情最終會順利解決」時，其實這是一個勇敢的假設，我們都知道事情往往不會一帆風順：記憶會淡去或出錯；時間很短，雜亂的細節需要集中注意力處理。即使事情的發展只是「停留在同一頁上」，也可能很複雜且令人厭煩，引起爭端、爭吵、不信任或緊張。我們很容易陷入困惑或意見分歧，即使每個人都表現出善意，也永遠無法達成任何最終的解決方案。

因此，無論是在古代近東的一個村莊、義大利文藝復興時期的一個城市、或者今天的一個現代國家，人們早就已經發現一種能消除簿記的簡便方法了。**只要同意把某些比較容易記錄的東西，當作是支付欠的或被欠的東西就行了**。一旦夠多人採用這個方便的約定，就能解決日常商務中的各種債務與義務，他們就有錢了。

這也就是為什麼幾乎任何東西都可以是貨幣——代幣、代用貨幣、硬幣、紙幣、支票、或現在的銀行信用。一個社區所做的就是呈現它的借據，無論是在泥板上、潦草的寫在標示為「借據」的餐巾紙上，還是在銀行電腦上的電子標記。方式總是根據科技與政治、時間與地點的不同而變化。橫跨各大洲與各個時代都不變的是，錢是「支付的東西」——被當作支付或償還債務的東西，進而促進社區運作的簿記。

錢是什麼？無論它是什麼，它就是社區內同意用來當作居民之間結算的東西。無論它是什麼，它就是他們的錢。它是他們的共同貨幣。

為了完全釐清這個概念，讓我們來定義一下「基本貨幣」（basic money）。首先是一個比較拗口的說明：

一種可轉讓的約定支付要求（promissory claim）或借據。社區中大部分人都願意接受它做為結算工具，以履行大部分的市場義務、債務或其他負債。

因此，貨幣有以下四種特點：

1. 它是一種約定支付的要求（例如：借據、本票——或是票據所代表的東西）。
2. 它是可轉讓的（例如：有背書的銀行支票、美元或歐元鈔票、或其他貨幣單位；或是律師所說的「可轉讓本票」）。
3. 它是社區中廣為接受的結算方式。
4. 它能履行大部分的市場義務、債務或其他負債。[10]

◆ 所有的公共與私人債務

簡而言之，金錢是一種承諾，你可以用它來支付你想獲得的東西。代表承諾的東西，永遠會隨著技術與文化的變化而變化。下一個問題是，為什麼現在世界各地的貨幣幾乎都採取「相同」的形式呢？發生什麼事了？答案是：現代性發生了。

現代世界大多由主權政府統治，其中許多政府，是透過民主方式作出集體決定的主權人民所建立與授權的。這些以人民的名義而行動的政府，可以用我們前面解釋的方式，決定什麼東西能成為它們管轄權內的「基本貨幣」。他們只須宣布一個記帳單位，以這個單位徵收稅務，它幾乎就會成為普遍的貨幣。我們用來支付我們對政府的法律債務（以稅的形式）的東西，漸漸被用來支付和結算我們之間在市場上的債務——**所有公共與私人的債務**。因此，今天的貨幣——除了少數例外——就是**所謂的現代貨幣：現代國家（也就是政府）所發行的基本貨幣，同時以坐牢或其他制裁當作威脅，要求使用它繳稅**。[11]

你在一間腳踏車店逛了一個小時後，推著一台腳踏車到櫃檯表示購買意願。你問你要給他什麼、你欠賣家什麼，你不是在偷腳踏車，而是希望得到它的合法所有權，因此你有「市場義務」。就像前面賣蘋果的小販一樣，你有責任在腳踏車歸你所有之前先付款。

店主也有義務。她不會被迫接受你提供的任何東西做為「付款」。她可能會拒絕你上次度假留下的外幣。她會說，「很抱歉，沒有美元，就沒有腳踏車。」當你把美元放在櫃檯上時——而且是足夠的美元——即表示或達成共識的價格，你就是在宣稱你現在有權利支付你所欠的債務，一旦償還你的債務，她就不能拒絕你。你有權利讓你的貨幣（或支票或簽帳金融卡）被接受為是在償還付款；也就是說，她有對等的義務去接受它，然後開一張收據，並且在你把腳踏車推出門時不要報警。畢竟，你償還的是

國家發行的貨幣，也就是法償貨幣（legal tender）。[12]

　　適用於買腳踏車的東西，也適用於買各種商品與服務，以及貸款、股票、或其他金融資產——包含那些能讓人們賺大錢的金融資產。當我們在付清欠款時，譬如償還貸款、購買商品或服務等，我們就是在提出權利與清償債務。經濟學家與世俗的評論家們經常談論，彷彿「市場」全是沒有道德的交易和價格。但是，由於我們每個人或多或少都是買家和賣家，我們都在買賣聽起來很像道德的東西——我們欠彼此的東西。

　　現代社會不會把這些事情交給習俗或傳統去處理。政府透過兩種主要方式，來對買家和賣家進行監管，強制他們承擔「垂直」的支付義務。首先，它們傾向用法律規範「契約」，即明確的承諾交換與滿足某些正式要求的相互義務。在此，私人義務是被社會認可的，且在發生糾紛時可以在法庭上強制執行。其次，為了履行這些契約義務，大多數國家會採用特別法來定義什麼是「法償貨幣」，也就是「錢」。[13] 身為社會一分子的我們實際上已經決定，「這個，將是我們的法償貨幣；這就是我們的錢。」

　　如果你看看美鈔，它自稱是「所有公共與私人債務」的法償貨幣。所謂的私人義務，就是剛才提到的，我們身為「水平」的買方與賣方，在市場上對彼此的義務。公共義務則是現代貨幣的核心。

　　當美國聯邦準備系統要發行美元時，它們代表著一種義務、債務、負債。相對的，這個負債對於口袋裡有美鈔、或銀行帳戶裡有美元單位的人來說，就是一種權利、信用或資產。口袋裡或銀行帳戶裡的每一美元都是我們的個人資產，同時也是政府的負債——一種公共債務。如果你恰好喜歡錢，你就是喜歡公共債務。

　　這意味著，聯準會與美國的聯邦政府，以某種方式對我們負有義務。政府有什麼義務？再說一次：在你繳稅時，從稅單上扣除你出示的每一美元。美元就是這樣的承諾，這是政府在我們遭受專制暴政的痛苦時欠我們

的。

　　納稅人可能會感到些許的義務感。許多人會覺得自己像是聽到《詩篇》52：3-4 中，關於謊言與欺騙的佈道者，然後良心發現的寫信給美國國稅局：「我睡不著，因為我在所得稅申報表上作弊。隨函附上一張 150 美元的支票。如果我還是睡不著，我會把剩下的錢再寄過去。」法律上，我們有義務付錢，如果我們夠聰明的話，我們也會這麼做——為了避免坐牢。

　　與政府對我們的義務相比，這個義務顯得微不足道。當支票送達美國國稅局辦公室時，官員們最好不要拒絕——只要不是以他們會拒絕的人民幣、歐元、微軟（Microsoft）股票、比特幣或 PAC 代幣的方式。無論他們的心情、想法或喜好如何，他們都有義務必須接受美元付款，並因為民眾已經支付了應付的款項而信任民眾。試想一下，如果官員們因為懶散或不舒服，拒絕民眾的支票，或突然要求用金條或名錶支付，那會發生什麼事？也許會有一位法官注意到，國稅局的紀錄沒有顯示你已經付款，覺得有義務履行「正義」，因此對你的工資下達扣押令，或發出逮捕令來逮捕你。這不僅僅是會計失職，這是嚴重的不公正——正是這種不公正導致美國革命先烈的反抗。正如我們稍後會看到的，金錢當中的承諾是美國成立共和國的基礎，而且是神聖不可侵犯的。

◆ 加密貨幣

　　比特幣看起來確實很像錢。它激發了人們快速致富的夢想，「比特幣億萬富翁」肯定會覺得自己很富有。在馬克・祖克柏（Mark Zuckerberg）被指控從溫克勒佛斯（Winklevoss）雙胞胎手中偷走臉書（Facebook）之後，人們可以理解為什麼這對雙胞胎會覺得自己是對的，因為他們後來積

累了數十億比特幣——但他們不應該高興得太早。就廣泛使用而言，比特幣不夠友善，也不夠可靠，在當前的任何社會中都是。所以它不是真正的錢，也可能永遠不會是。[14]

最好把比特幣想成類似當地雜貨店的優惠券，或是由書店和其他零售店在節慶期間發行的禮品卡。它們只能在特定的商店兌換，然後只能買西瓜、洗衣粉、某些書籍或禮品。它們是不可以大範圍花用的。它們不會被用來支付牙醫費，也不會被用來支付大多數加油站的油錢，所以它們不是錢。加密貨幣當然可以有一定的價值，就像股票和債券一樣。它們有價值，可以賣出，換取真正的錢。但是，你最後一次發現自己能夠直接用股票和債券購買東西，是什麼時候？可能的答案是很少，或從來沒有。

加密貨幣的發行仍處於監管的初期階段。美國證券交易委員會（Securities & Exchange Commission）已經宣布其觀點，認為新的加密貨幣發行應被稱為「首次代幣發行」（initial coin offering，簡稱 ICO），類似於公司「首次公開發行」（initial public offering，簡稱 IPO）的股票。一旦受到徹底的監管（因為它們應該被監管），它們就會變得不那麼像錢，而是更像它們的本質：一種洗錢（來自非法活動，例如：恐怖主義、石油掠奪、性交易）的工具，或者只是另一種投機工具——一種可用實質貨幣單位進行買賣的商品或金融工具。由於比特幣的「挖礦」造成極大的碳足跡，即使單純為了鼓勵使用更環保的能源，它也確實應該受到監管。

像比特幣或以太幣這樣的加密「貨幣」，不應該與它的基礎「區塊鏈」技術混淆。對於所有關於「改變遊戲規則」創新的廢話，我們只需要記住一件事：人們**所謂的金融科技（fintech）只是支付技術**（很可惜，它一開始沒有被命名為「支付科技」〔paytech〕）。**新技術只是一種會計與支付的技術**。區塊鏈所做的是允許一個公共帳本，被保存在許多電腦上——就像一個「分散式帳本」，而不需要相信任何一個中央管理人員來記

帳。

如同稍後我們會看到，主權政府也可以從分散式帳本技術中受益。今天，大多數政府高度依賴私人銀行來維護帳戶和進行支付。有了這項新技術，政府可以透過將單一分類帳記在許多不同的電腦上，藉以運作它的貨幣，並減少對銀行的依賴。新加坡、丹麥、中國、印度和巴西都已經計劃要這麼做了。2020 年 2 月，瑞典啟動它的第一個試點。在第十章與第十一章，我們會建議聯準會應該、也將同樣在美國採用數位貨幣或「加密美元」。數位技術似乎確實是公共貨幣的未來。2020 年的冠狀病毒大流行，似乎會讓這個未來很快的變成現實。[15]

但是，這難道不會擊垮加密貨幣的重點嗎？比特幣最初是在無政府主義自由派的狂熱夢想中走紅的，他們希望把錢完全從政府管理中解放出來，最終讓政府變得沒有必要。但是，**錢能與政府分開嗎？答案偶爾是肯定的，但通常是否定的。而且它們永遠都不會完全分離。**

現在，人們很少在美元與以太支付之間做出選擇。不過，隨著華爾街、甚至是臉書現在也加入加密貨幣的行動，我們也許應該期待，在不久的將來能看到一個簡單的加密支付系統（儘管臉書的加密貨幣「Libra」已經面臨嚴重的監管問題[16]）。即便如此，**私人的加密產品也永遠不會對政府的貨幣構成嚴重的競爭──除非政府自己開始發行加密貨幣**，或允許人們用加密貨幣繳稅。政府的貨幣將永遠取得主導地位。我再說一次，因為監獄，因為美國官員不會接受歐元、微軟股票、比特幣或謎戀貓，只有美元能讓美國人免進監獄。

顯然，有些非常有錢的人正計劃著，要在大溪地附近建造一個自由主義的水世界烏托邦。他們打算使用一種加密貨幣，並且可能會逐漸在當地社區取得流通。這種加密貨幣會成為「基本貨幣」嗎──即使沒有坐牢的威脅？是的，**在那個社區裡有可能**。當你在那裡的船隊時，你可以用它為

按摩服務買單，租一個面具和潛水用呼吸管，甚至可以買一間平房。考慮到清澈的海水和美麗的環境，應該還不錯。

但是我敢跟你打賭，那群擁有許多美元、歐元或其他政府貨幣（或以這些貨幣計價的資產）愛冒險的有錢人，不會把他們所有的財富都轉換成當地的加密貨幣。就加密貨幣本身而言，它將局限於當地使用——用於按摩服務和潛水呼吸管。但是，就像露營需仰賴更大的社會提供的資源與貨幣一樣，從政府發行的貨幣或資產方面來說，任何更大的價值都將寄生於這些政府。

這個社區無論如何都會在大溪地政府的影子下運作。它獲得以相對自主的方式存在的許可，但它需要這種許可。如今，地球上幾乎沒有一個適宜居住的地方，可以被當作共同財產，可以被一個擅自居住的社區接管。政府無處不在，幾乎覆蓋地球上的每一寸土地或水域（不包括劃定為「國際」水域的地區等）。如果政府的貨幣將在其領土管轄範圍內占主導地位，且我們被困在全球國家體系之中，那麼除了少數例外，金錢將永遠且在任何地方都是某些政府的貨幣。

不過，令人愉快的水世界烏托邦，會成為未來的預兆嗎？它是否能證明，國家體系並非真的必要，部分原因是它不需要錢？無政府主義的億萬富翁們是否也能加入，最終喚醒麻醉狀態下的無產階級（他們現在正神遊在自己的手機裡），並且帶來馬克思（Marx）預言般的革命呢？

可能不會。我們永遠需要國家與國家體系，以便保護我們不被彼此傷害——擁有先進武器的外國軍隊就更不用說了（包括騎水上摩托車的流氓，像是 1995 年庸俗的反烏托邦電影《水世界》〔Waterworld〕）。政府支付給軍隊和警察的國家貨幣，正是因為這些武裝力量（以及在坐牢的威脅下），才有了貨幣。短期內，這個現代生活的基本現實不會改變。因此，加密貨幣注定是配角。

對監獄的恐懼是一種強大的力量。正如我們所看到的，這意味著一個主權政府可以簡單的發行它所選擇的貨幣，讓它變得廣為使用。但是，這只是它非凡的自我致富能力的開始。我們將在下一章看到，隨著政府貨幣的建立，政府只須藉由決定做出更多的承諾，就能從無到有的繼續花掉新的錢。

第 2 章

貨幣來自
無中生有的花費

　　美國如何支付航空母艦的費用？包含所有的鋼鐵、工程師、焊接工人等？

　　這個過程似乎很神奇。國會批准勞工與材料方面的必要支出；財政部負責花錢。它是怎麼花錢的？

　　它只需要在其央行（聯邦準備系統）的帳戶扣掉一張開出的支票，或者要求聯準會直接把錢存進指定供應商和承包商的銀行。然後，經理和工人們用這些帳上餘額來支付他們的帳單。他們只是在建造船艦時，按照協定的時間表領取這些錢（因此「匯票」的英文〔draught 或 draft〕與「支票」是同義詞）。就這樣！一艘航空母艦透過意志（和工人建造）被創造出來。

　　雖然民眾為了買東西必須得到錢，但對聯邦政府來說，卻不是這樣，畢竟是它在發行用於支付的貨幣。它可以無中生有，透過發行自己的美元借據，搶購任何以美元出售的東西，像是鋼鐵、焊接工人等。

　　這正是美國支付其所有戰爭費用的方式；是它建造州際公路、郵局、以及學校建築物的方式；也是它支付退休與健康福利的方式。從數字上看，聯邦政府差不多就是一個擁有常備軍的社會保險計畫。美國人如何支

付所有的費用呢？透過決定支付與花費美元來創造。

你可能會問，美國從哪裡得到它所花的錢？答案是：沒有！**政府正是在花這些錢的過程中創造貨幣。把美元帳面餘額輸入銀行帳戶的行為，就是在創造貨幣。**

不要設想官員們會為了讓現金流通而推出印刷機，也不要想到不尋常的「印錢」措施。**政府在每一季的所有花費，都會創造出新的錢。**不要認為收到稅金了，接著政府才會花錢。稅收不一定是為了給政府消費用的。錢會一再發行；之後，稅收會收回一部分的錢，以避免超額發行——也就是通貨膨脹。

這樣做是可行的，因為美國有自己的銀行——即聯邦準備系統。這個中央銀行（從它的核心為銀行體系提供動力，就像太陽為行星提供動力一樣）會創造貨幣。如何辦到呢？透過一些簡單的簿記。

銀行員曾經用鋼筆在紙本試算表上記帳。資產在頁面的一邊，負債則在另一邊。用「貸方」與「借方」來調整總數，兩者相抵。在這裡加上數字，在那裡就減掉數字，始終確保資產與負債的總和為零——這依然是目前銀行業的運作方式，只不過現在的銀行員改用電子方式記錄，在電腦鍵盤上輸入數字（或編寫程式）。我們可以把央行看作是一個數字不斷變化的大型公共試算表，這樣也與事實相去不遠。

如何有錢來買航空母艦呢？對，簿記操作！一旦財政部批准各種款項，它就會讓聯準會的官員們知道，通常是透過電子支付。聯準會官員打開財政部在聯準會的帳戶，然後對數字進行增加或減少的調整。關於 130 億美元的新支出——13,000,000,000 這個數字就會被輸入為新的負債。帳戶中可能已經有來自繳稅或其他來源的餘額。就算沒有，反正無論如何，官員們都會輸入數字。

同時，官員會將總計 130 億美元的數字，輸入商業銀行帳戶的資產欄

位中，這些帳戶通常分布在十二間「聯邦準備銀行」中，它們被授權能借出美元與執行支付系統。根據法律規定，這些銀行必須在聯準會開設帳戶，並擁有強制性的「準備」存款。聯準會把錢存進這些帳戶，輸入數字，創造出「強力貨幣」（high-powered money）。現在這些銀行的準備金帳戶（reserve account）中有了額外的帳面餘額，銀行將這 130 億美元存進有關的市政府、公司、以及工人們自有的帳戶中，供他們使用。接著，他們從這些帳戶獲得錢，把這些錢花費到更大的經濟體當中。

這樣做之所以有效，是因為中央銀行執行了國會的要求；聯準會只是把傳遞給它的決策「貨幣化」了。財政部與聯準會在一場精心安排的舞蹈中相互配合（這點我們稍後會講到），但最終，聯準會是否會拒絕財政部提出的任何付款要求？在什麼情況下它會拒絕呢？只有在某些問題上它才擁有決定權，像是利率。此外，它「獨立」於選舉政治，我們在第十四章會講到。至於在公共支出方面，中央銀行則是國會的侍女。[1]

怎麼可能呢？其實，所有主權政府都有合法的權力能發行貨幣。但很多政府不會選擇這麼做。例如，厄瓜多就使用美元；德國、希臘和歐元區國家，都將它們的主權貨幣換成歐元——這似乎是個對未來有重大影響的決定。但是，在那些自己發行貨幣的政府當中，像是美國、英國、加拿大、日本、瑞士、澳洲、中國、巴西、土耳其等，它們每天、常規性、不斷的花這些錢，從無到有。

這並不是什麼新聞。這在 1940 年代就得到清楚的解釋了。[2] 如果這聽起來讓人吃驚，你可能以為聯邦政府就像一個私人家庭，它也必須先從某個地方獲得金錢——那麼，歡迎來到「法定貨幣」這個奇怪又美妙的世界！

◆ 稅收不被用來支付政府支出

許多人似乎認為，政府必須像個人、家庭或公司那樣，「從」某個地方「獲得」它的錢。他們以為聯邦政府必須先向人民課稅，從人民身上獲得錢，或者向人民借錢，才能把錢花在任何東西上。他們假定，問題只有誰必須支付這些稅，或者哪些放款人（如果有的話）願意借錢、以什麼價格借出。

現實情況正好相反。一個發行自己貨幣的政府，不需要「得到錢」或「擁有錢」才能花錢。**它只要隨心所欲的發行就好**，因為這是人們所有金錢的最初來源（請記住美元鈔票上的題辭——「聯邦儲備票據」）。倉庫裡沒有一大堆可以被用光的錢，美國領土也沒有任何金庫可以被填滿或被清空。當美國政府支付航空母艦和社會保險福利，把錢存進銀行帳戶時，它不會失去在未來進行更多付款的能力。在國會與財政部的指示下，它發行新的承諾——也就是新的美元借據。它永遠不會耗盡承諾，也不會失去發行更多承諾的能力。

美元本身並不稀有。**為了防止不健康的通貨膨脹，它們會被維持在稀有狀態**。正如我們接下來會解釋的，訣竅是在通貨緊縮與健康的通貨膨脹之間，也就是在太少與太多承諾之間，採取一系列行動。

有沒有想過，當你用美元繳稅時，這些美元會發生什麼事？它們「去」哪裡了？哪裡也沒去！實際上，它們被摧毀了。用法律用語來說，償還的債務完全「清償」了。財政部將你繳稅的支票交給你的銀行，一旦兌現，聯準會就會從你的銀行的準備金帳戶中移除這筆錢，然後存到財政部的帳戶（或減掉它的負債）。接著，這筆錢會從「貨幣供給」的統計數據中被刪除。[3] 如果你繳稅是把實體、有形的現鈔放在財政部大樓，這些鈔票反而還會被撕成碎片。或者，如果它們仍然處於良好狀態，它們可能會被重新發行而開始流通，它們就像是新的貨幣一樣——當作新的政府支

出，它們實際上將會是新的貨幣。

如果這很難想像，那就先回到為什麼主權國家的貨幣能夠流通的問題上——為什麼會變成被計算在「活期存款帳戶」上的東西。在第1章的範例中，幸福之國的政府發行快樂幣，使之存在，正是所得稅負債讓這些貨幣得到廣泛的「被接受」。幸福之國的財政部不必募集並接收任何一分錢的課稅收入。因為——再說一遍——你知道，你有責任以一種貨幣的形式繳稅，就是足以讓你得到這種貨幣的理由。這樣你就會接受別人用它來付款，包含發行政府本身。對監獄的恐懼就是一股強大的力量。

那些想避免坐牢的人，如果最終不是從政府那裡獲得錢，究竟又能從哪裡獲得政府的貨幣呢？**政府對所有貨幣（用來繳交政府向人民要求的稅款）的發行擁有合法壟斷的地位。**孩子們和罪犯們會想，為什麼他們不應該在地下室裡發起「印」錢的行動（即使只是為了繳稅）。答案是：即使是最「先進」的國家也會嚴厲懲罰偽造貨幣的行為，判刑坐牢長達數十年。好幾世紀以來，這還曾經是死罪，且在許多司法管轄區內目前也依然還是。

請注意，這一切得到一個重要結論：**政府必須把它發行的錢花到經濟體當中，或者授權讓私人銀行發行，然後我們才能用這些錢繳稅。**整個過程是一種循環。美元透過聯邦政府的支出與銀行的放款，不斷的被花掉而被創造出來。然後，再透過聯邦稅與「借錢」（即出售公債），讓它們退出循環。美元不斷的被創造與被銷毀，為的是保持適量數量的流通中貨幣。

因此，儘管聽起來可能有些奇怪，但從功能上來講，課稅收入根本沒有用來「支付」或「資助」公共支出。稅收依然是必要和重要的，除了把錢從經濟體中抽走之外，它們還有其他功能。例如，它們塑造了激勵機制，也影響整個經濟體中的財富分配與購買力。稅務律師會告訴你，這實

際上才是稅法的主要目的。但是，只要一個政府發行自己的貨幣，而且通常以自己的貨幣來借錢，同時對其他貨幣保持可變動的匯率，它的支出就不需要或「來自」課稅收入。[4]

◆ 政府沒必要借錢

所有稅收都會使美元從經濟體中消失。當美元在稅後仍在流通時，政府可以透過「借入」美元，設法讓更多美元從私人銀行帳戶中流出。財政部發行一種證券，即中期公債（Treasury note）、長期公債（Treasury bond）或國庫券（Treasury bill）（或簡稱公債〔Treasurys〕）。你把你的美元給它，它就承諾你一個安全的資產和一些利息，該利息或稱為「票面利息」（coupon）。

我們稱之為政府「借錢」──其實這很容易誤導人。把它比喻成私人借貸或私部門的債券發行，這種貌似真實的比喻反而會掩蓋深入的事實。政府並沒有設法募集資金。試問：如果美國可以隨意創造美元，為什麼美國還需要借錢呢？如果你因為偽造貨幣合法化而能自己發行美元，你為什麼還需要向別人借錢呢？

美國公債是一種方便的政策工具。它們暫時把流動的美元從銀行帳戶中取出，這樣人們就不能在聯準會希望減少支出時，卻花掉這些錢。這有助於聯準會管理流通中可消費貨幣的總體供給，在通貨緊縮與過度通貨膨脹之間採取行動。透過買進與賣出美國公債，聯準會可以管理「利率」──即私人銀行之間的隔夜拆借利率。這反過來會影響銀行可以借出多少錢，使其流通到經濟體當中。

甚至，聯準會可以連這個工具也不要。現在聯準會採取更直接的方式：它只需向私人銀行支付「準備金利息」（interest on reserves，或簡稱

IOR），以可調節的利率，將資金存入它們在聯準會的準備金帳戶。這個利率在功能上相當於長期公債的「票面利息」——支付給你的利息，只是為了「停泊」你的錢。[5]透過提高或降低利率，聯準會使銀行或多或少有興趣因為利率而停泊資金，或多或少有興趣借錢或放款。所以嚴格來說，財政部不必「借錢」，甚至也不必發行長期公債。[6]

聯準會的這些操作，該如何「付錢」呢？聯準會官員只需輸入數字即可。創造出來的每一美元都是美國政府的負債，會增加到美國政府試算表某個部分的負債欄中。實際上，聯準會與財政部就像一對擁有共同銀行帳戶的夫妻——也就是美國的主權資產負債表（不同部門十二個不同的資產負債表的合併）的兩邊。身為政府的一部分，中央銀行可以用自己的名義記錄債務。

這些銀行準備金的利息支付，全部都會出現在聯準會的資產負債表上。那些用來消除 2008 年金融危機、記錄在貸方的好幾兆美元，也都進了聯準會的帳上。聯準會正計劃將這些數字轉移到其他地方；最近，它決定無限期的將這些數字留在那裡。如果我們改變一些規則，130 億美元航空母艦的費用也可以停留在那裡。同樣的，這也適用於其他我們選擇花錢的任何東西，無論這些花費是用來鞏固社會安全福利的成本，還是用來投資綠色能源。

不像債券，不用決定支付準備金利息，這些央行負債是沒有利息的——就像美元鈔票沒有利息一樣，美元鈔票也是央行的負債。原則上，這些數字可以無限期、無利息的留在聯準會的資產負債表上。傳統上，這些負債最終會出現在財政部的資產負債表上。但無論如何，它們都是美國政府的負債。**它們出現在哪個政府機構的試算表，有什麼差別嗎？**

下次你聽到一些從政者或權威人士說，我們必須削減老奶奶的社會安全福利金，因為無論用稅收或是財政部的「借款」，我們都「負擔不起」

時，請想一想，政府永遠有第三種選擇：把錢存到老奶奶的銀行帳戶，然後把負債數字留在央行的試算表上就好。有時候，這被稱為「將債務貨幣化」或「印錢」。不過真實情況是，負債數字留在央行的資產負債表上，而不是財政部的。再說一遍，這種方式的負債是無息的！相當便宜！所以，請試著向老奶奶解釋，如果她知道這其中的利害關係有多麼小，這只是記錄在政府試算表上的數字——她肯定會對削減微薄福利的計畫感到生氣。[7]

我們為什麼不把幾乎所有東西，都裝進聯準會的資產負債表裡呢？主要是因為協定。多年來，財政部與聯準會的關係朝著不同的方向發展。在1913 年的《聯邦準備法案》（Federal Reserve Act）中，發行美元的正式權力從財政部轉移到聯邦準備系統（雖然從技術上來說，發行美元屬於兩者的負債）。由於擔心二次大戰與韓戰期間的巨額開支會引發通貨膨脹，1951 年的「美國財政部－聯邦準備協定」（Treasury-Fed Accord），將財政部與聯準會的責任分開來。自 1981 年以來，法律上不允許財政部隨意透支它在聯準會的帳戶。即便如此，它還是常常先花錢，然後再去「找錢」。[8]

當財政部在聯準會的帳戶中，來自先前稅收的餘額不足以支付新支出時，財政部就會「借錢」來彌補差額，**看起來就像是稅收或債券在為支出「買單」**。但此時，聯準會可以直接購買這些債券，它只需要把負債數字轉移到自己的資產負債表上，並在財政部的帳戶上增加抵銷的貸方就好了——只要在鍵盤上多按幾下。好了，付款了！沒有稅收，沒有債券。

目前，法律上不允許聯準會這麼做，但長時間以來，這些應變措施一直是標準的操作程序。除了私人銀行被允許參與其中之外，簿記的內容基本上是一樣的。聯準會只是在市場上購買公債——進行公開市場操作。從私人銀行帳戶中抽出美元，然後增加到財政部在聯準會的帳戶。某些銀行

（即公債指定銀行〔dealer bank〕）根據「共識」，會購買任何發行的美國公債，然後再將其出售給聯準會，輕鬆的把錢裝進口袋。當銀行之間的借貸利率偏離聯準會的目標利率時，聯準會別無選擇，只能購買這些債券（或者採取其他措施——像是之前建議的，支付準備金利息）。為什麼要政治作秀呢？主要是為了幫助聯邦準備銀行穩定其準備金帳戶餘額，也就是說，是出於技術上的原因。[9]

假如你覺得聯準會的複雜操作看起來讓人眼花撩亂，那麼你就想，實際情況依然只是記帳而已；只不過這些項目是以拐彎抹角的方式操作。

◆ 社會安全制度會破產嗎

你或許會問，社會安全制度破產，而不是因為政治原因被削減的機率有多大呢？完全是零。**美國的社會安全制度永遠可以用美元支付**，就像它們現在支付的方式一樣。只要用郵寄支票或電子存款，把新的美元存入退休人員的銀行帳戶，就能花新的美元了。

事情真的這麼簡單嗎？來聽聽艾倫・葛林斯潘的說法。2005 年，在一次國會聽證會上，眾議院議員保羅・萊恩（Paul Ryan）要求葛林斯潘，針對社會安全制度的償付能力發表評論。萊恩先是發言，然後邀請葛林斯潘同意他的觀點。他說，個人退休帳戶將「提高償付能力」——這意味著社會安全制度可能不會信守它的承諾。在回應時，葛林斯潘直截了當的否認社會安全制度是「沒有保障的」這種說法。他解釋，「沒有什麼能阻止聯邦政府隨心所欲的創造貨幣，然後支付給某人」。[10] 在這種情況下，政府總是能輕易的決定每個月繼續支付老奶奶 1,300 美元，可用於房租與基本生活必需品，而不是讓她面臨危險，或死於未知的原因（在沒有社會安全制度之前，老年人的貧窮比率非常高，這就是為什麼這個可敬的制度，

有時候會被稱為「老年保險」）。

葛林斯潘接著說，真正的問題不是社會安全支付的「保障」，而是通貨膨脹的管理——確保收到錢的退休者有實際的商品可以購買。這點同樣適用於航空母艦、州際公路、或者政府可能用美元支付的任何東西。政府可以支付我們想要它買單的任何東西，只要它能管理支出的總金額。

公共支出會不會太多？的確會，當貨幣供給的成長超過一國的生產能力時就會。當工人、工廠、技術和其他資源沒有再度被生產或利用時，就不會有額外的新商品或新服務能吸收額外的錢。這時會看到「太多的錢追逐太少的商品」——也就是通貨膨脹。

通貨膨脹本身根本不是問題。一個不斷成長的經濟體，需要不斷成長的貨幣供給。只要新貨幣能有效的被使用（以調動閒置資源、或部署新技術，進而使資源更具生產力的方式），價格就可以、也應該逐步上漲。這是一國真正的生產力，也就是吸收貨幣的能力；**這是貨幣創造唯一真正的「速度限制」**。[11]

但是，美國難道不會累積「太多債務」而走向破產嗎？不。美元的確是聯準會的負債。任何新的美元也都會增加政府的總負債，並記在政府的試算表上。但沒有固有的理由能解釋，為什麼它們不應該超過政府的總資產。**發行公共貨幣的政府，跟使用公共貨幣的家庭是完全不一樣的。**在美國歷史上的多數時間，其資產負債表上的赤字一直都很大，而且還在不斷增加。但它從來沒有違約過。為什麼沒有？

葛林斯潘告訴我們：「一個政府不可能無力清償有關其本國貨幣的義務。一個法定貨幣體系（就像美國今天所擁有的），可以無限制的製造這種債權。」[12] 意思是，如果一個政府只借自己的錢，或者主要是借自己的錢，它就不會違約，除非是因為自己愚蠢。

想像一下，即將到期的債券支付。官員們可以透過把數字輸入電腦，

毫不費力的進行支付。但現在他們想，**我們應該繼續按下按鈕嗎**？嗯，除了膽小的愚蠢行為，有什麼能阻止他們兌現政府的承諾呢？[13] 美國從未違約過，因為官員們可以、也總是會支付這些款項。

但如果公共債務攀升到一個看似很高的水準，當這個令人瞠目結舌的數字被財經新聞大肆報導，該怎麼辦？會因為削弱信心，進而削弱政府的貨幣被當作「貨幣」嗎？不會。借款成本可能會隨著投資者的恐慌而上升，但人們始終會廣泛的接受美元支付——只要政府用槍指著他們的頭。同樣的，這也是主權國家的貨幣，最終享有做為貨幣所需的信心的原因。這並不是因為投資者的恐慌得到了緩解，也不是因為與其他資產相比，它的債務工具被視為是一種很好的「價值儲存」。這是因為人們需要錢來避免工資被扣押和監禁，這理由本身就支持貨幣做為價值儲存的地位。[14]

◆ 有沒有免費的午餐

這一切，代表我們其實有豐盛的政策自助餐可以選擇。讓我們看看，是否應該選擇一個非常小的政府，只擁有少數的槍枝和稀缺的奶油——然後支付較低的稅？或者，我們應該擁有大量的槍枝和少量的奶油——稅依然較低？或者我們應該擁有一個大型政府，擁有航空母艦艦隊和慷慨的社會保險福利——而且依然支付較低的稅？

如果我們真的必須降低稅率——這確實是可行的選項。因為，再說一次，稅並不能「資助」政府支出！**所有的支出——無論是槍枝還是奶油的支出——都不過是憑空創造出新的貨幣**。政府可能需要課稅來控制通貨膨脹，或者調整財富和權力的分配，或是將民主從財閥政治中拯救出來。但是這可能需要、也可能不需要較高的所得稅；當然，這往往是爭論的焦點。

這些並不是對理想世界的烏托邦式嚮往。到目前為止，我們已經描述了美國和許多其他發行自己貨幣的國家，它們的公共貨幣與銀行「已經」採用的運作方式。[15] 我們現在的觀點是，政府不會像我們想像的那般受約束——也是一些權威人士希望我們這樣想像的。除非它們把這些約束強加給自己。

你或許會問，天下究竟有免費的午餐嗎？唉，沒有。上述任何一種情況，都不代表政府可以無限制的花錢。正如我們指出的，國家的生產力（超出這個生產能力，新的貨幣就會造成不健康的通貨膨脹）確實限制了一國的支出。不過，官員們在衡量這個上限時總是過於謹慎。經濟學家通常也同意，一定程度的通貨膨脹是健康的，但接著反射性的設定一個保守的目標利率（目前是 2% 的普遍物價上漲）。他們這樣做的時候，並沒有真正闡明為什麼這麼做是必要的，也沒有計算即使是稍微高一點的目標，會失去多少的機會。舉例來說，如果聯準會將通貨膨脹率改為 4%，貨幣馬車的輪子真的會掉下來嗎？我們稍後會看到，聯準會可以安裝一個完全可靠的貨幣剎車系統。當它根據可觀察的數據進行微調時，**惡性通貨膨脹在實際情況下就不可能發生。**

如果可以以史為鑒，那就沒有什麼理由擔心。常見的通膨支出妖怪——威瑪德國、辛巴威和委內瑞拉——跟日本和美國在貨幣方面的擔憂截然不同。美國和日本（尤其是日本）一直在對抗通貨緊縮。十年來，甚至一直未能達到它們較低的通膨目標，日本的情況更是超過二十年。甚至在 2020 年疫情加劇、失業率上升之前，美國依然有數百萬人失業——包括那些不再找工作的人（因此他們沒有被計算在失業統計數據中）。因此，這個國家遠低於其生產能力。此外，從 2008 年金融危機後聯準會吸取了教訓，現在有許多追蹤與管理關鍵價格的有效技巧，可以在不會有不健康的通膨風險的情況下，支出遠比現在更多的錢。

現在，我們只是在描述法定貨幣體系是如何運作的。到目前為止，本章所講的內容，都沒有告訴你理想的支出水準──也就是槍枝與奶油的支出。這是截然不同的政治問題，一個關乎政治哲學與公共政策的問題。

◆ 平衡預算是昔日的宗教信仰

在很久以前的金本位時代，情況就不一樣了。一旦官員們承諾藉由黃金供給來限制貨幣供給，他們就的確需要用稅收或借款來「支付」所有支出。為了花錢，他們必須從別人身上得到錢──為了遵守他們的黃金承諾。實際上，這代表「資源約束」的奇怪獨眼巨人再現。只不過，只有一種資源是重要的，也就是黃金。但是金本位──凱因斯稱之為「野蠻的遺俗」（barbarous relic）──始終是一種貨幣太少的飢餓飲食。黃金庫存成長得緩慢，因此對一個不斷成長的經濟體來說，經常沒有足夠的新貨幣。這個觀點現在被廣為認可。然而，不知為何，「平衡預算」的理想在金本位的陰影下，以「財政撙節」這個更有尊嚴的名字繼續存在。金屬本位（metallism）與財政撙節是一體兩面：自己造成的貨幣飢餓飲食。然而，對許多人來說，一個是不必要的災難，另一個是美德的標誌。

這只是困擾民眾理解金錢的眾多觀念之一。也許最糟糕的觀念是，一個發行貨幣的主權政府，應該像家庭或市政當局一樣來運作。是的，一個家庭需要有收入才能購買商品，除非它用未來的收入來借貸。在這裡，「平衡預算」確實是美德──至少從長期來看是如此。同樣的道理也適用於偉大的加州、偉大的路易斯安那州、每一個地方政府、每一間企業、學校，以及受制於美國稅務當局的個人。美國人民只是美元使用者，因此必須「量入為出」，否則以美元來計算就有可能破產。但這根本不是美國政府的情況：**美國政府自己發行美元。**

「平衡」這個詞聽起來確實很悅耳、很和諧（誰不喜歡和諧？）。我們談論要如何整頓財政問題，聽起來既天真又嚴肅，就像在狂歡暢飲後去戒酒治療或康復治療一樣。我們對個人和家庭的財務狀況自我感覺良好；對「不斷成長的預算赤字」與不負責任的從政者的義憤，則可以帶來一種令人愉悅的道德是非標準和個人廉潔的感覺。稱美國前總統巴拉克·歐巴馬（Barack Obama）、甚至小布希（George W. Bush）推高美國公共債務的行為是「不愛國」，這些情緒通常是建立在混淆不清的觀念之上：美國在財政方面跟家庭或城市的狀況完全不一樣。

甚至連嚴肅的經濟學家，有時候也會說出一些令人困惑的事。例如，「赤字的問題在於錢最終必須被償還」。不過當然，他們也知道，美國公債會不斷得到償付、不斷被發行，而且可以無限期的進行下去。雖然任何特定的債券付款必須在到期時支付，但**總債務支出永遠不需要被「償還」**。事實上，債務總額通常會隨著經濟發展而逐漸增加，**既有助於推動經濟成長，也有助於順應經濟成長**。同樣的，在歷史上的大多數時間裡，美國的赤字一直在不斷成長，而且這種情況可能會一直持續下去。在少數赤字沒有成長的情況下，反倒是經濟衰退、甚至是經濟蕭條也隨之而來。

所以，真正的問題是：妨礙政府幫助其人民的好事或美德的——更別提愛國了——是什麼？

20 世紀偉大的經濟學家保羅·薩繆森（和其他學者一樣定義了今天的許多正統觀念），給我們一個坦率的答案：**平衡的預算要求是一種「迷信」，就像許多「昔日的宗教信仰」一樣**。然而，薩繆森認為，迷信可以有效的嚇唬立法者：

在資源的分配上必須有紀律，否則就會出現無政府主義的混亂狀態和低效率現象。就像昔日宗教信仰的功能之一是，有時候透過一些被認為是

神話的東西嚇唬人們，讓人們依照長期文明生活的要求行事。我們已經拋棄這種信念：即使不是每一年都平衡預算，也要在很短的時間內平衡預算。如果首相格萊斯頓（Gladstone，當時的一名傑出人物）復活了，他會說：「哎呀，看看你都做了些什麼？」（……我得說，我在這個觀點中看到了平衡預算的優點。）[16]

　　薩繆森可能會為戰時的支出破例。他主要擔心的可能是惡性通貨膨脹，這確實會對社會造成嚴重破壞，也確實需要紀律。但是，無論平衡預算的宗教信仰在其他時代和地方有什麼優點，到目前為止，我們已經越過柏拉圖（Plato）的「高貴謊言」和破壞性禁忌之間的界限。當人們開始揮著正義的大旗相信謊言，失去對其根本目的的所有理解時，昔日的宗教信仰就會發揮太大的作用，造成自我否定。美國一直在對抗通貨緊縮，昔日宗教信仰的代價，就是大規模的貨幣饑餓。當經濟中的貨幣太少、通貨膨脹太少，因此造成交易太少時，生產活動就會減少，經濟就會衰退。有生產力的公共支出正是經濟所需要的。平衡預算的迷信幾乎保證會導致錯誤的行動。

　　我們能像經濟學家經常做的那樣，假定事情在「長期」之下會「順利」嗎？如果與此同時，社會契約被打破、政治被激進化、民主被反叛的威權主義削弱，那就不可能了。那種情況並非完全是假設性的；這跟美國今天的情況非常接近，或者很可能成為我們的未來。平衡預算的宗教信仰，是我們處於現在位置的重要原因，也是為什麼未來可能會比原本情況更糟的原因。

　　薩繆森只提到貨幣迷信的好處。在他看來，經濟緊縮對人類造成的損失似乎不重要，或者被「長期文明」的名義掩蓋了。在某種程度上，這其實是十足的核災難。對里巴將軍來說，共產黨員將水加氟陰謀中最糟糕的

部分（除了危及他自己的體液與男人的「本質」之外），是對兒童的冰淇淋的威脅（「曼德拉克〔Mandrake〕，為什麼還有對鹽、麵粉、果汁、湯、糖和牛奶加氟的研究呢？」他對英國軍官曼德拉克說：「冰淇淋、冰淇淋！？曼德拉克，那是孩子們的冰淇淋！」）。為了文明社會的孩子們——至少是美國的孩子們——一場核武衝突是必要的。那些蕈狀雲般的代價是什麼呢？里巴並沒有太在意，他平靜的認為，可怕的事情在長期文明的莊嚴名義下亦是正當的（編按：里巴將軍是序言提過 1964 年出品的英語黑色幽默電影《奇愛博士》中的角色。因為里巴將軍精神有些失常，他執著的相信，蘇聯人在美國人的飲用水裡加氟化物，會對全美造成威脅）。[17]

另一方面，薩繆森的猶豫在某種程度上是合理的。我們真的能相信那些容易花錢如流水的立法者，他們能在爭取連任的過程中抵抗花錢的誘惑嗎？難道我們不應該以某種方式「把他們的手綁在桅桿上」，來鼓勵他們自我克制嗎？也許吧，但昔日的宗教信仰仍然是錯誤的方法。尤利西斯（Ulysses）命令他的船員把他的手綁在桅桿上，以避開海妖賽蓮（Siren）的誘惑；他不贊成閹割自己，即使這方法也會相當有效。要防止目光短淺的從政者殘害貨幣政策，應該還有更好的辦法。

其中一種是早已確立的：**央行應保持「獨立」，不受短期政治壓力的影響**。貨幣經濟學家米爾頓·傅利曼（Milton Friedman）合情合理的對此加以讚頌。但是，傅利曼對聯準會進步的能力，甚至是它最初的使命（**穩定物價與充分就業**）抱持很大的懷疑。隨著銀行家們不斷試驗和相互學習，央行的技術不斷在進步。自傅利曼時代以來，它們已經有了很大的改善，一部分要歸功於從 2008 年金融危機中汲取的教訓。如今，聯準會可以做很多事情，來服務於幾乎每個人都能認可的結果，並沒有許多人認為不能接受的稅收和監管。我們會在第十二章列出這些工具。[18]

無論這些工具多麼可靠，這種妄想偏執的爭論風格，無疑將救援昔日的「平衡預算」教。還有什麼比用簡單、誇張、說教的語言更能嚇唬人的呢——如果不像在《奇愛博士》中那樣談論「變態」和「性變態」，就是談論聯準會「印錢」和導致貨幣「貶值」。畢竟，人們可以因為被嚇唬，所以在知識上屈服；如果你把他們嚇得魂飛魄散，他們就不會覺得有必要理解。

　　這種古老的強化貨幣宗教信仰的好方法，也許確實可以解釋我們對公共會計不確切的理解。當你考慮到連見多識廣的人似乎也不知道的基本事實時，這就更令人恐慌了。

　　舉個恰當的例子：從簡單的簿記問題來看，**公共債務就是私人財富，它們始終是相等的**（固定了一個國家與世界上其他國家的關係）。

　　當 1 美元負債加到聯準會的帳上時，它就是別人口袋裡或銀行帳戶裡的 1 美元資產。當美國發行公債時，每一筆公債都是某個人的資產——一種安全的債券，也許是為了祖母的退休生活而存起來的。公共債務和私人財富，其實都是一樣的。順帶一提，這並非是有爭議的話題；這是代數的話題，是基礎會計的話題。「負債」在沒有「資產」的情況下是沒有意義的，就如同「右邊」要是在沒有「左邊」的情況下，一樣是沒有意義的。

　　在這種情況下，那些嚴肅的人們大聲喊「債留子孫」的公共債務，又該怎麼辦？其實它相當於私人財富——而且大部分是……留給子孫們的。很棒，不是嗎？

　　當試圖嚇唬別人時，一致性也許不是最重要的。然而，大眾對這個會計重點的無知，會為社會帶來巨大的代價。

　　希望政府有「盈餘」，實際上就是希望私部門——銀行、企業、家庭等——成為淨負債者，字面上的意思就是擁有負的淨值。這才是代表真正的破產或金融危機風險。事實上，私人債務累積是 2008 年經濟崩潰的導

火線：私人銀行放款過於隨意，在長期受到實質工資與薪資收入停滯影響的經濟狀況下，許多家庭入不敷出。在美國歷史上，從公共盈餘、到私人赤字與私人破產這個相同的惡性循環，已經發生不只一次了。為什麼？部分原因是人們迷信公共盈餘是良性的，但這通常對社會是一種威脅。這是一種資金太少，以致無法順應成長，也無法避免飢餓（導致停滯）的情況。

華盛頓特區的預算辯論並沒有被搞糊塗過——幾乎從來沒有。**爭論本身並非和公共債務有關，而是與另一個政黨的支出優先順序是否值得有關**。錢的用途似乎永遠是槍枝、航空母艦、以及對抗外國入侵。但是，對額外的奶油來說——例如：免費或便宜的大學教育、更好且負擔得起的醫療保健、或是綠色能源革命——最直接的問題永遠是，「當然——但是你要怎麼支付這筆支出呢？」儘管事實是，槍枝和奶油實際上是以完全相同的方式「支付」，也就是使用政府批准的款項，因為聯準會一直都有在關注通貨膨脹。

到目前為止，共和黨已經讓數百萬人相信，社會安全制度不會為他們而存在。萊恩在與葛林斯潘交流時所傳達的資訊——在葛林斯潘糾正他之前——是一場更大的勸阻行動的其中一部分。共和黨黨員經常在「赤字」與「債務」問題上扮演卡珊德拉（編按：Cassandra 是希臘羅馬神話中的特洛伊公主，得阿波羅的賜與，而有預言的能力，卻因抗拒阿波羅，她的預言不被人相信），自詡為「負責任」、「平衡預算」的擁護者，至少在社會保險福利的問題上總是這樣。當他們自己的支出優先順序成為爭論焦點時，這些就全部都不存在了：他們可以隨意的花錢。此時，他們表現出對公共財政非常理解。

正如前副總統迪克・錢尼（Dick Cheney）曾說的：「雷根證明了赤字不重要。」在隆納・雷根（Ronald Reagan）總統的領導下，美國提高

國防支出、減稅，並大幅提高公共債務。是否一如預期，出現了不受歡迎的通膨？沒有。在經歷數兆美元的戰爭支出、減稅、更多的戰爭支出、更多的減稅之後，美國有發生通貨膨脹嗎？沒有。再說一次，幾十年過去了，**美國（和日本一樣）需要擔心的是通貨緊縮，不是通貨膨脹。**

錢尼說的不完全正確。赤字確實很重要，因為它關係到政府把錢花在什麼地方。如果政府把太多的錢花在錯誤的地方，導致物價上漲過快，那就很重要了。但他的觀點是對的：**公共帳本上的「平衡」本身不重要，而且它往往是有害的。**

民主黨在這方面的理解比共和黨還要慢。長期以來，民主黨一直被攻擊為「稅收與支出的自由主義者」，幾十年來它一直試圖建立一個財政清廉的名聲；現在，民主黨黨員才開始重新考慮他們對「平衡預算」的片面承諾。但是，更好的醫療保健、更便宜的大學與綠色能源，也能以資助國防支出方式得到資助。我們只要確定它夠重要，讓財政部與聯準會把錢存進銀行帳戶，再讓聯準會管理通貨膨脹的風險就好。

有些從政者明白這點，但卻不願公開承認；有些人則是活在募資的迷霧中；還有一些人是清楚知道的，但還是製造混亂，喋喋不休的說著「債留子孫」。

從說服力的角度來看，這其實是相當不錯的政治策略。其餘的人，包括我們在內，傾向於相信那些煽動性的言語。到目前為止，我們聽過一遍、一遍又一遍，關於稅收「支付」任何槍枝與奶油等政府支出的說法。我們反覆被告知，我們不能只製作奶油。每個人真的都能那麼糊塗嗎？電視新聞上關於「債務」的怒吼、財經媒體上關於「財政責任」自以為是的裝腔作勢、所有人對經濟「不確定性」與「信心」的坐立不安、「債券義勇軍」的黑暗幽靈等，難道全都能夠建立在無知、混淆不清或機會主義之上嗎？是的，可以（也許三者都可以）。但再說一次，這只是美國政治中

的妄想偏執風格。

　　事實上，我們可以擁有槍枝與奶油。如果我們願意，我們也可以擁有較低的所得稅（再說一次，因為稅收真的不是用來「資助」政府支出的）。在後面的章節中，我們將解釋美國的銀行體系，如何輕易的以數位方式為民眾提供奶油。

第 3 章

貨幣來自
無中生有的承諾

　　每個工作日，穿著講究的官員都會出現在位於曼哈頓下城的紐約聯邦準備銀行大樓。他們手裡拿著早餐的點心和咖啡，決定創造新的貨幣。他們不是在操作「印刷機」、發行有形的現金或貨幣──那是財政部的工作。他們所做的就是把錢存進銀行的帳戶，在電腦終端按下按鍵。

　　但是，被一個在電腦前的官員──一隻手端著咖啡，另一隻手敲著按鍵──創造出來的錢，難道不需要由某樣東西來「支持」嗎？當我們把《綠野仙蹤》的布幕拉開，端詳聯邦準備銀行大樓時，我們看到的只有辦公椅、飲水機、廢紙箱和電腦螢幕。錢在哪裡？壯觀場面背後的實物在哪裡？是不是少了些什麼？（這個東西可能會是黃金嗎？）

　　如今美元是「依據法令」發行的，也就是說，當官員們按下這些電腦按鍵時，美元就會在聯準會的決定權力上，被憑空創造出來。這是神祕、可疑、甚至古怪的嗎？不應該是這樣。我們在日常工作中，總是做著同樣的事情。如果你想見一位朋友，你答應她在下週二下午兩點的星巴克見面喝咖啡──你就已經行使承諾的權力，希望能夠見面。這正是聯準會官員們坐在電腦前在做的事情，希望能藉此影響經濟。當他們按下按鍵時，沒有任何花招。金錢的戲法只不過是「承諾」這樣普通的事情。

◆ 言出必行

　　說出來的話可以是無聊的、無意義的、廉價的、浪費口舌的、不比噪音好一點的。但是某些話，在適當的時間和地點，由適當的人說出來，就是重要的行為。當你說「我保證」、「我很抱歉」或「我跟你打賭」這些話時，你不只是在描述你正在做的事情。**你是在進行一種行為：做出一個承諾、給一個道歉、下一個賭注。**

　　哲學家 J·L·奧斯汀（J. L. Austin）這樣解釋：

　　如果一個人說了這樣的話，我們應該說他是在「做」某件事，而不只是在「說」某件事……舉例來說，假設在結婚典禮中，我像其他人一樣說出「我願意（娶這個女人做為我的合法妻子）」；或者，假設我踩到你的腳趾，於是我說「我很抱歉」；或者，假設我手裡拿著一瓶香檳，說「我將這艘船命名為『伊莉莎白女王號』」；又或者，假設我說「我跟你賭六便士，明天會下雨。」……在上述所有情況下，當我在「說」我要做的事情時，我其實是在執行那個動作。當我說「我將這艘船命名為『伊莉莎白女王號』」時，我並不是在描述命名儀式，而是實際在執行命名；當我說「我願意」的時候……我不是在宣布一段婚姻，而是沉浸其中。[1]

　　當這種「言語行為」（speech act）以適當的方式進行時，事情突然就和以前不一樣了。這對夫婦本來不必結婚，或者也許不應該結婚；然而，一旦牧師宣布他們結婚（「我現在宣布你們……」），他們就結婚了。現在，不管是好是壞，他們都欠彼此一些以前沒有欠的東西。這艘船不一定要命名為「伊莉莎白女王號」；然而，一旦它在公開儀式上被如此命名，那麼從此之後，稱它為「史達林大元帥號」就是錯誤的。

　　哲學家約翰·希爾勒（John Searle）──奧斯汀的學生──是這樣解

釋的：「我們改變了現實……（並且）成功的做到這點，是因為我們代表了被改變的現實。」[2] 這讓言語聽起來簡直不可思議。我們透過宣言來改變現實，就像上帝用簡單六個字「讓那裡有光吧！」就無中生有的創造了世界。當然，一個在酒吧裡宣稱巴黎位在比利時的傢伙，是不會改變現實的，他只是搞錯了巴黎的位置。正是在結婚和命名儀式中──也在許多社交場合中──事情才會確定下來，因為在合適的時機，合適的人做出了某些權威性的聲明。還有什麼事，比兩個人在週六結婚更平常呢？

當你答應和朋友一起喝咖啡，你就有權創造一種義務，讓你的朋友向你提出新的權利。如果你的朋友看到你在見面的前一天搭飛機，她就有資格要求你回答：「你要去哪裡？你會來得及回來，對嗎？」如果你從來沒有答應過她，她就會成為一個多管閒事的人，或者她得不好意思的打探你的行蹤。但在同意與她見面時，如果你表現出猶豫不決的跡象，你就會改變她可以提出的權利。

從技術上講，你可以「不為任何真實理由」去創造那種義務與相互的權利，即使是一時興起，只要你決定這樣做，你就能做到。也許你不必答應去參加朋友女兒的生日派對；也許你應該壓抑一下突然產生的興奮感，這種感覺會使你接受邀請。但事實是你「確實」做出承諾了，這會使事情有所改變。不管我們是出於壞的或好的原因而做出承諾，無論如何，我們都依然會受到「自己的話」所約束（在合理的範圍內）。也就是說，我們被自己隨口說說的權力所約束。

在聯準會，電腦背後的人以官方身分行事。聯準會在生活中扮演非比尋常的角色。當政府官員把錢存到私人銀行時，他們的行為就像部長或施洗禮者一樣：他們正在行使權力，我們為了一個重要社會目的而賦予他們這項權力。

這就解決了每當有人提出一個值得花錢的提案時，總會出現的一個愚

蠢問題——「但是我們該從哪裡弄到錢？」向發行自己貨幣的美國提出這個問題，就像請朋友幫忙解決網路連線問題，然後質疑「但是他的承諾從何而來？」朋友有權力告訴你，他很樂意來看看你家的網路路由器。他是發行自己未來行為承諾的人，就只憑他的發言權。正是這樣，聯準會「擁有美元」，是因為它有權發行它自己的本票。

◆ 憑空變富或憑空變窮

聯準會的行動應該是讓人們更富有。一個人能因為承諾而變得更富有嗎？是的，的確可以。

「當然，我會打掃浴室。」你可能會這樣告訴你的配偶或室友。如果對方懷疑你真的會打掃浴室嗎，你可以補充：「真的，我保證。」在那一刻，說出那句神奇的話，就是一個重要的行為。就是這樣，無中生有，現在你有義務去打掃浴室了。你的配偶或室友有對等的權利，要求你確實這麼做。如果後來浴室還是像以前一樣髒，你的感情關係簿記馬上就會發生變化。到今天為止，對方在對你的權利中擁有一筆資產，並因此變得更富有；相對的，你不得不打掃浴室，你因為負債變得更窮了。對方更富有，你更貧窮——就這樣，「憑空出現」。

對方變得更富有，是因為現在的你不能改變主意，給出「合理通知」。如果你試著說：「嘿，結果我根本沒有打掃浴室，哈哈。」對方馬上可以駁斥：「不，你答應過的！」對方可以要求你打掃，好像擁有你的行動權一樣。因為，在某種程度上，對方的確有，因為你已經把向你提出要求的權利給人家了。對方擁有它，也相信它，要求你遵守承諾，甚至可以責怪你，直到你打掃乾淨或者對方免除你的責任（「沒關係，這沒什麼」）。

你會因為負債而稍微變窮一些。因為打掃所需的時間與精力，不能用於你可能會喜歡做的其他事情上。如果你不依照承諾打掃，你可能得補償配偶或室友。也許要請人家吃午餐——這是要花錢的；或者乾脆付錢去請清潔工。無論哪種方式，你的承諾就是在花你的時間或金錢。正如詩人羅伯·塞維斯（Robert Service）所說，**許下的承諾就是欠下的債。**

私人銀行創造出經濟生活中的大部分貨幣，它們正是透過「借出」的行為來創造貨幣。當你打算借錢買房或買車時，你做出還款承諾，簽一張本票。就這樣透過我們授予銀行的權力，以及信貸職員做決定的莊嚴權力，你的私人借據變成了公共借據。官員在你的貸款申請上蓋章，把手放在桌子上。在這樣的「蓋章行為」中，職員宣布你是可以被發放貸款的，現在你的情況就跟以前不一樣了。你得到一筆輸入你的帳戶、新的美元資產——這是銀行的負債。銀行則是從你還本付息的承諾中獲得資產——這是你的負債。然後，瞧，錢從天而降——足夠真實的錢，可以用來買汽車或房子的美元（我們在第九章會充分解釋這種負債的「交換」）。

這全部都是由聯邦準備系統監管，它對所有私人銀行的借貸活動擁有最終的權力。正如我們之前所提到，主要的私人銀行在聯準會都有帳戶，就像我們在私人銀行有帳戶一樣。因此，新的權力視為資產被記錄在私人銀行的資產負債表上時，負債也會被記錄在聯準會的資產負債表上。但是，正如我們在第二章所解釋的，聯準會也直接創造了貨幣。當聯準會官員坐在電腦前，在銀行帳戶裡增加金額時，聯準會也同時承擔債務並創造出新的資產。如果這些錢是存進美國銀行（Bank of America）在聯準會的帳戶中，美國銀行就可以將這些資金提供給更多「活期存款」的帳戶使用，人們或公司可以從這些帳戶中提領或消費。

到目前為止，這只是簿記上的變化。隨著許多數字被輸入到試算表，聯準會的帳戶金額降低了，私人銀行的帳戶金額則增加了。然而，就像那

個打掃浴室的承諾有重大的影響力一樣，現在聯準會的情況也已經不一樣了。只要美元的承諾大多數情況下是可信的，私人銀行帳戶中的新美元資產，就有權力用來擁有實際商品與服務。在更大型的美國經濟中，我們都接受它們，出售東西來取得它們，用它們購買東西，用它們分配勞動所得，並且一起變得富有。我們說的是真正的「錢」。

◆ 承諾管理

一個年輕人的一生中，總會出現這樣的困境：一方面，站在一片開闊的未來景色前，不會想要用僵化、或永久的工作、或人際關係「過度束縛自己」。人們應該「看看外面有什麼」、「保持選擇開放」──你知道的，探索遙遠的土地，參加波西米亞派對，或者公共服務的新機會。

另一方面，如果你被邀請參加這些聚會，希望能遇到城裡優秀的音樂家與藝術家，你就需要建立人際關係。這表示你要承擔對他人的義務與債務，但這確實會「束縛一個人」──至少暫時來說是這樣。你將無法完全逃避你與社會的關係，以及你欠它的債（如果你不喜歡，祝你能在荒島上堅持非常久）。無論如何，一個沒有債務、義務和承諾的生活，是一種赤貧的生活。若承諾太少，你的成長就會比你可能做到的更少。因此，**承諾不足的風險確實存在**，尤其是在人們所期盼的漫長人生的早期；但是，**一個人也不應該過度承諾**。如果一個人不能兌現所有的承諾，他就會失去他的價值，也就是被「打折」。

該怎麼辦呢？嗯，只要弄清楚可持續的承諾比率是多少，然後學著接受就行了。

這大概就是聯準會的困境及其解決方案。央行所做的遠遠不只是發行美元的承諾，它還要監督整個經濟體，管理所有做出的美元承諾。也就

說，它的工作是在通貨緊縮與不健康的通貨膨脹之間，採取一系列的行動
——也就是說，確保美元的承諾價值不會明顯低於、或高於合理的可兌現
價值。

無論什麼情況都有危險。一方面，承諾不足是危險的。因為相較於特
定的資源基礎來說，**太少的承諾意味著，實際上正在進行的可進行的生產
活動太少**。於是，人們處於失業或就業不足的狀態，消費低於他們希望或
可能消費的水準。但是，過度承諾也是個問題。相對於同樣的資源基礎，
太多的承諾意味著，要不是某些承諾無法兌現，就是物價將人為上漲，或
者兩者都是。這往往會發生不信任、「打折」，以及最終承諾不足的結
果。

過度承諾與承諾不足之間的波動，會徹底顛覆生活和政治上的繁榮與
蕭條、泡沫與崩盤的週期。這不是我們生活的方式。因此，央行試圖透過
監督整個經濟體長期之下承諾的數量、品質以及「方向性」，來保持穩定
——「使週期平穩」。

儘管通貨緊縮與通貨膨脹一樣糟糕，或甚至更糟，但如今，對通貨膨
脹的恐懼不知為何吸引了所有人的注意力。考慮到像是日本與美國等主要
經濟體，多年來一直在對抗通貨緊縮，這種現象真的很奇怪。聯準會幾乎
不常達到它較低的 2% 目標。然而，對那些公開評論貨幣的人來說，「惡
性通貨膨脹」似乎總是即將來臨。即使是極小的通膨可能性（無論多不可
能），似乎也會像其他事情一樣，助長人們懷疑「貨幣毫無價值」，除非
貨幣與其他東西有關聯，無論如何，就是某種固體的東西，比如黃金。

當然，承諾可能會做得太過隨意，因此每天都要管理我們的承諾。聯
準會管理通膨的任務複雜多了。但從本質上看，這就是我們管理每日行程
的方式：做出或拒絕給予承諾，以確保我們對整體承諾的誠意。

一個行程排很滿的朋友，她答應和你一起出去散步。你可以相信她的

話、相信她的誠意，假設她會依約出現。正因為如此，在默認情況下，我們相信新發行的美元，除非或直到有更多值得擔心的理由，否則美元不像伊索寓言裡那個承諾不可能之事的男人：有個男人臨終前躺在床上，向眾神許諾，如果讓他活下去，就會得到豐厚的祭品。男人的妻子在他身邊問他：「你哪來的錢買這些東西？」男人說：「你覺得我有可能會好起來，讓眾神來審問我嗎？」他的承諾從一開始就償還失敗──這就是這個寓言的有趣之處。[3]

當然，你朋友的承諾只有在默認的情況下才是可信的。也許她把跟你的約會「重複預訂」在「塞滿的」行程表上。她根本就不應該同意跟你見面，而且無論如何都很有可能必須取消。一旦你得知這個消息，發現她是那種過度承諾的人，你可能會因為懷疑她不會兌現承諾，而「貶低」她的承諾。即使她也不像伊索寓言裡的那個男人，從一開始就做出不能相信的承諾。畢竟，就算她的行程安排得滿滿的，她或許還是會出現。即便如此，或許你也不該那麼相信她。因為她的可信度不在於她對你許諾的認真程度，而在於這個承諾與她所有承諾的關係，以及信守所有承諾的能力。

同樣的道理也適用於經濟，雖然貨幣通膨與經濟體其他部分的「關係」相當複雜。有一句口號是：「通貨膨脹是一種關係。」

下次，當你看到某項支出的數字令人瞠目結舌，或者某個政治人物在電視上對此表現出震驚的樣子，不妨想想這句口號。所以，如果聯準會今年發行了「一兆的新美元承諾」呢？這代表什麼？我們能做出任何像這樣的結論嗎：現在是否存在「太多的美元」，甚至存在最輕微的過度承諾的風險？不，我們不能。

首先，如果1兆美元莫名其妙的進入你的私人銀行帳戶，你只是沒有碰它，認為這是某種打字錯誤，它對經濟就不會產生任何影響。錢是拿來花的，錢花到哪裡也很重要。

假設 1 兆美元的新承諾被花掉。即使這樣，如果它們能召集可用的資源，並創造出新的商品與服務，也不會出現「通貨膨脹」。有了被創造出來的新商品，就不會有「太多的錢去追逐太少的商品」。額外的 1 兆美元**新貨幣，本身並不代表重要價格的趨勢、或美元本身必然的信譽**。就像你答應去參加朋友女兒的生日聚會一樣，這也暗示著人家不一定相信你真的會去參加。

你可能讀過一篇專欄文章，作者是個喜歡裝腔作勢、自以為是的男人（這類人士往往是男性）。他會嘲笑政府，在沒有相稱的稅收增加或借貸情況下的支出，就像在「印錢」。想到辛巴威或委內瑞拉那些毫無價值的紙幣，他會堅持說這是「通膨」，這是印錢必然發生的事。然後，在對「貶值」的貨幣表示厭惡之後，他就把他的實例擱置一旁，表現得好像他給出一個論證。他也可以像《奇愛博士》裡面那樣，聲稱自己在保護我們「珍貴的體液」──細心的讀者會注意到，他只不過是輕鬆打敗了一個稻草人。為什麼按理來說，通貨膨脹發生的可能性微乎其微呢？這始終是個問題。他卻完全忽視。

正如我們所看到的，當聯準會做出新的承諾時，它不會自動出現問題──就像你答應在一個輕鬆的週末，和一位朋友見面、喝咖啡一樣。再說一次，通膨與更大的經濟體之間的關係非常複雜。所以，是的，如果一國的貨幣創造超出其生產能力，我們就會看到通貨膨脹──因為我們沒有透過稅收、「借貸」、或聯準會的操作，從經濟中抽回足夠的、已花掉的錢。正如我們前面所說的，這才是對透過花錢創造貨幣真正的「速度限制」。因此，一個誠實的論點必須根據一些管理行動（針對性的稅、財政部「借貸」、聯準會的操作等），來估計通膨趨勢的走向。我們需要更多值得擔憂的理由，這些理由即使是在輕鬆活潑的專欄中，也應該被解釋清楚的。

◆ 聯準會的特權

我們透過決定做出承諾的權力（透過「法令」或「無中生有」），本身並不是「無中生有」的。就像在我們的人際關係中，把承諾賦予對方。如果人際關係和互惠是美好生活的一部分，我們也需要自由和權力，來決定是什麼承諾束縛了我們。

聯準會身為一個合法建立的機構，受其任務的約束，與我們一樣身處各種關係中。它也是統治美國的政府非常重要的一部分。在這裡，前面「人的承諾」的比喻結束了。當聯準會解釋自己的「雙重任務」時，立刻就會指出它的決策對人民生計的非凡重要性。聯準會網站告訴我們，「根據國會通過的《聯邦準備法案》的規定」，它有兩個目標：

（1）就業最大化，表示所有想工作的美國人都能帶薪就業；（2）穩定所有美國商品與服務的價格。透過這種方式，聯準會的貨幣政策會真正影響所有美國人的財務生活——不只是身為消費者時所做的支出決策，也包含身為企業時的支出決定；包含生產什麼、聘請多少工人，以及在經營過程中進行什麼投資。[4]

貨幣決策怎麼能如此重要？再說一次，美元有一個牢固的「信譽」來源：害怕坐牢。如果人們能確實獲得美元，在繳稅時把這些錢還回去，以爭取他們的人身自由，那麼首先最重要的是，聯準會的作用就是確保有足夠的美元能讓人們免於坐牢。自此，央行對貨幣與經濟繁榮產生了深遠的影響。對監獄的恐懼是如此的牢固，以至於人們每年願意繼續使用美元來支付罰款、費用和稅金，用美元購買人身自由。在這種情況下，聯準會可以隨意的、為人民賦予的任何目的繼續發行美元承諾，只要它不過度承諾——因為它將通膨保持在一個健康的水準。美國人民將繼續追逐美元來

「購買」自由，只要美元不是太稀少，也不是太多。

這是一種非凡的力量，雖然不是透過任何可怕的魔法。如果擁有無限權利的老君主們穿上巫師的長袍，牧師們則編織有關神聖目的的故事，他們的願望往往只是為了避開叛亂。隨著時間過去，人們開始理解，並開始提出關於政治權威的現代問題：任何一個人對人民生活的統治，怎麼會是合法的，而不是純粹的專制統治呢？

美國已經取得很大的進步了，但依然需要繼續要求美國政府：鑑於其創造貨幣的非凡權力，央行欠人民什麼？答案是，政府最好為一個更大的承諾來發行貨幣——一個證明監獄本身的威脅是合理的「社會契約」。

現代民主處於危機之中，部分原因是我們之中很多人沒有足夠的錢。但是，為什麼不給人們更多的錢就好了呢？如果你還在疑惑「能從哪裡得到錢？」我們要再說一遍：**聯準會可以直接向人們發行美元承諾。**

稍後，我們會解釋聯準會如何從底部提高生活水準，讓中產階級恢復更有保障與更高的收入、更可靠的工作機會，以及更多、更靈活的家庭與休閒時間。**現在，重點是我們已經有錢了。美國人民擁有所需要的一切：美國的充分信任與尊重。**聯準會已經透過承諾將信用貨幣化——這就是 1 美元全部的意義。因此，修復社會契約就像聯準會官員按下正確的電腦按鍵，把新美元送到正確的地方一樣簡單。只需要允許聯準會在控制通膨的同時這樣做。[5]

第十二章會解釋，聯準會如何可靠的剎住不受歡迎的通貨膨脹——就像一輛保養良好的汽車的剎車一樣可靠。在高速公路上，我們可以把生命託付給它。但是，為了有助於討論這個問題，請暫時允許我們認為，**央行可以直接提供我們錢**，而且幾乎或完全不會有不健康的通貨膨脹風險。在這種情況下，先問問你自己：**為什麼聯準會不應該這麼做？**

如果沒有明顯更好的選擇，難道政府就不會欠我們這麼多嗎？在經歷

了五十年失敗的替代方案、幾十年的失信之後，難道政府沒有義務在最後兌現共同繁榮的承諾嗎？難道現在的民主成果不是仰賴它嗎？

第 4 章

民主美元的誕生

假設一個嶄露頭角的專制者不知怎的成為美國總統。他想盡一切辦法中飽私囊，並保住權力。如果沒有中央銀行「獨立」於政治的堅定原則（謝天謝地，美國有），這個詭計多端的傢伙就能對聯邦準備系統施加一些壓力，強迫它給他錢，讓他隨心所欲的使用，不需要考慮公共利益。聯準會只需將巨額美元存入他的個人銀行帳戶，然後他就可以把這些美元花掉，或轉到位在巴拿馬、開曼群島的一間銀行。

這顯然是不合法的，但為什麼會變這樣呢？畢竟，以前的國王們就是這樣做的。所以，出什麼問題了？簡單來說，這是對美元身為公共貨幣的**背叛，美元是為了國家的整體繁榮而建立的。**

◆ 統治者欠我們什麼

政治權威曾被合理化為君權神授。人們認為，穿著君主長袍的人，對他的臣民就擁有絕對的權力。對他的臣民來說，他們完全沒有反對他的權利。稅務員甚至不必假裝農夫臣民有權利；他只會亮出他的主權徽章，要求他想要的任何硬幣，然後平靜的說：「全部付清，否則要你好看。」

在現代人聽來，這不過是一種原始的權力行使，但這種行為不再合理。這沒有比歹徒的「你不能拒絕」，或是強盜的「要錢還是要命」好多少。這不是政治上的合法性，甚至不是具正當性的強制性。

正是湯瑪斯・霍布斯（Thomas Hobbes）1651 年的傑作《利維坦》（*Leviathan*）中，提出一個新的概念，定義了現代性：**政治權威可以改為建立在人與人之間的社會契約之上。**

在霍布斯看來，我們為了自己的安全，所以彼此達成協議，授權給一個「至高無上的」強人。然後我們就可以高枕無憂，因為任何人在攻擊我們之前都會三思——如果他這麼做，我們的君主就會追捕他。我們可以從事藝術、工業，並過著舒適的生活，不必經歷一場可怕的「所有人對抗所有人的戰爭」。在這場戰爭中，「人類的生活是孤獨、貧窮、危險、野蠻與短暫的」。

在這種情況下，任何理性的人都會樂意用君主選擇的錢，來支付君主的徵稅。君主的貨幣一旦流通，他可以支付軍隊與警力，並建立和平。不過，稅務員也不像歹徒或搶劫犯，他們應該讓人們過著平靜的生活。當稅務員出現在你家門口時（代表真正的安全保證人），你確實有責任付清「文明的代價」。這就是社會交易。

這個價格合理嗎？問題就在這裡：不好說。你要對君主負責，但他不欠你任何回報。在霍布斯的故事中，為了我們自己的安全，彼此達成一項協議，要授權給強人；強人本身卻沒有參與協議。所以我們對彼此有義務，他對我們沒有義務。一旦他確保了和平，如果他專橫的向我們徵稅，或者強迫銀行家為他的歡樂宮殿、法拉利、以及藍寶堅尼提供資金，這都完全取決於他——他從未欠我們任何東西。如果他讓我們陷入不必要的戰爭或殘酷的政策，那就是我們倒楣。君主對我們沒有義務，他不必為公共利益服務，一點也不必。[1]

這是容易上當受騙的人才會進行的交易嗎？如果「所有人對抗所有人的戰爭」真的是唯一的選擇，人們可能會無奈的接受專制統治，並保持低調──希望火車至少準時運行。對霍布斯來說，這是我們被迫做出的選擇，要不是無政府狀態就是絕對的君主制，要不是戰爭就是和平；霍布斯只是順便提到了古代民主的可能性。哲學家盧梭（J. J. Rousseau）──一名非常仔細閱讀霍布斯著作的讀者，則使用了一句至理名言。我們不必被迫在無政府狀態與威權主義之間做選擇，我們還有另一個選擇：如果我們已經制定一個避免無政府狀態的社會契約，為什麼不乾脆決定統治我們自己？

◆ 民主正好是最糟糕的

古代也曾經嘗試過民主政體，但是沒有成功。從那以後，幾乎很少人認為這是有可能的。在 18 世紀中期，也就是一千年後，盧梭（一個沒有受過正規教育、從日內瓦逃出來的人）突然夢想重新建立民主政體。新的「社會契約」想法被點燃。[2] 在英國哲學家約翰·洛克（John Locke）──對新英格蘭人有很大影響力的學者──的幫助下，法國和美國革命很快的跟進。到了 20 世紀末，僅僅幾代之後，全世界大部分的政府都是民主共和國了。對一個來自日內瓦、自學成才的孩子來說，成就還不錯。

盧梭的靈感來自於他所熱愛的城市──或者至少是他在過去黃金時代的故事中聽到的城市。然而，日內瓦並沒有回應他的愛。他的書一度被燒毀，他還被剝奪了公民身分（說實話，如果是因為魯莽的成了幾個小孩的父親，並且把孩子們送進孤兒院，那麼嚴格來說──他還真是個混蛋[3]）。然而，他早年在日內瓦的生活，幫助他在移居巴黎後，看到菁英之間的地位、權力和金錢的等級制度，進而想像出更好的東西（在那裡，他是個外

來者，也總是覺得自己像個外來者）。不可避免的君主制、貴族們瑣碎的地位競爭、貴族對其他人的困境的漠視、知識分子為資助他們的主人服務、經常被合理化的神權故事、過時的傳統或政治上的穩定——突然之間，這些看起來都不再是能被接受的。

必須有一種新的「社會契約」，一種在平等之中的理解。相較於其他人，沒有人會被劃分為較高等或較低等——除了在工作、友誼或婚姻方面，因為資歷在這些方面仍是很重要的。在基本的政治聯盟中，每個人都跟其他人一樣，被視為公民。我們將由法律統治，而不是由特定的人統治——無論是國王、貴族、哲學家、還是商人。儘管法律會用力量威脅我們，但我們都將因為生活在法律義務之下而更加自由（正如盧梭在一段著名的幽默機智對話中所說，「被迫獲得自由」）。有了公民的權利與安全的財產，我們可以在晚上自由的出去看表演或吃飯；可以放心不會受到人身騷擾；可以不必保衛家園，有信心免受入侵者的侵擾。我們都可以更加信任彼此之間的協議，包括在工作、商業和休閒方面，達成使用金錢的所有協議。在一起決定公眾事務時，我們每個人都會傾聽、學習和爭論，尋求共同的理由，理想的達成一個大致共識，或者至少縮小分歧。然後，我們會投票——所有人都會投票，出於一種穩定的責任感。並不是每個人都會積極的同意這些法律或制度，甚至不像洛克所說的「默許」。但我們都有發言權，透過政府來決定我們的法律，而且政府除了為我們共同的理由發言以外，沒有任何的權力。

「民主是最糟糕的政府制度，除了那些我們早已試過不管用的制度之外。」這句溫斯頓・邱吉爾（Winston Churchill）曾引用過的古老俏皮話，絕對能在一場醜陋的選舉後減輕人們的緊張情緒。但是，關於這個席捲現代歷史的美妙想法，還有更多可以說的。在最好的狀態下，它聽起來相當美好，就像朋友之間流動的對話、一種市民的友誼。為什麼即使在有

瑕疵的政治體制中，我們從投票所回家的路上也能自豪的微笑著？因為我們在民主中盡了一份心力──這是一個非常好的計畫，我們很幸運能擁有這樣的計畫，合情合理的為它的進步而努力、為它的腐敗而擔憂。也許這座城市的大教堂將永遠在建造中，也許真正值得我們擁護的不是我們擁有的民主，也不是很快就可能實現的民主，而是正在進行的民主計畫本身，這是我們共同生活且決定的實驗。

◆ 承諾共和國

當美國的建國者開始這項計畫時，他們發表公開聲明稿。《獨立宣言》（*Declaration of Independence*）和美國憲法都屬於承諾──共同宣布的承諾，每個人都會視為理所當然，而且維護與依賴它。臣服於國家的集體力量會讓任何人感到緊張，所以我們都有反對政府的權利，這是政府對我們的義務。政府對我們的統治，只有在它依然忠於對所有人的許多義務時，才會是良好的、合法的。

前面說過，每一塊美元都帶有在繳稅時會被接受的承諾。這個承諾不只是美國的恩賜。**這是欠美國人的**。少了任何一點點都是非法的，就跟專制統治差不多。我們往往會忘記組織一個正常運作的共和國的常規義務，直到它們突然不被遵守。因此，值得注意的是，惡意或粗心的政府會以某種方式在金錢上攪亂我們的判斷。

比方說，美國明天宣布（也許是在總統的推特上），從今以後所有的稅款都將用某些稀有的寶石來支付，這些寶石只有極少數人能得到。起初會有民眾強烈抗議，但在經過一些行政裁決和恭敬的法庭判決後，國稅局只接受那些寶石了。如果你不能在繳稅前拿到它們──唉，那你真是太倒楣了，你還沒有繳稅，警察可以、也會被要求去追捕你。

或者假設，如同前面的例子，國稅局官員只是任意的拒絕民眾的美元支票。或者，官員兌現了支票，卻無精打采的，一直沒有抽出時間把這筆錢存入政府的帳戶。民眾真的很倒楣——因為在紀錄上沒有付款，依然要被抓去關。

　　官員們不能經常這樣做，如此一來，人們會停止使用美元並且起身反抗。但是，如果警察只挑出少數批評政府的人、或膚色不同而不受歡迎的人，那麼美元就沒有問題。拿他們開玩笑也許能向持不同意見的人傳遞明確的訊息。官員們可以簡單的將這些事件扭曲成「輕微的會計錯誤」，或者把它們當成「假新聞」忽略。

　　或者，也許國稅局官員接受了你的美元，但在你已經付清欠款、沒有進一步的犯罪行為之後，隨後某個法官來扣押你的工資，或者要求逮捕你。法院派來的官員就在你家門口。你能證明你已經付錢了嗎？如果他們有篡改過的國稅局電腦列印結果，（不正確的）說明你沒有付錢呢？如果在把你關進監獄之後，國稅局的官員很忙，所以不願意澄清這件事呢？

　　以上當然是國家權力對人民生活的一種分級與無理。美國，就其自身而言，仍然是個運轉良好的共和國——真是謝天謝地。為了保持它的基本合法性，它必須繼續承認並履行它對美國人的許多義務。這就是美國與那些只是假裝成「民主」的專制國家（例如：俄羅斯、匈牙利或委內瑞拉）之間的區別。

　　因此，雖然美國有權要求以美元支付稅款，但它同樣也必須提供這些美元，並且及時接受以美元支付的稅款。如果做不到這一點，政府就會違背在最基本自由方面所欠人民的——這正是法國與美國的革命者們奮力爭取的東西。

　　一個民主的共和國不只是涉及公民權利與政治權利，它也包含為它的公民提供體面的生活——生活、自由，以及追求幸福，並為此創造足夠的

錢。金錢不僅僅是另一種價值，或者只是實現其他價值的工具。它是一個重要的公共制度。由美國政府——連同中央銀行與財政部——所定義的美元，與我們在商業、工作、許多生活的選擇中對彼此的承諾，以及共享繁榮的承諾息息相關。我們的錢是我們社會契約的一部分，也是為什麼我們會對國家保持信心的重要部分原因。[4]

◆ 黃金般的美好歲月

當盧梭設想現代共和民主制度時，它只是一個可能發生的未來夢想。對許多人來說，這是一種對不久前美國景象的懷舊，也就是二次世界大戰後的二十多年。

在那個「黃金」年代，數百萬人因為新政和戰時支出，從貧困晉升為中產階級。當然，有些人還是比其他人有錢——美國從未承諾過物質上的平等。但與早期的鍍金時代相比，也與後來的新鍍金時代相比，貧富差距相對是較小的。在那個時候，約翰·甘迺迪（John F. Kennedy）總統會說，（以良好的公眾信任衡量）不平等帶來了成長的「漲潮」，進而「舉高了所有的船」，包含遊艇和小艇，為每個人帶來穩定的利益。

最終，種族間的緊張關係、理查·尼克森（編按：Richard Nixon 是美國第三十七任總統，1974 年因水門事件被彈劾，因此宣布辭職）的犯罪行為，以及越戰打破了這個幻想。不過，戰後的美國夢還是相當美好，不是嗎？這是個美好的夢想：真誠的和諧合作、為了幾乎每個人的共同利益、到處能感受到公平待遇的保證。有什麼理由不喜歡呢？

盧梭在類似日內瓦的黃金美好年代的故事中長大，這讓他夢想著現代的民主。從那以後，世界再也不一樣了。

◆ 美元「社會化」

是什麼促成美國的黃金時代？錢，也就是美元。「萬能的美元」至少在一個方面與上帝相似：許多人認為它始終從在，從一開始就是永恆的。然而，事實是，它透過費盡心思的民主努力，花了很長的時間才到達它的萬能地位。

在美國建立之初，英鎊很快的被拒絕使用。「美元」和它的符號 $ 被選為官方記帳單位。但正如第八章將更詳細解釋的，美元要成為真正的國家貨幣，還要等上將近一個世紀。在 19 世紀，私人銀行各自發行它們自己的美元紙鈔。在經歷了一段漫長的試誤、反覆的危機、以及許多痛苦之後，在 1860 年代早期，被選出的立法者才將貨幣發行「國有化」；然而，卻不太管用。因此，在 1913 年，他們最終以公私協力的方式將美元「社會化」，一個新的中央銀行（聯邦準備系統）就此出現，它將發行美元，並體現美國的「充分信任與尊重」。「萬能的美元」進入成年期，不只是由於民主進程，也是基於民主目的：在更穩定的經濟體中共享繁榮。

即使在美國資本主義的黃金年代，「自由市場」也從未得到充分信任。國家會確保分享其不斷成長的經濟蛋糕。奧托・馮・俾斯麥（Otto von Bismarck）總理已經在德國建立了社會保險制度——部分原因是為了抵禦硬派的社會主義。在戰前的幾十年裡，美國也仿效同樣的作法建立社會保險，為失業者和退休者提供醫療照護。工人們開始與公司建立「從出生到死亡」的關係。工會很有效，穩定的提高工資與福利。擁有提高的生活水準與光明的前景，當中隱含的「社會契約」感覺像是一筆交易。

這是一筆你可以相信的交易，只因為美國經濟找到新的穩定基礎。美國民主的偉大承諾始終是普遍共享的繁榮。由聯準會發行與管理的美元，則促成這一切。

1980 年代後期，英國首相柴契爾夫人（Margaret Thatcher）似乎已經

忘了歷史。「沒有所謂的公共貨幣，只有納稅人的錢。」她這樣說。也許她從來沒有仔細看過那張印有伊莉莎白女王圖像的英鎊鈔票。在你口袋裡的美元當然是你的，是你的私人財產。但是，美元本身確實也是一種「公共貨幣」。美元是美國人的——美國人的公共制度。它屬於美國全體公民，也是由選舉產生的代表，為了美國的共同繁榮所建立的。無論你喜不喜歡，大量的「社會主義」已經融入美國（和英國）的資本主義當中，就像你認為你在自由市場上買到麵包裡的酵母一樣。

◆ 民主的退步

今天，對大多數人來說，經濟繁榮總是近在眼前。自 1970 年代後期以來，大多數人的工資與薪水已經停滯了將近五十年——這是許多人一輩子的工作年限。數百萬「努力工作且遵守規則」、相信戰後時代的承諾的人，從來沒有看到錢。

美國依然是人類史上最富有的國家。儘管美國人經常聽到不平等加劇的說法，但大多數人並沒有完全意識到，最富有的人已經變得多麼富有。想像一下，每個月拿到 20 萬美元的薪水，也就是每週都能拿到 5 萬美元——聽起來極為奢侈。然而，這代表每年的收入只有 240 萬美元，在當今的超級富豪中，這其實是相對不高的收入。

在這種情況下，全國總財富的 90%，掌握在最富有的 20% 家庭手中。光是最富有的 1% 人口，就擁有全國 40% 的財富；至於其他人，也就是最低的 60%，只持有 1% 的財富。而且，有錢人多半都不是英勇的企業家（無論他們是運氣好還是應得的）。在美國，有 60% 私人財富都是透過繼承得來。[5]

人們當然知道大致的情況。人們可以理解為什麼許多上班族已經失去

信心，變得憤世嫉俗，並且投票支持破壞——希望能夠改變，或至少能打破現狀。我們可以看出，在不信任情緒日益高漲的情況下，妄想偏執的政治風格為何會重新流行起來。

20世紀給了我們民主的興起，21世紀讓我們又倒回威權主義。幾十年來，人們的信任度一直在下降，2008年的全球金融風暴更導致人們的信心徹底崩潰。威權主義者都在盡情享受瓦解——俄羅斯、波蘭、奧地利、匈牙利、土耳其、委內瑞拉、巴西、菲律賓，甚至美國。

確切的說，並不是民主被公開拒絕了。它是被掏空了，從內部被侵蝕了。[6] 新的威權主義者甚至對盧梭的願景表示敬意。就像法國大革命時期的雅各賓派（Jacobins）一樣，他們聲稱代表「人民」說話，卻粉碎賦予這句話真正意義的規範與制度。[7]

金錢永遠是獨裁者獲得權力與保持權力的方式——通常也是他們失去權力的原因。君主和獨裁者徵收的稅，只能用他們選擇的錢來支付。他們不是進行公共投資，而是發行貨幣付給將軍和其他重要支持者，從反叛者中挖走人才，分化反對派，當然還有中飽私囊。這是一場微妙的比賽，比的是阻止爭奪權力的新對手。[8] 如果你選擇了銀行家，也選擇可以隨意發行貨幣，一切只會變得更容易。

類似的方法依然適用於今天的竊盜統治。統治者掌握了國家的石油、天然氣、鑽石或其他共有資源，以及銀行系統的控制權。[9] 這就是為什麼，像俄羅斯或沙烏地阿拉伯這樣的威權國家，能夠在上個世紀的民主崛起中倖存下來的一大重要原因——也是為什麼，他們現在正在顛覆主要民主國家的原因。俄羅斯（一個處於石油的「資源詛咒」困境，而在其他產業仍然不發達的國家）沒辦法指望靠強勁的經濟發展來取得領先。它的領導人無法用這個承諾來留住必要支持者，除了恐嚇的手段之外。因此，取而代之的是，他們在國外的自由民主國家中，播下異議與腐敗的種子，只

是為了在相比之下，能看起來不那麼糟糕。

很難確切的說，美國和許多其他西方民主國家，是在何地或何時出現問題的。顯然，這是全球化、技術變遷、社區空心化、解除管制、工會衰落、菁英冷漠、掠奪性的自我交易、制度上的俘虜、政治的機會主義、虛假的經濟意識型態、媒體資本主義，以及政治上的兩極分化等多種因素的混合結果（在此僅舉幾個例子）。現在，為了應對這些趨勢，即使在所謂的自由之地，所謂的共和主義堡壘，也有數百萬人被威權主義者的海妖之歌所吸引。許多人誠實的問自己：威權主義到底有什麼不好——只要你的夥伴、或你的部落握有權力？古老的哲學問題變得和以往一樣急迫：民主共和國真的有存在必要嗎？如果是，貨幣能幫忙維護民主共和國嗎？

◆ 重拾民主的信心

在那些費心去投票的選民當中，許多人——也許是大多數人——都是在擁有很少資訊的情況下去投票的。人們很容易分心、太相信熟悉的事物，傾向於合理化帶來不便的事實，也專注於確認證據。[10] 有了所有的冷酷無情、部落主義、狂熱的對抗、赤裸裸的輕蔑、幼稚的抱怨、校園裡的統治行為、以及表演性的傷人言行（編按：performative cruelty，指在公眾面前故意用一種大膽且公開虐待他人的形式，旨在排斥和傷害圈外的人），我們不必是憤世嫉俗的人，就會真誠的懷疑共和民主的可能性，以及我們當中是否有夠多的人適合它。

首先，民主應該如何繼續下去？哲學家約翰・杜威（John Dewey）建議利用教育：「民主必須每一代都重新誕生，教育就是民主的接生員。」[11] 在這一點上，他呼應盧梭對人性謹慎樂觀的看法。**我們可以是邪惡的，也可以是合群的，這取決於我們被對待的方式。**如果大多數人都不是真正的

天使，也可能無法成為天使——尤其是在成人時期，社會就應該盡早給每個人體面的教育，幫助每個人接受責任、管理誘惑、緩解不合群的情緒、傾聽和尊重他人、以及公平競爭。如果民主能夠一代又一代的延續下去，平安度過衝擊與挫折，那正是因為它設法從內部獲得它的支持。[12]

當然，年輕人需要的不僅僅是學校教育，他們還需要對美好的未來抱持希望，這需要金錢。盧梭對於當時的人們關心金錢常表示悲痛：「當人們不惜任何代價來讓自己變富有時，美德又會變成什麼呢？古代政治不斷談論道德與美德，我們的執政者卻只談生意與金錢。」[13] 對於貪婪和奢侈的膚淺迷戀，是有其道理的。我們當然需要一些道德與美德；但是，持久的民主也取決於誰有多少錢。盧梭以生動描繪正在瓦解的民主而聞名。充滿惡意又可惡的地位、財產和商業政治，為專制者的崛起奠定了基礎。[14] 現在看來，盧梭的論點似乎是驚人的先見之明。然而，盧梭從未真正看到的是：一種充滿金錢與商業、以共享繁榮為目標，可以更穩定民主的好政治。[15] 戰後的美國確實表現過一次；所以，也有可能再次發生。

在憤世嫉俗的人看來，戰後的幾十年是歷史的偶然事件，是各種不太可能重演的情況交匯在一起的結果。戰後的承諾始終會被打破。「倒退」到威權主義是不可避免的。對我們很多人來說，那些與我們不同的人不值得被平等的接受、享有平等的權利和影響力。

如果我們對於人是什麼樣子抱持現實的態度，這是不是人類的本性呢？心理學家所說的「威權人格」（authoritarian personality），很容易按照等級制度來組織人們。首先最重要的是，按照內團體與外團體來組織，例如：我們與他們。這塑造出種族歧視或性別歧視，但遠遠不只如此，而且在某些情況下有助於解釋它（種族歧視有時候就是本土主義）。無論在美國還是在美國之外，根據人們的相對地位、天賦、美貌、智慧、權力、財富、種族、性別、或純粹與多數人的相似度來區分人們的等級，一直是

很常見的作法。毫不意外的，在事關重大的選舉競爭中，血腥的政治活動更會激化它。

　　在運動、工作、或其他特定場合中，我們都會按照等級劃分人們。在友誼或商業夥伴關係中，則幾乎所有人都有平等主義的感覺。所以，問題在於我們的分級本能可以被控制到什麼程度。難道只有在親密的私人關係中，它們才能保持沉默（而且只是暫時的）嗎？如果是這樣，建立在相互肯定我們的平等基礎上的偉大民主將不會持久。

　　這是盧梭最初提出的問題。如何解釋文明的弊病？我們以破壞性的方式互相比較，為了較高級或低級的地位而競爭；[16] 我們天生具有憐憫與同情的能力；我們能夠理解他人的真實生活，偶爾甚至會同情他人。然而，由於強烈的自我意識，我們會拿自己與他人比較，並根據我們認為自己在他人眼中的形象，來愛自己或恨自己（盧梭稱之為「自尊心」〔amour propre〕）。無論感到更低等或更高等，都會讓我們變得邪惡——自負、自私、可惡或殘忍。不完全是為了自身利益，而是為了證明我們的地位與權力，這樣我們才能愛自己。

　　當《獨立宣言》稱人們「生而平等」時，其實希望能傳遞一個訊息。身為具有自我意識的生物，我們不斷調整自己在別人眼中的形象，或者只是投射到別人身上。在公民平等的光環下，我們更容易愛自己，為自己的地位感到自豪，而不必把別人放在自己之上或之下。我們可以更容易的承認他人的平等，部分原因是我們確信，在社會公評中，每個人都被視為平等的公民。因為我們都需要不斷的保證，即使是一個運作良好的共和國，也必須年復一年、在一次又一次的選舉、在所有的公共事務與演講中，重申國民的平等地位。

　　在這種情況下，雖然美國從未承諾過權力或金錢上的平等，但現在我們在日常生活與商業中看到的不平等，絕不應該被擴大到這麼大或這麼引

人注目，以至於任何人的地位平等都視為是嚴肅的問題。隨著富人與其他人之間的差距，已經不斷擴大到甚至超越鍍金時代的高峰，經濟狀況正發出一個相互矛盾的訊息。就像喬治·歐威爾（George Orwell）的《動物農莊》（Animal Farm）裡的豬所說，如果我們在名義上都是「平等的」，「那麼有些動物就會比其他動物更平等」。我們在法律與政治面前的「平等」概念，已經開始讓人覺得像是一部荒誕的小說。因此，一個人被認為是低人一等的感覺，會讓這個人想要打破一些東西，即使這樣做沒有什麼好結果。「盲目的憤怒」不一定是毫無根據的憤怒、或不合理的憤怒，其實可能是有很好的理由這麼做。

事實上，即使你根本不擔心物質上的平等，還是有很多理由能擔心不平等。當富人掌握了很大一部分的社會資源時，可能會放緩經濟成長，或甚至加劇不穩定，讓大多數人的情況比他們原本可能的情況更糟。我們當中的有錢人可能會從公共服務——街道維修、衛生設備和學校——中受益更多，這些應該是每個人都有權享受的。對於那些比較窮的人來說，這種差距可能會成為一種恥辱，因為他們太窮了，以致無法在公共場合露面而不感到羞恥、屈辱、或擁有完整的自尊。此外，如果「機會平等」的概念本應該使我們截然不同的命運合理化，那麼，當一個人的人生機會主要是取決於他／她碰巧出生在什麼家庭，而不是他／她自己的自由選擇與努力（這也取決於幸運或不幸的教養）時，這個概念就變得虛假了。最後，富人可能會對他人的生活有太多的控制權，不只在私人交易中，在政治上也是如此。他們可能會買下對從政者的影響力，否決受歡迎的法律或措施，或者對公共審議有太大的影響力，例如，透過擁有媒體。[17]

然而，難道我們不應該只是聳聳肩，把這一切當作是世界的悲哀就好嗎？你知道，就像個優秀的堅忍克己者，即使那只是你的看法，但你只關注能力範圍內的東西就好。難道不是這樣嗎？在資本主義的金錢遊戲中，

有錢的「贏家」將會繼續保持領先，他們經常違反法律但卻迴避責任。正如古代歷史學家修昔底德（Thucydides）所言：「強者可以為所欲為；弱者只能逆來順受。」拿自己跟勝利者相比，不就只是「忌妒」嗎，或者更糟的是——不就是受盧梭影響的哲學家弗里德里希·尼采（Friedrich Nietzsche）所稱的「怨恨」嗎？因為，感到不如別人的人，會找別人來責備，哪怕只是一個想像中的代罪羔羊，都有助於減輕痛苦。

但是，如果我們希望人們或多或少能真誠的與政治、經濟體系來合作，我們需要做的，不只是緩解憤恨的服從所帶來的痛苦。正如盧梭同意的，**真正的問題是，如何解決我們被平等看待與對待的基本需求**。如果我們可以做到這一點，例如，透過給予人們更公平的待遇來做到。

◆ 以新的貨幣政策共享繁榮

當戰後美國人普遍擁有共享物質繁榮的感覺時，這也向群眾發出一個人人平等的明確資訊。有了禮讓與信任，人們更容易相信彼此之間根本沒有在競爭。當然，其他人可能會比你做得好一點，但你或你的親戚依然可以做得更好，或者跟你自己一樣好。由於平等且覺得自己被認可，所以你不需要怨恨別人的成就，不需要想方設法去擁有、支配或羞辱他們，也不需要支持做這些事的人。你不需要維護你的優越感，來打消對自我價值的疑慮。

戰後幾十年的種族歧視和性別歧視比今天更加嚴重。最近的情況似乎是，那些曾經覺得自己大權在握的人，眼看著自己的地位在下滑。部分原因是人口結構的變化，這帶來一種新的政治競爭意識，也就是需要在那些被認為是後起之秀的人當中保持領先。原因是「種族歧視」還是「對經濟的擔憂」？答案是兩者都有。

是的，它本質上與金錢無關，有關係的是在政治與文化上，沿著種族主義或本土主義感受到的權力或權威。然而，破碎的經濟承諾和日益激烈的競爭，更別提社區經濟衰退的景象，只會加劇對權力及其象徵意義的競爭。因此，無論是權力還是金錢，最終受到威脅的是「地位」。

如今，對於掌權的、在電視上或社交媒體上的政治企業家來說，很容易就能喚起明顯的性別、部落或種族的等級制度，並激起一種受傷害的不滿情緒。許多美國白人顯然喜歡保持崇高的形象，或者至少維持在文化和政治上的顯赫地位與優越感。但是，如果這麼多美國人似乎都有這種強烈的感覺，還能希望更多人接受美國人最基本的平等和民主原則嗎？

盧梭的一大想法是，人的本性不是固定的，也不是流動的。如果我們對等級制度或部落主義有潛在的傾向，想必是被我們的環境所激化；因此，它也可以被鈍化。政治氛圍是容易受外界影響的。調查中也發現，心理學家很容易可以改變它們。當人們在回答有關政治偏好的問題之前，如果「事先得到提醒」，「自由主義者」會很快變成「保守主義者」，「保守主義者」也會很快變成「自由主義者」。重要的因素只是他們是否感到恐懼。比方說，房間裡的咳嗽會使人趨於「保守」；想像自己是一個不會受傷的超級英雄，使他們趨於「自由」。[18] 我們從家人、朋友、部落、黨派和媒體消費那裡，得到源源不斷的事先提醒，引導我們多多少少接受民主的思維方式。我們的文化正在被那些從中獲利的人蓄意的嚴重分化。政治企業家這樣做是為了金錢、權力、地位及純粹的樂趣。身為普通老百姓，我們主要隨著文化的流動而走。我們要適應我們不同的信任社區。[19]

如果信任減少，暴露了人性中最壞的一面，而且不信任的原因部分是關於錢——沒有足夠的錢，或者不像承諾的那麼多（無論是對自己還是對一個正在崩潰的社區）。我們在此要提出一個大膽且顯而易見的解決方案：新的錢將有助於恢復信心。文化中的錢是地位的有力象徵——正如在

第十一章要說的，它是文化中「記分」的一部分。確保人們擁有更多的錢，就能確保每個人身為平等公民的地位、緩解地位競爭的壓力、重建社區，以及恢復一點希望。那些感到不如別人的人會得到安慰，那些現在對自己日益下滑的優勢地位感到緊張的人，當實際情況發生時將會軟著陸。

　　如果我們能夠透過貨幣政策更適當的促進共享繁榮，我們就必須這麼做。但是，在這個妄想偏執狂再度興風作浪的時代，我們必須依靠自己的努力來實現一系列新的承諾，進而產生新的信任。因為金錢是一種承諾，只要下定決心，我們就可以隨心所欲的做出承諾。實際上，決定權在我們手上，但需要有足夠多的人被說服，而且為了實現這點，我們必須更清楚的了解錢到底是什麼，以及經濟到底是如何運作的。

金錢契約的歷史

我們透過各種資訊來了解貨幣──銀幣、金條、紙幣。這一切都相當令人困惑，因此人們可能會覺得無法理解，如何將貨幣政策用於新用途──除了不計後果的過度「印錢」之外。阻礙進步的最大障礙不是技術，而是哲學。為了充分理解我們真正的選擇，我們需要深入挖掘歷史、哲學與經濟學，並理清我們的思路。

第二部會回顧貨幣更久遠的歷史。這能說明金錢一直都是一種承諾。那些一直不太明白這點的傳統經濟學家，未能理解貨幣做為國家財富的根據的重要性，因此也未能理解貨幣政策怎麼能夠給出承諾，協助恢復未來的共享繁榮。一旦對貨幣的本質與重要性有了更多的認識，我們將在第三部回到現代銀行業。這樣就能充分認識到，央行所賦予我們的能力。

第 5 章

非常（非常）簡短的
金融史

當我們回顧金錢的歷史時，經常會想到有形的東西。通俗的歷史只會鼓勵這麼做。在所有關於硬幣、白銀和黃金的多彩多姿故事中，貨幣似乎曾經是一種你可以握在手中的東西。相比之下，新「法定貨幣」時代就顯得虛假、輕率，或沒那麼值得信賴。

這表示我們對金錢和它的歷史有多麼不清楚。金錢絕不僅僅是硬幣、黃金、白銀、貨幣、或任何你能觸摸到的東西。就像第一章提到的，它一直是一種信用與債務的關係，是一種在人際關係中，**我們用來解釋我們欠彼此什麼的方式**。金錢的歷史在一定程度上是一部關於金錢的困惑史，我們應該回顧幾個最精彩的部分，把故事弄清楚。

◆ 巴比倫式瘋狂

金錢最一開始是一種承諾，以及它所預設的信任。它是最早的「信用」形式，來自拉丁語 credere，意思是「相信」。這種相信或信任，即使沒有紙（也許甚至在紙的概念被發明之前），也在文明的搖籃中推動生命前進。

夏娃（Eve）想找人打掃一下花園。亞當（Adam）說他會找時間做，於是夏娃相信他。他答應了她，實際上，他是給了她一張借據——他現在欠她打掃這件事。她指望他答應的事，相信他會重視他承諾過的義務。如果他抽不出時間打掃，她事後可以要求說：「你打算什麼時候做？我的意思是，快點，你答應過的！」

於是，人類發現了金融。什麼是「金融」？是指那些在某項活動中缺少某些必要東西的人，暫時從那些有資源的人那裡獲得這些東西的方法。

亞當喜歡用夏娃最喜歡的掃帚掃地，所以他借走掃帚，並且保證之後會把它放回去，放回他發現這個東西的地方。也就是說，亞當靠信用借東西，憑藉的是對承諾的信任。當他把東西歸還到夏娃平常擺放的地方時，他就「償還」了他的債務，履行他承諾的義務。

最終，複雜的文明加上複雜的勞動分工，開始啟動與運行。在古代美索不達米亞，木棍被劈成小片——也就是「記帳木棍」，代表債務人與債權人，以證明債務責任的存在。後來，黏土棒被證明是一種更堅固的媒介。但重點不在黏土棒或木棍，而是在會計上誰欠了誰什麼。

什麼是債務與信用呢？可以說是同一枚硬幣的兩面。1913年，米歇爾·因內斯用通俗易懂的文字解釋經濟上的「信用」：

它是債務的相關物。A欠B的東西，是A對B的債務，也是B對A的信用。A是B的債務人，B是A的債權人。「信用」與「債務」這兩個名詞，表達雙方之間的法律關係，也表達從兩個相反的角度所看到的相同的法律關係。A會把這種關係說成債務，B則會把它說成是信用。[1]

但是當然，未償還的債務必須在某個時刻得到清償，債權人與債務人都必須同意已經清償完畢。因此，因內斯建議，人們會去參加宗教節日或

市集。不是像亞當·斯密所說的「用貨車裝運、以物易物、交換」，而是在一個普通的「結算所」結算或清償債務。如果麵包師傅欠肉販錢，但是麵包師傅必須付錢給燭台製造者，因為肉販欠她錢……嗯，你看，事情已經夠複雜的了，最好是在市集上見面，並當面解決問題。或者乾脆把簿記工作交給一個誠實的銀行家，銀行家正是他們找來做會計的人。

如果債務人在一個糟糕的生長季過後，無法還款，也無法進一步獲得貸款，那該怎麼辦？好吧，也許這些節日正是弗里德里希·尼采曾說過的，債務人透過被鞭打、或遭受其他殘忍的待遇來進行「償還」的節日。債務人受到羞辱的場面，和債權人因優越感帶來的愉快，被視為債務的「補償」與支付。[2] 過了一段時間，破產法才為債務人提供另一條出路。最終，法官會下令用公款解決問題。我們現在視為愚蠢的「現金補償」，實際上是人類文明的一大進步。

在出現記帳用的木棍、黏土、早期金屬硬幣的幾個世紀後，凱因斯讀了因內斯的文章，但由於擔心因內斯沒有記錄一些文獻，包括漢摩拉比法典與美索不達米亞在內的歷史會計制度，於是凱因斯自己來研究這個問題。在凱因斯從他所謂「巴比倫式瘋狂」的混亂狀態中走出來之後（編按：凱因斯花了五年多的時間整理古籍，幾乎陷入瘋狂狀態，自稱是「巴比倫式瘋狂」），他認為因內斯是對的。[3] 貨幣是一種信用與債務的關係。凱因斯的追隨者甚至使用「信用貨幣」一詞來取代「貨幣」。憑藉著這個見解，凱因斯（當時最重要的經濟學家）為經濟大蕭條後的經濟政策與戰後的全球經濟奠定基礎。

這就是非常、非常簡短的金錢史。

這是一段很棒的歷史，只因為它沒有包含硬幣、黃金、白銀，或是其他貴金屬、憑證，或是紙幣。這些有形物品是如何列入金錢的歷史中？答案是：**它們只是會計工具，代表信用與債務的方式，也就是承諾的象徵。**

為了了解如何做到這點，讓我們進一步充實這個故事吧。

◆ 古代的金錢

回到古代近東，承諾的借據正發展成所謂的「領取憑證」。拿著領取憑證，你可以證明你已經履行某些義務——例如，捐獻過你的穀物。就像《聖經》中關於年輕約瑟（Joseph）的故事一樣，古代社會通常在「豐收之年」儲存穀物，以便為「欠收之年」提供充足的糧食。依賴農業，但又受制於自然的反覆無常，因此社區夠明智，改變了儲存糧食的個人智慧。

就像今天的老年保險和社會安全的保險費一樣，種植者被要求將「穀物存款」存入社區池。當你每次按照這個要求儲存穀物時，接收你的存款的地方當局（通常是宗教當局）會給你一個代幣，一個你已經履行的標誌。這些代幣就像今天進去夜店會收到的手章，它能告訴門口的警衛你已經付了入場費，你可以出去然後再回來。

最終，這些早期的代幣開始做為貨幣流通。任何人都能看出他們為什麼會這麼做：也許你的鄰居有很好的土地，可以產出很高的作物產量；也許你的地不太好，但是你是一個非常好的鞋匠或工具製造者。鄰居生產穀物比較容易，你生產好的工具和鞋子比較容易。所以，讓鄰居在社區的糧倉裡「儲存」額外的糧食，你們兩個都能從中受惠。他可以因為這樣做而收集額外的「收據」，然後把這些額外的收據給你，做為你替她製作工具或鞋子的回報。你做你最擅長的事，她做她最擅長的事，這樣兩人總體的產出就會變得更多。

因此，穀物的收據變成了錢，提高整體的生產力。今天，我們在經營工廠的企業之間「可交易的汙染許可證」市場上，可以看到類似的合作，也就是所謂的「總量管制與排放交易」（cap and trade）。雖然這看起來

很新奇，但事實上，當這樣的系統受到良好的管理時，以實物代幣為代表的借據——包括收據、領取憑證、許可證，總是能夠改善經濟活動。

古代世界的義務與收據都跟承諾有關。一個社會的成員們（或他們的神）會認可政府的代理人（或神職人員）的權力，能在豐收之年徵用糧食，為欠收之年提供糧食。就代理人本身而言，它會反過來承認「穀物收據」，當作社會成員履行他們的穀物儲存義務、履行他們的社會義務的確鑿證據。當局不明言的承諾，會承認這些收據做為驗證。否則，人們怎能相信它呢？在哲學家們開始談論「社會契約」的幾千年之前，就一定有不言而喻的承諾了，也許是用宗教象徵主義的外衣來傳達的。

有了這種承諾（無論是明確的或隱含的），「收據」就具有債權的特徵。不只是人們有權利要求當局承認自己確實已經繳稅，一旦欠收之年來臨，它也會成為從糧倉獲取穀物的權利；例如，為了製作麵包與食用。然後，當「稅收收據」從這層意義上來看成為「領取憑證」，它們開始以貨幣的身分流通，就只是時間上的問題而已。每個人都要吃麵包，所以需要能夠分得一部分麵包，每個人都能接受以這些索取權利做為付款，不只是索取糧食，還有工具、鞋子和其他東西。因此，領取憑證開始廣為流通，並成為基本貨幣，如同我們在第一章的定義。

憑證就是貨幣，代表的是錢，但它們仍然不是錢本身，代表金錢的東西會隨著時間而改變。美索不達米亞人從木製的記帳木棍變成黏土代幣。隨著文明在整個地中海地區，以及整個歐亞大陸到安納托力亞、波斯、印度、中國和其他地方的進步，約定索取權呈現出新的、不同的表徵。但是錢本身就是索取權，一直都是約定的借據。穀物的領取憑證顯示，在存入你的穀物配額時，你已經履行你的義務了。履行的事實是最重要的事，你如何證明這件事則是次要的事。

這也正是為什麼，未來央行發行加密貨幣來代替紙幣是有可能的。再

說一次,媒介,只是便利與技術可行性的問題;最重要的是媒介所傳達的「訊息」——債務與信用資訊。

◆ 印章與金錢的關係

有關貨幣的混亂歷史,可能是始於貴金屬硬幣,因為有一段時間它變得特別普遍。直到今天,還是有許多人認為黃金、白銀、白金和其他金屬,不知為何「天生」就很珍貴,因此是「天然的」貨幣價值儲存。不過,事實正好相反。這些金屬會變得珍貴,部分原因是因為它們被廣為用來當作貨幣索取權的實體表徵。有一段時間,它們是最好的媒介,是當時「索取權資訊」的高科技。

這些金屬有什麼特別之處呢?它們有相對較好的延展性與耐久性。軟金屬可以很容易的被印上官方圖像與代碼,而且能抗腐蝕。也許是遇上羅馬的塔克文(Tarquin)或凱撒(Caesar),而不是埃及的法老或大祭司在向公民徵稅。但是,如果氣候還不夠乾燥,無法依靠黏土代幣而保證不分解,自然就需要尋找某種耐久的物質,以便在向已經繳稅的納稅人開「收據」時,能把塔克文或凱撒的肖像印在上面。此外,統治者通常喜歡把自己的名字和肖像,浮誇的放在人們使用和看到的東西上。

因此,後來被人們稱為「硬幣」的這些金屬,開始做為貨幣的替代品在市面上流通。在硬幣開始流通後不久,偽造這些硬幣——在硬幣上印上凱撒或其他任何人物的假肖像——就成了死罪一條。畢竟,如果因為市面上流通的 A 級仿冒品太多,導致這個王國的硬幣無法被信任,貨幣本身的可靠性與實用性就會受到損害。

印章就是一種授權的印記,是保證債權與義務的契約的公開紀錄。這與今天銀行提供你房屋或汽車貸款的作法,沒有什麼不同。在某個時刻,

有一個批准的印章，在蓋章與公證人簽名這樣供公眾驗證的行為之下，從那一刻起，他們宣布你的信用是可靠的，一場非凡的「交換」就發生了，你的個人借據（償還貸款的承諾）和簽過字的本票，變成了公共負債——變成了你可以在汽車經銷商那裡消費的東西（我們將在第九章解釋，現在的央行如何授權這件事）。

◆ 鑄幣稅

有關授權的基本事實，不會隨著授權人的演變而改變。隨著羅馬帝國的垮台，歐洲陷入軍閥統治的時期。那些被稱為「騎士」的羅馬騎兵後裔（後來被簡稱為「領主」），擁有當時最先進的武器。他們還擁有大量世襲的私有土地或「莊園」，並且可以用他們的武器來保衛這些土地。

對於那些願意耕種並讓土地變得更富饒的人，領主可以提供保護和一些表面上的社會秩序。因此，「農民」為他們的領主在莊園土地上幹活，領主則會反過來向他們徵用作物收成——這與早期的神職人員、國王、以及皇帝所做的沒什麼不同。他們發行代幣做為收據。

莊園經濟變得像古代世界的經濟一樣發達。不論領主、女士或家庭，需要的不僅僅是簡單的食物，他們也需要衣服、武器、馬匹，以及生活中許多更好的東西。農民為他們生產這些東西——莊園裡不只擁有農民，還有織布者、鞋匠、金屬工匠等，因此，莊園發展出易於交易的貨幣，以及在不同莊園之間廣為流通的「王國的硬幣」。就像在古代的世界一樣，這些貨幣被理解為履行義務：它們具體體現了承諾。

這個時期，才出現一個貨幣術語「鑄幣稅」（seignorage），「領主」（lord）一詞在古老法語中即是 seignior（相同的拉丁語字根是現代法語、義大利語、葡萄牙語和西班牙語中「先生」〔mister〕一詞的基礎，它本

身源於英語單字「主人」〔master〕）。領主發行的徵用收據——即貨幣——是其莊園裡隨處可用的貨幣。因此，領主可以發行這些錢，不只當作收據，還可以用它們去購買在莊園內製造出來的、超出徵用量的東西。他們可以為了消費而被發行，這就是所謂的「鑄幣稅」。

即使在今天，美國也以這種方式變得愈來愈富有。當聯準會透過控制貨幣供給的交易獲得回報時，我們稱這些回報為「鑄幣稅」。而且在世界經濟中，由於美元事實上具有全球儲備貨幣的地位，因此美國享有同樣的優勢。正如我們將在第六章所解釋的，其他政府持有美元與其他以美元計價的金融工具（例如：美國公債），做為「安全」的資產，以備不時之需。他們也願意為這個服務買單，讓美國享有 1960 年代法國財政部長季斯卡（Valéry Giscard d'Estaing）所說的「過度特權」（exorbitant privilege）。

◆ 打破銀行家的長凳

在中世紀後期，金屬工匠開始為擁有貴金屬硬幣與金條的人，提供儲藏的服務。他們會開「領取憑證」給「存款人」，這些領取憑證開始被當作擁有自己權利的貨幣流通，最初是標準的面額——一達克特金幣、五達克特金幣、十達克特金幣等。到了 18 世紀末與 19 世紀初，你可以「寫下自己的金額」，或是寫「支票」，就像我們今天開的書面支票一樣。雖然我們不常這樣做，但支票本身可以被背書，然後像貨幣一樣流通。

整個中世紀時期，小城鎮和後來的城市都在莊園的保護下出現。在更加專業化的勞力分工下，莊園經濟變得更加複雜。第一批城鎮（擁有在附近從事不同工作的工人們）成了「工廠」，為莊園生產許多所需的產品（工廠這個詞源於拉丁語 facere，意思是「做」或「製造」）。一旦人們

處於這樣的集中生產狀態，他們就會開始穩定的在彼此之間交換產品（除了拿這些產品向領主換取保護之外）。因此，領主的收據，也就是領主發行的貨幣代幣，成了村莊、城鎮、以及後來的城市的貨幣。再說一次：貨幣、生產力成長，以及主權或類主權承諾是相互關聯的。

隨著城鎮與城市規模的擴大，城鎮內部交易的數量開始超過莊園與城鎮之間的交易。人們互相出售、購買許多產品與服務，當然也需要付款給彼此。但是，莊園的硬幣很重，也很難隨身攜帶。因此，只依賴黃金或白銀等金屬變得很不方便。此外，拖著一大袋黃金到處走，會讓你成為強盜和攔路賊的目標。於是，一種新的作法出現了：使用紙張。

義大利曾經是羅馬帝國的核心所在。在中世紀，無論在人口還是技術方面，它都從未像歐洲的周邊國家那樣落後。或許也因為它的氣候宜人，它的城市是最早走出中世紀軍閥時期所謂「黑暗時代」的城市之一。它們比其他國家成長得更快，也更快發展出更複雜的經濟體。

後來，擁有多餘金屬硬幣的人們，開始利用金屬工匠提供的一種新服務：金屬工匠製作堅固的保險櫃，可以存放他們自己的金屬。因此，他們有能力「妥善保管」別人的硬幣，並且收取一定的費用。就這樣，誕生了今天講英語的律師們所說的「寄託」（bailment）。

把金屬存放在金屬工匠那裡的人，當然需要能證明他已經存入金屬的證據，所以他要求並收到一張「收據」。收據既要耐用，又要輕便。後來，事實證明，纖維紙或介於紙和布之間的材料，才是最經濟的。義大利的金屬工匠似乎是從中國得到這個想法。在中世紀晚期，某些有進取心的義大利人曾到過中國。到了歐洲中世紀晚期，中國已經發展先進的文明與經濟——在 13 世紀，馬可‧波羅（Marco Polo）遊歷之後，對這點進行了著名的報導。

現代英文的「銀行」（bank）一詞就是從這個時期衍生出來的。中世

紀的義大利金屬工匠在長凳上工作，許多傳統的手工藝者至今仍然這樣做。「長凳」的古義大利語是 banca，當然，它跟英語的「銀行」同源。這一切都源於這樣一個事實：對坐在長凳上的人來說，為儲存的金屬開立收據，最終變得比金屬加工本身更有利可圖。

不難看出其中的原因。假設你是一個金屬工匠，你的「收據」開始被當作貨幣廣為流通，它們得到充分的信任。不需要天才也能意識到，現在當你想買東西的時候，你自己也可以發行貨幣，而不是透過鍛造金屬來獲得。鞋匠或麵包師傅會把你的「收據」當作錢，因為他們假定他們能把它花在別的地方。所以，你買麵包或鞋子只需要支付「收據」給他們。而且這還不是全部的好處。你還可以透過向別人發行你的貨幣來貸款給別人，藉此轉取利潤。你只需讓他們在還你的時候，多付你一些——收取「利息」。因此，貨幣發行與借貸，成為中世紀晚期的許多金屬工匠的主要職業。長凳變成了我們現在所說的「銀行」，而不是金屬工匠的長凳。

還有另一個來自這個時代的名詞——它暗示剛才描述的銀行家商業模式中存有內在危險。英文「破產」（bankrupt）一詞源於義大利語和拉丁語的 bancarupta，意思是「破損的長凳」。拉丁語字根「破損」的使用，與英語的「中斷」和「破裂」的概念相同，是源自市政官員的一種作法：當銀行家們在保管義務到期時，若最終無法支付，市政官員就會在儀式上打破銀行家的長凳。

什麼會摧毀銀行？如果銀行家發行的收據開始被當作貨幣流通，他就可以賺取鑄幣稅，就像莊園領主發行硬幣時所做的那樣。他可以把自己的紙幣花掉，也可以把紙幣借出去賺利息。而且他可以發行很多很多這樣的紙幣，多到如果人們突然有一天全都帶著收據來到他的門前，這些紙幣遠遠超過保險櫃裡可以交出去的黃金。只要人們沒有這麼做，它就仍然是黃金。這是個相當誘人的情況，幾乎可以隨心所欲的讓自己變得更有錢。許

多銀行家確實喜歡錢，也不是特別謹慎，所以他們有意或無意的嘗試這件事——孤注一擲。

◆ 準備金制度

就銀行家本身而言，發行超過他們的能力所代表的紙幣，是無害的——至少在一定程度上是無害的。事實上，這對社會是有幫助的。因為，在一定程度上，流通中的貨幣愈多，就能使交易遠多於原本可能的交易量，因此承諾和產出也就愈多。與沒有錢的情況相比，錢能帶來更多的生產活動。

然而，僅限於「在一定程度上」。什麼程度呢？確切的答案是精算學的主題，但我們通常可以預估。假設銀行家——讓我們稱她為卡特琳娜（Caterina）——剛開始的時候，每收一枚金幣到金庫裡，就發行一張紙張收據。後來她注意到，在任何一天當中，最多只有十分之一的收據被拿來兌換黃金。這時，她可能會想到一個主意：為什麼不為金庫裡的每枚金幣，開十張或略低於十張的紙張收據呢？這樣她就不用太擔心無力支付，因此「破產」。而且，她將使當地的貨幣供給增加十倍。她將獲得大量的鑄幣稅，當地經濟也將生產與成長得比原本更快。

中世紀晚期，義大利出現了很多卡特琳娜——也許這沒什麼好意外的。經過一段時間後，銀行家遍布了歐洲和世界各地。他們的作法後來被稱為「部分準備金銀行制度」（fractional reserve banking），之所以這樣稱呼，是因為總發行量當中只有一小部分被保留為「備用」，也可以說是「保留在金庫裡」。這就是美國中央銀行的名稱「聯邦準備系統」中「準備」一詞的由來。只是現在的準備金不是黃金，而是其他的東西——我們很快就會談到。

但隨著部分準備金銀行制度帶來的機遇，伴隨而來的是超額發行的風險，也就是可能會印製過多的黃金領取憑證。此外，以這類憑證衡量的貸款形式，可能會存在超額的信貸發放。短期內，卡特琳娜發行更多的憑證或信貸不會產生成本，而且只要人們能用她的貨幣支付，每一次這樣的發行都會為她帶來真正的鑄幣稅收益。在肉汁源源不斷的情況下，她什麼時候該停止呢？

你已經可以從這裡看出，為什麼銀行在某種意義上，本身就是不值得信任的。除非受到仔細的監管，否則銀行的「商業模式」本質上是危險的。銀行不斷受到誘惑，向經濟中注入過多的錢與信貸。它們很容易就會許下太多承諾，甚至超出它們一天能兌現的。當它們過度擴張自己，人們蜂擁而來，用他們的收據贖回黃金時——也就是發生「擠兌」，銀行的紙張就會突然失去價值，貨幣供給也會突然縮水。

1946年，法蘭克・卡普拉（Frank Capra）的經典電影《風雲人物》（It's A Wonderful Life），描述一場發生在貝禮大樓貸款公司（Bailey Building and Loan）的擠兌。這是一間由喬治・貝禮（George Bailey，吉米・史都華〔Jimmy Stewart〕飾演）擁有的小銀行。這當然不是史上第一次的銀行擠兌。但是，史都華扮演的角色卻指出一件讓人不太理解的事：「你完全想錯這個地方了，就好像我把錢放在保險櫃後面一樣。錢不在這裡。你的錢在喬（Joe）的家裡，就在你家隔壁。還有在甘迺迪（Kennedy）的家、梅克林（Macklin）夫人的家、以及其他一百個其他人的家。」

但擠兌仍在進行，整個市鎮將陷入經濟學家所說的「流動性緊縮」（liquidity crunch）或「收縮」。以紙幣上的承諾為基礎的生產活動，會逐漸陷入停頓。人們會失去工作，沒有東西出售或生產，社區的所有成員會迅速變得更窮。難怪市政府官員們會「打破」那些超額發行貨幣的銀行

家們的長凳。超額發行會讓每個人都陷入危險。脆弱的不僅僅是銀行家與他們的存款人，而是所有依賴共同貨幣與相關支付系統的人。

「銀行監管」就此誕生。你不需要妄想偏執的陰謀論，就能看出它的必要性。首先，它試圖確保銀行家的「準備金」足夠，能滿足每日的提領需求。接著，它開始監控其他可能使銀行和更大範圍的經濟陷入危險的活動。這種迫切需求從未真正消失，這些正是美國在 2008 年金融危機後實施的監管措施。而且，唉，新的法規——「陶德－法蘭克」改革——現在又被削弱了。

◆ 以金本位做為承諾

從某種角度來看，自中世紀晚期的義大利時期到 20 世紀早期，銀行業與金融的基礎並沒有發生太大的變化。莊園的硬幣逐漸演變成主權國家的硬幣，轉而與私人銀行的發行合併。結果形成了主權貨幣充當準備金，銀行貨幣按照部分準備金模式倍增這些準備金的體系。

在這個體系中，私人銀行只會得到主權硬幣的存款。有些這樣的硬幣甚至被稱為「主權貨幣」。接著，銀行會發行超過這些硬幣的紙張收據。收據最初被用來交換硬幣，因此充當領取憑證，又在超過硬幣儲備的情況下被發行，當作是信用的延伸。因此，歐洲整體上開始享受到所謂「彈性貨幣」（elastic currency）的好處，這種貨幣是義大利金匠早些時候開發出來並且享用的。

這是一種槓桿承諾的盈利體系，福特汽車（Ford Motor Company）的實業家亨利·福特（Henry Ford）曾對此表示：「人民不了解銀行業與貨幣體系其實是件好事，因為如果他們了解，我相信明天早上就會爆發一場革命。」他的意思不只是銀行家們幾乎隨心所欲的中飽私囊（他們也確實

這麼做），他也在描述過度發行始終將帶來危險。做出的承諾可能比能夠實現的還多，就像中世紀的義大利人一樣，過度發行、過度承諾的銀行家總是可以賺取短期利潤。有什麼能阻止人心貪婪呢？

19 世紀，許多社會見證了毀滅性的繁榮與蕭條週期。其中好幾次都與戰時過度發行造成的通貨膨脹，和遭到嚴重破壞的政府預算相吻合。難怪會找到有關腐敗銀行家——包括倫敦的羅斯柴爾德家族，以及願意遵從他們吩咐行事的從政者們——充分立足點的陰謀論。

早在 18 世紀早期，蘇格蘭經濟學家約翰‧羅（John Law）提出一個巧妙的計畫，為法國國王路易十五（Louis XV）的戰爭與其他野心籌措資金，當時就為這種危險埋下戲劇性的伏筆。羅是個傑出的人物，集聰明的理論頭腦與流氓的危險眼光於一身。由於羅精通機率論，又喜歡快速心算，因此是個難對付的賭徒。他在一次賭博糾紛中殺死了一名牌友，不得不匆忙離開自己的家鄉蘇格蘭。他逃到法國和荷蘭，將自己的才華運用到兩國迅速發展的證券交易所，使其迅速成為歐洲最大的證券交易所。

在市場上，羅很快就了解貨幣的信用屬性，並在這個基礎上為國家的貨幣體系制定計畫。他在 1705 年出版的《金錢與貿易觀點：為國家提供貨幣建議》（*Money and Trade Considered: With a Proposal for Supplying the Nation with Money*）一書，實際上是為發行信用貨幣的央行制定的第一個系統性計畫，這個計畫可以為政府的運作提供資金，同時為整個國家經濟提供一種彈性的貨幣，該貨幣也能促進私部門的快速成長。最初，他向他的祖國蘇格蘭推銷這個計畫——在他的逮捕令到期時，但當時「節儉的蘇格蘭人」對此不感興趣。不過，法國的路易十五則恰好相反。

羅的計畫起初創造了奇蹟，使法國一度成為世界上成長最快、最具活力的經濟體。英文的百萬富翁（millionaire）一詞要歸功於這個時期（你想過為什麼它聽起來像法語嗎？），也應該歸功於約翰‧羅。但幸運的是

——或者我們應該說「貪婪」。不久之後，路易十五和金融菁英們開始利用羅的信用貨幣，分別為昂貴但毫無收穫的戰爭、對北美土地和對外貿易的惡性通貨膨脹投機提供資金。結局就是臭名昭著的密西西比泡沫與南海泡沫，這些泡沫的破裂，導致羅不得不逃離法國，就像他逃離蘇格蘭一樣。

羅對於我們至今試圖傳達的訊息理解得很好：金錢實際上是一種信用與債務關係。但他還沒有掌握到第十二章、第十三章要詳細闡述的，**將貨幣成長根植於生產力成長的必要性**。他也沒有對「總體審慎」監管金融的必要性有太多的考慮——這也是我們稍後要討論的方向。以上得耗費一段時間——直到一些正統經濟學家（唉，非常少！），像是 20 世紀早期的歐文・費雪（Irving Fisher）與凱因斯，終於把真正關注市場的「異教徒」觀點納入其中，像是亨利・桑頓（Henry Thornton）、卡爾・馬克思（Karl Marx）、米歇爾・因內斯，甚至是程度較小的詹姆斯・斯圖亞特爵士（Sir James Steuart）與孟德斯鳩（Baron de Montesquieu）。[4]

甚至在凱因斯與費雪之前，許多政府就已經受夠了銀行，尤其是它們引發的金融情緒波動。但沒有凱因斯與費雪在一旁糾正它們的錯誤，它們想出了和疾病一樣糟糕的治療方法。它們試圖以一種非常奇怪的方式，對它們自己與它們的銀行家「強加紀律」。它們認為，真正的危險肯定是來自部分準備金的制度。由於銀行使用可無限期延展的主權債券代替稀有金屬，因此必須採取某些措施。

於是出現了一個想法：要求銀行在它們的準備金中，持有本來就供應不足的金屬，或至少提高準備金相對於貸款資金的比率，或兩者兼具。這就是金本位的工作。

實際上，當時有各種的金本位（和銀本位）。但這個籠統的想法激發人們的想像，造成人們對金錢的極大困惑。許多人開始假定，金錢始終與

黃金有某種關聯。他們猜測，「金本位」只是承認貨幣形上學的這個深奧事實。因此，根本性的錯誤變成糟糕的傳統智慧——即世人認為他們知道而不再質疑的東西。

儘管金本位很少被使用，即使在後文藝復興時代也是如此，所以一部分的問題是糟糕的歷史。此外，還有一個更大、更糟糕的困惑：金本位在某種程度上處於我們之外，是「外生的」，對過度發行貨幣有某種「外部」限制的作用。但這種情況在歷史上任何時候、任何地方都沒有發生過——也永遠不會發生。

當採用金本位時，它一直是君主本位或者人民本位，或者兩者皆是。黃金充當（或限制）貨幣供給絕對不是「自然的」。這始終是法律或協議的問題，也或者兩者皆是。這不是事物的自然規律，而是社會最重要的決定之一——而且往往是具有重大影響力的決定。否則，這就非常難懂。同樣的困惑也依然困擾一小部分「加密貨幣烏托邦主義者」，他們認為加密貨幣的供給必須受到固有的限制，才能比其他貨幣「更可靠」。

即使在金本位生效的罕見時期，黃金也從未成為唯一的流通媒介。它從來都不是承諾唯一的實體表徵，也沒有被當作可交易的索取權，因為那樣太不方便了。記住，這東西太重了，也太容易被偷。最多，黃金只是充當「基礎貨幣」（base money）。即使在遙遠的金本位制度下，其他更方便的貨幣形式，譬如紙幣，也在黃金供給的頂部形成一個倒金字塔。但是，金字塔的頂點量與全部金字塔量的比率，一直是決定政府或銀行需要多少「準備金」這種決策下的產物。

這是無可避免的：所有貨幣的「本位」都是一種選擇。簡而言之，**「金本位」本身一直都是另一種承諾。**

這是主權國家不發行、或不允許發行超過某個水平的承諾。這個水平只是一種比較稀有的物質的倍數，關鍵在於供給量不會因為一時的心血來

潮而迅速改變。在這個世界裡，黃金經常做為一種沉重而持久的貨幣形式在流通，這是一種表達貨幣供給會受到調節的自然承諾方式。這是一種使承諾可信的自然方式，但它始終只是個信號。最終，我們還是要想出更好的方法，來證明承諾的可靠性。

這麼一來，你已經了解金融與銀行業的歷史了——或者，是人們如何學會透過「無中生有」的承諾來創造貨幣的故事。

第 6 章

錢不是印出來的

　　如果你走進美國一所主要大學的經濟學課堂上，你可能會聽到你的教授用一個簡單的寓言來解釋金錢。因為，你也知道，在錢被發明之前有一段時間，在那個年代（教授從來沒有說過確切的時間和地點），人們透過簡單的以物易物來做生意。他們用蘋果換橘子、用工作換麵包、用松鼠毛皮換香料，討價還價，談條件，並且交換商品與服務。

　　隨著這個故事的繼續，我們了解到這一切都很不方便。如果你碰巧抓到一頭死麋鹿，你想找一個願意用一套衣服來跟你交易的人，可能很難找到願意接受的人。或者，如果你有五顆蘋果，希望用它們換兩顆橘子、一根香蕉和一些青豆，要找到一個願意交易的人可能不容易，不像用某些常見的「普遍等價物」或「交易媒介」來支付價格那麼容易。因此，在某個時刻（從來沒說過確切的時間和地點），人們開始交換一些大多數人想要的商品。如果這聽起來不太可信，你的教授可能會引用哲學家亞里斯多德（Aristotle）與亞當・斯密的話，他們發表過關於以物易物的貨幣起源的類似評論。[1]

　　教授可能會補充說（儘管從未解釋得非常清楚），交易媒介在那時候也變得對會計（「記帳單位」）與儲蓄（「價值儲存」）等其他功能有幫

助。不過，也許貨幣最初主要是一種交易技術。這時候，教授可能會引用新古典主義經濟學家保羅‧薩繆森的話：「即使在最先進的工業經濟體，如果我們除去交換的外衣，只剩下最基本的內容，剝去那層模糊不清的貨幣，我們會發現，個人或國家之間的交易，大多可以歸結為以物易物。」[2]

現在你感覺更有信心了，經濟學的教授可能會解釋，人們經常受害於貨幣幻覺（money illusion）：把紙幣或信用狀的面值，與這些東西實際的購買價值混淆了。[3] 而且，就像教授最初說的寓言故事一樣，金錢跟人們願意交易的東西，並沒有真正的差別。它只是一種方便的東西、一種交易技術，在這種情況下，我們可以忽略它。[4] 俗話說，錢是「中性的」，只是一層覆蓋在真正有生產活動的實體經濟之上的「面紗」。[5]

課上到這邊，可能沒有時間討論銀行了。但如果有學生在剩下的幾分鐘裡提問，教授可能會很快的說它們也是「中立的」。在義大利文藝復興時期，早期的銀行家只是接受存款，然後將積累的資本轉手，以收取費用。至今，也幾乎沒什麼改變，銀行還是放款人與借款人之間的中介機構。它們的工作是分配現有的資源。它們不會自己創造貨幣。它們不會在實體經濟中創造新的「需求」。

當你在下課後收拾好課本和筆記時，你會留下印象，覺得這個寓言跟貨幣與銀行業的真實歷史有關──但事實並非如此。這剛好是對於貨幣與銀行業長久以來本質上的錯誤認識。

◆ 最原始的債務

有些人可能偶爾會在絲綢之路上用松鼠毛皮交換香料。不過，人類學家與社會學家已經證實，即使在遙遠的過去，人們也很少從事以物易物的交易。他們所做的，主要是靠信用來借款──也就是做出承諾。他們通常

會在市場崩潰的時候進行以物易物和議價，以避免金錢帶來的不便。舉例來說，直到最近，居住在現代喜馬拉雅山脈附近的洛米族（Lhomi）人，喜歡以物易物勝過金錢，部分原因是沒有足夠的政府貨幣流入他們的地區。[6]

為什麼以物易物再度被認為如此不方便呢？不方便到讓人們覺得，攜帶沉重的黃金或白銀似乎更容易呢？

經濟學家們經常會陷入亞當・斯密口中貨幣起源的重大錯誤——我們在第一章曾提過。亞當・斯密堅持，麵包師傅和肉販必須建立一種共同的交易媒介，他忽略一個更容易的選擇：他們只須以信用交易，根據日後會償還的承諾來借錢。

但或許做為古代歷史或社會科學家研究的課題，這種以物易物的貨幣起源應該沒有真的發生過。它只是一種「推測性的歷史」，一種以聯想的方式建構事物的方式，就像你可能在哲學課常聽到的那樣。在這種情況下，經濟學教授應該更加小心，不要讓學生感到困惑。而且實際上，哲學課提供一個更好的寓言故事。

在《道德系譜學》（On the Genealogy of Morals）中，弗里德里希・尼采請我們思考厭惡個人義務的起源。他所謂「良心的譴責」，源自「世上最古老、最原始的關係……賣方與買方、債權人與債務人的關係。這是一個人第一次與另一個人對抗，你會把自己拿來與另一個人進行比較。」

他補充，「（我們）培育有權利做出承諾的動物……在風俗道德與社會約束的幫助下，人類實際上是可信賴的。」人類適合「**債權人與債務人之間的契約關係**，這種關係與『法律主體』的概念一樣古老，並反過來指出購買、出售、以物易物、交易、以及非法交易的基本形式。」

尼采告訴我們，在原始時代，「原始部落合作組織」創造一個有用的謊言。他們創造一種觀念：我們都應該歸功於部落及其祖先。人們相信這

個故事，剩下的就是歷史了。因為如此一來，我們只能無窮盡的在社區服務中「回饋」社區，「犧牲」自己，而且「節日、教堂、榮譽的標誌，其最重要的概念就是服從所有的習俗，因為祖先的工作也是他們的法度與命令。」換句話說，我們欠社會一筆債務，數額大到我們永遠無法償還。[7]

正如尼采所說，這是基督教的「天才之舉」。因為只有這樣，上帝才能成為唯一可能的救世主。被救贖，就像是擺脫沉重的債務——這是基督徒的說法，但事實並非如此。如果透過同樣的動作，人類對某個還清自己其他債務的人，產生一種永遠無法償還的感激之情，那就永遠無法解決問題。你永遠無法向上帝償還，無法擺脫債務。

由此尼采得出結論，道德是一種心理負擔，人們應該從中解脫出來。我們終究不應該對他人負責——至少不應該依據任何傳統或超高的標準。最好是做一個英勇的創造者、一個真正的原創者、或者一個不負責任的混蛋。

這樣說是不是有點草率？為什麼道德的會計必須是宇宙、神學的？當杜斯妥也夫斯基（Dostoyevsky）寫道，如果沒有上帝，「一切都是被允許的」，他想表達的肯定不是字面意思。當你拜訪外國城市時，一位服務員提供你很好的服務，你會留下一筆不錯的小費。為什麼？因為這是她應得的。說句公道話，無論你希不希望將來得到回報，你就是欠她一筆小費。從道德上來說，不付錢給好女人是可以的嗎？「對不起，小姐，沒有小費；因為上帝並不存在。」如果上帝存在，上帝肯定也希望我們給服務員小費——**不是單純因為服從祂，而是因為我們欠她們**。[8]

道德遠比金錢重要。然而，金錢與道德的距離，並不像看起來的那麼遠。[9]尼采理解它的本質，它包含債務、義務，以及我們如何解釋我們欠彼此什麼。這就是金錢的重要性所在，受到我們對彼此約定的索取權的影響（第七章將解釋它的運作方式）。

◆ 貨幣面紗

正統經濟學家稱貨幣只是「面紗」，覆蓋實體經濟中更基本的現象。他們的意思是，實體經濟是所有生產活動的所在。面紗不只是一個暗示性的隱喻，一種為了方便課堂教學的天真簡化，在經濟學入門課程後就會被遺忘。實際上，它改變了許多專業人士對現實經濟的看法。因為貨幣基本上只是一種有用的交易媒介，這種觀點認為，**它對經濟生產沒有持續性的意義。**

大多數經濟學家都同意，貨幣可能是造成經濟不穩定的原因，讓壞事情發生——通膨危機、通縮危機，以及對日常商業的其他衝擊。有些人堅持，對於這些非同尋常的不幸事件，我們幾乎沒有什麼可以做或者應該做的事；我們只能安慰自己，儘管在短期內遭受種種痛苦，但從長期來看，我們的情況會更好。另一些人則承認，可以且應該採取一些步驟，來確保或重建「正常」情況下的穩定。然而，根據今天的正統觀念，當事情回歸「正常」時，金錢不會對經濟產生持續性的影響。最多，印製額外的錢只會帶來一次性的刺激，一種「高糖效應」，暫時性的改善。只要我們避免重大的破壞，金錢就可以被安全的忽略。再說一次，它只是生產活動所在的實體經濟的「面紗」。

這種思維方式為公共政策帶來災難性的後果。2008 年的危機始於銀行業與「影子銀行」體系。當少數細心的投機者、預測者和非正統經濟學家看到愈來愈多的麻煩跡象時，正統派的人卻措手不及，因為他們思考經濟現實的基本方式，掩蓋了貨幣與銀行業的關鍵作用。

2008 年的危機已經向所有人表明，私人債務會累積起來，導致金融市場崩潰，然後再造成長期的衰退或大蕭條[10]——但信不信由你，在很長一段時間裡，主要的央行模型都沒有費心去追蹤這些債務累積（包括最常用的「動態隨機一般均衡」模型〔dynamic stochastic general equilibrium〕，簡稱 DSGE）。仔細研究正統的經濟模型後，你會發現它們通常都假設是「以物易物經濟」[11]，沒有任何貨幣支付或任何形式的金融機構。[12] 在 2008 年的金融危機之後，更近期的 DSGE 模型已經納入貨幣與銀行業——但依然不是以顯著改變預期經濟結果的方式。貨幣仍然影響不大，或根本沒有影響。[13]

模型本身沒有錯；模型可以澄清一些想法。但是央行與其他貨幣當局使用的模型，通常被認為與現實經濟有關。而且，如果一個模型不只忽視銀行與其他金融機構，甚至忽視貨幣、信用和債務本身，那要說它能有多適合呢？難道它們不是資本主義的重要組成部分嗎？的確，對海曼·明斯基來說，資本主義只不過是一個依賴金融與貨幣的經濟模式（基於這個原因，它本身就是不穩定的）。

極為諷刺的是，這可以追溯到 19 世紀的古典經濟學家。資本主義的狂熱者從來沒有這麼多。沒有人否認金融市場的運作，但是，他們傾向於將金融視為生產性經濟活動的一種「附加物」。它所做的只不過是重新分配資源，理想情況下，是以一種有效率的方式，至少比計畫經濟來得更有效率。或者，正如專欄文章和課堂上所說的：「金融機構與市場的作用，是將社會的儲蓄分配到最具生產力的用途。」

金融機構在儲蓄者與借款者之間做中介。**不過，任何銀行家都會告訴你，他們也會創造貨幣**。銀行只需憑藉對還款承諾的充分信任來做出決定，就能提供信貸。有了公眾的認可，這些新的存款——只透過電腦輸入個人帳戶發放信貸——就會被算做是真正的貨幣。**這就是金融的「煉金術」，它從虛無中創造出實物上真正的金錢，反過來又塑造出真實的經濟活動，我們可以買什麼、誰可以買，以及誰變得更富有**，然而，正如第九章要解釋的，在銀行化學中，實際上不存在什麼魔法，它基本上就是承諾與簿記。金錢則是基於對合約與承諾的信任。

現代貨幣理論學派的經濟學家確實很重視貨幣與銀行業。但現代貨幣理論仍相對較新，被主流經濟學家視為「非正統」（還好不是「邊緣人」）。太遺憾了。因為，當這種自稱正統的觀念忽視貨幣，以及構成貨幣、信用、支付系統支柱的銀行機構時，它即便不可笑，也幾乎是毫無用處的。對於了解（更別提預測）一個經濟體實際上如何運轉來說，**貨幣絕對是很重要的，尤其是在資本主義的經濟體中**。如果 2008 年的金融危機帶來許多教訓，其中之一絕對是：永遠不要忽視貨幣與銀行業。永遠不要相信那些相信經濟真理的人的經濟智慧。

　　這就是凱因斯對他那個時代的重要古典經濟學家——阿爾弗雷德・馬歇爾（Alfred Marshall）與庇古（A. C. Pigou）最初的怨言。正如凱因斯所說，他們將貨幣視為不過是交易之間的「中性連結」，這種連結本身不會涉及交易一項物品或另一項物品的動機與決定。然而，**從現代資本主義的經濟來看，這種看法肯定是錯誤的**。「貨幣不是中性的。」凱因斯堅稱它「發揮著自己的作用，它獨自影響著動機與決定」。[14] 或者，就像我們今天常說的：有錢能使鬼推磨。

　　此外，凱因斯指出，古典學派從未解釋過，一個假想的以物易物世界，應該如何適應使用貨幣的現實經濟。這個思想實驗甚至假設不考慮繁榮與蕭條的可能性——用凱因斯的話來說：「假設不考慮正在調查中的事情。」我們需要的是一個故事——實際上，是一個更好的模型，能說明繁榮與蕭條是可能發生的、真實的，而且會再次發生，並且與我們眼前的事實相符。

　　凱因斯在 1936 年著名的《一般理論》（*General Theory*）中，繼續闡述這個觀點。沒有一本經濟學的書比它更具影響力——至少在美國面臨 1970 年代「停滯性通貨膨脹」（stagflation，表示高失業率加上物價快速上漲）的威脅之前是這樣。與此同時，經濟學大教堂的新任大祭司米爾

頓‧傅利曼也出現了。

傅利曼非常正確的解釋，沒有絕對正確的貨幣數量。貨幣供給必須隨著交易量的增加而增加，以免通貨緊縮導致經濟缺少提高生產所需的貨幣。不過，對傅利曼來說，在通貨緊縮與通貨膨脹之間掌舵的最佳方法是，單純的將貨幣數量鎖定在穩定的成長，並設法「避免大幅波動」。「在這個電子時代，『微調』是一個非常能引起共鳴的詞。」他說：「但它與實際上可能實現的情況幾乎沒有相似之處。」[15] 然而，傅利曼對央行能力的懷疑，並非只是從正式的經濟理論或實驗數據得出的結論。**這與他哲學上的自由主義有很大的關係，他的自由主義原則上反對大部分的政府管理**，他的這部分觀點沒有比業餘的哲學家好多少──他只受過當經濟學家的訓練。但這不要緊。許多人都樂於相信權威。

央行不斷的在學習。自傅利曼時代以來，它們就一直在進步，未來也會做得更好。更好的「微調」正是我們建議央行做的事。當然，傅利曼這個社會科學領域的世俗學者，肯定也會跟上實用知識的穩步發展。無論如何，他的「貨幣主義」從未徹底反對「凱因斯主義」，而且正是他創造了這個口號──後來理查‧尼克森也引用了這個口號：「我們現在都是凱因斯主義者。」**傅利曼對貨幣的觀點大致上是正確的**。他也許只是從未考慮過，我們在第十二章將提出的管理通貨膨脹的新工具。

◆ 真實到像假的

如果金錢有一種難以捉摸的真實性，在網際網路時代，它就不應該如此令人困惑。它是「虛擬的」，但卻是非常真實的──**真實到像假的一般**。

對於那些仍對網路感到困惑的人來說，想想美國總統可能會有所幫

助。它是什麼？它是一個職位和一個人，或者更確切的說，是一個擔任公職的人（因為經過適當的選舉程序、精神上合適等）。當總統就是要擔任一個社會角色。無論總統是什麼、是誰，它都剛好適當的擔任一個角色。在這種情況下，「適當」是由美國憲法定義的，它列出一些個人標準，像是年齡、出生地等，也列出程序上的標準，像是選舉必須遵循的規則。

金錢也是如此。如第一章所述，要在一個社區中成為錢，就必須是社區關係中各方共同承認的，有資格做為他們之間結算的東西。無論是什麼，那都是他們的錢。在這種情況下，**錢絕對是某樣東西——某樣建立在特殊協定或社會契約之上的東西**。這看起來沒什麼，因為人們「共同認可」的是一種互為主體性的東西，而不是簡單的實體物體，像是行星、樹或小狗。正如《洋蔥報》（*Onion*）的一個標題所說：「隨著美國意識到金錢只是一種象徵性的、共同的幻覺時，經濟就會逐漸停下來。」[16] 這個笑話之所以好笑，是因為我們知道錢不是一個「幻覺」，它是一個非常真實的事實，儘管是一種「互為主體性」的事實（編按：「互為主體」表示不能把「他者」純粹當成我們認識的對象，任我們宰制，而是要能意識到「他者」本身也是另一個主體，雙方各自以自身主體的「視域」，跟對方進行辯證）。[17]

金錢的真實性和我們的關係一樣，包括民族國家的關係。**所有的關係都是無形的，只存在「我們的腦中」，以及我們在腦中所做的會計。**你可以用手指去觸碰你的朋友，但是你不能用手指去觸碰你們的友誼；你可以觸摸美國領土的一部分，包括它的建築、它的旗幟等，但是你無法真正觸摸「美國」——它是組織所有建築、旗幟等更大型的關係。

做出的承諾是很真實的，但它不是你能觸摸到的實體物質，譬如黃金或紙張。當你「擁有」一個信任的朋友的承諾，你是否會陷入哲學狀態上的困惑，擔心他是否會像承諾的那樣，在電影院和你依約見面。因為，畢

竟，**這個承諾到底在哪裡？**就算檢查你的口袋，也不會找到這個所謂「真正的」承諾的實際位置（也許在你的鑰匙旁邊？）。沒有人會以這種可笑的方式擔心，沒有人會困惑到認為承諾是不能被信賴的。一個值得信賴的人或機構所做出的承諾，就像任何事情一樣是真實的社交行為。

金錢也是如此。1913 年，米歇爾・因內斯曾有趣的解釋過這一點：

我們的眼睛未曾見過，手也未曾觸碰過 1 美元。我們所能摸到或看到的，只是支付或償還金額為 1 美元的到期債務的承諾。我們所處理的東西，可以稱為美元憑證、美元紙幣或美元硬幣；它可能印有承諾支付 1 美元、或承諾換 1 美元硬幣的黃金或白銀、或者它可能只是印有美元的字樣；更或者，在英國主權下，價值一英鎊，它可能根本沒有印任何字，只有一幅國王的頭像。印在硬幣表面或印在鈔票表面的內容並不重要；真正重要的，也是唯一重要的是——這種硬幣或紙幣的發行者，真正承擔的義務是什麼？無論是什麼，他有能力履行這個承諾嗎？[18]

◆ 印錢

那些嘲笑透過發行貨幣來解決重要社會問題的人，經常嘲笑這種行為只是「印錢」。「我們當然不能只是印錢。」人們常常得意的笑著堅稱。這句話經常被認為，是所有具有世俗智慧的人都會認為理所當然的事。很少有人注意到，這句話被混淆到語無倫次的地步。

聽起來可能有點奇怪，但是**「錢」是不能被印出來的，只有代表錢的東西才能被印出來**。我們確實可以印製現金或貨幣；或者，人們可以用電腦螢幕列印出電子美元信用卡。**但是要印錢，根本就不可能**。

然而，不知為何，「印錢」這個詞本身卻從未引起人們的懷疑。這種

說法要不是沒有條理（就像談論「圓形的正方形」），就是它是「印製錢的表徵」的省略表達法。這是一種我們自以為了解的簡寫。它除了已經造成幾世紀的困惑，還搞混了錢的本質、它帶來的真實改變，以及金錢如何最有效的被利用。

那些嘲笑「印錢」的人，往往會引發對惡性通貨膨脹的恐懼，就像重創辛巴威和威瑪德國的那樣。對於妄想偏執的人來說，提到這個就會引起他們正義的嘲笑和反感。惡性通膨確實是一場災難，在第十二章，我們會對如何防止惡性通膨提出許多看法。現在，只需注意，這種害怕惡性通膨而摒棄貨幣發行的作法，是出於大多數人的困惑不解。

經濟學家的「面紗」比喻，在某種程度上是正確的：**貨幣或現金不是錢，只是一種承諾的表徵**。雖然像黃金這樣的金屬，在某些情況下代表金錢的承諾，但那個承諾──義務與對應的權利──才是錢的所在。

執著於黃金、美鈔、或任何其他金錢的物質表徵，就是把東西跟它的表徵混淆在一起。這是一種類似於戀物或偶像崇拜的錯誤。就像聖像並不是聖者，它只是聖者的物質表徵。耶穌基督不是在 99 美分商店裡，以 1.16 美元的特價買到的墨西哥耶穌蠟燭。耶穌蠟燭──不包括肯伊·威斯特（Kanye West）的仿冒版──只是一個聖像或繪圖。

或者，既然經濟學家往往重視數學，那就來舉一個數學的例子。7 不是數字的 7。7，是你可以寫在紙上的，代表數學上的 7；但如果它本身就是數學上的 7，無數張紙就會有無數個數字 7 ──這樣很荒謬，因為世界上只存在一個 7，是位於 6 和 8 之間的整數。貨幣代表錢，就像 7 代表的是數學上的 7，又或者一個聖像代表的是聖者。金錢本身並不「代表」某樣東西，它是一種承諾。

你可以印出承諾的表徵。美元鈔票實際上是一張本票。室友可能會在紙上寫下借據，這就代表他答應你打掃浴室的承諾。但是「印出承諾」

——我指的是承諾「本身」——是不可能的。就像耶穌基督化身為墨西哥耶穌蠟燭一樣，這是不可能的。這就像把數學上的 7 寫下來一樣，是不可能的（而不是像我們經常做的那樣把 7 寫在紙上）。從形而上學的角度來說，這是完全不可能做到的。

如果這個觀點看起來太像賣弄學問、或者不過是術語的問題，請注意——數學家有很長一段時間都不太擅長回答「7 是什麼」？幾千年來，數字 7 和其他許多數字一直在發揮良好的功用，但數學家一直困惑於數字到底是什麼。直到 19 世紀晚期，數學哲學家們開始對「數字」做出良好的定義，才出現關於數字本質的良好描述。唉，這就是在哲學的幫助下，人類知識的緩慢進步。

直到今天，許多經濟學家也同樣對金錢感到困惑。然而，事實證明，他們的困惑遠比 19 世紀前的數學家的困惑更有害。這讓他們更有理由，應該去做數學家們在算術方面所做的事情：透過哲學來解決問題。

因此，承諾是非常真實的，有足夠的能力創造經濟活動。金錢就跟所有的契約、所有的社會強制承諾一樣真實，憑這些東西，人們就會去做如果沒有這些東西他們就不會做的所有事情。這就是為什麼正統經濟學家忽視金錢、認為「貨幣中性」，其實是一種錯誤：錢絕對是實體經濟的一部分，而且事實上，是最大的一部分。

◆ 國際貨幣

20 世紀期間，在當前的正統觀念確立之前，經濟學家們確實對貨幣進行過深入思考。它對世界經濟產生巨大影響，也是 2008 年危機的一個重要背景故事。與以往一樣，歷史可以幫助我們解構關於金錢是什麼、或必須是什麼的錯誤觀念。

今天，不同貨幣主要由各國政府發行，但有一個非常重要的例外。各國政府擁有自己的貨幣，國際貨幣基金（IMF、the Fund）是一個由大約一百九十個政府組成的類主權組織。根據國際條約，它被賦予對其主權成員國政府的貨幣管轄權。這是一個成員不到兩百名的小團體──比大多數的小學還要小。就像許多學校都有「印象分數」一樣，國際貨幣基金也有自己的運作貨幣──特別提款權（Special Drawing Right，或簡稱SDR）（如果覺得名字聽起來很奇怪，請回想一下支票的英文法律術語是「draft」或「draught」；後者是英文不定詞「to draw」的過去分詞）。

特別提款權是一個極好的例子，能說明為什麼錢──包括支出、或「開支票」的授權──除了特殊的協定或非正式協定之外，不需要「建立在任何東西之上」。在這個例子中，它說明了錢為什麼可以是虛擬的，而且在整個世界歷史的進程中仍然很重要。

回到 1950 與 1960 年代，比利時裔美國經濟學家羅伯特・特里芬（Robert Triffin）是個有偉大想法的執著之人。有些學者──「狐狸」──在沒有任何一個強而有力的主題下，會到處涉獵這個或那個的想法。另一些學者──「刺蝟」──一生則為一個偉大的想法而努力，希望能從中得到一些好結果。特里芬就是一隻刺蝟，他的整個職業生涯都在提出戰後經濟體系的缺陷。他認為，IMF 必須解決的問題是，貫徹凱因斯對戰後全球經濟的最初計畫，並建立自己的貨幣。

凱因斯最初的計畫從未被完全採納。早在二次世界大戰結束之際，在納粹分子和日本人被打敗之前，英國人凱因斯與美國人哈里・德克斯特・懷特（Harry Dexter White）就已經商定出一個計畫。他們在新罕布夏州的布列敦森林（後來的「布列敦森林體系」就是以這個地方命名）進行兩週的談判後，懷特占了上風。接下來，即將成為美國的世紀，儘管凱因斯擁有身為世界領先經濟學家的非凡魅力與地位，但懷特還是進入美國初露

頭角的浪潮當中。懷特不顧凱因斯的反對，堅持認為美元是世界上新的「儲備貨幣」——即大多數國家儲存的貨幣。

兩人同意成立國際貨幣基金，但只不過是要做為最後的貸款人。面臨危機的政府，往往會需要能尋求短期貸款的地方。由於金融危機迅速蔓延，國際貨幣基金就像是全球的消防部門：提供緊急貸款，防止火勢從一個國家將蔓延到另一個國家。這就是進步。更確切的說，**有資金可用的保證，也有助於降低危機爆發的風險**。放款人不太可能因為擔心拖欠債務支付而逃跑。

布列敦森林體系（包含其他發展與貿易機構）在戰後的二十幾年裡，基本上運行得非常好。在那個時期，幾乎沒有發生金融危機。實際上，這使國際貨幣基金無工作可做。因此，為了尋找工作，它跟世界銀行（World Bank）一起進入開發領域。然而，這個過程並不順利（所謂的「結構調整方案」對許多發展中國家來說，是相當糟糕的）。最終，在 2008 年的金融危機之後，當全球消防部門的需求再次變得明顯時，國際貨幣基金又回到它最初身為最後貸款人的使命。

特里芬從未忽視過國際貨幣基金的重要性。他敦促，要想真正發揮國際貨幣基金應有的作用，它就必須不能局限於短期的危機管理。它應該為國與國之間的交易發行貨幣，就像凱因斯在他最初的計畫中建議的那樣（凱因斯稱之為「班克」〔bancor〕）。這將有助於防止國民會計帳中不可持續的不平衡、防止危機在中長期之下爆發，並使世界更安全的實現公平合理的成長、高就業和民主的繁榮。到了 1960 年代中期，特里芬最終贏得這場爭論。國際貨幣基金設立了特別提款權。

第一次提到特別提款權時，很容易會讓人疑惑，它怎麼會是一種貨幣。黃金在哪裡？現金在哪裡？一個簡單的「提款權」或「有權利提款」，不管它是什麼意思，它怎麼可能會是錢呢？然而，這裡的「提款」

與在你的當地銀行帳戶上提款，沒有什麼不同。**國際貨幣基金只是透過協議授予其成員國「提款權」**。然後，成員國政府會互相存入某個指定的數量。**存款是以提款單位或 SDR 來衡量的，它會被當作資產或負債記錄在政府的帳上**。這些是政府之間共同認可的結算方式。現在你明白了，這就是錢。

◆ 從謹慎準備到貨幣危機

國際貨幣的存在對政府財政而言具有真實的意義。全球政府都在未雨綢繆，儲備預防性的「準備金」，這些是只能在下雨時使用的安全資產。政府曾經因為這個原因而擱置黃金與其他貴金屬。但是，任何一個優秀的投資者都知道，謹慎的作法是分散化投資，也就是不要把雞蛋都放在同一個籃子裡。特別提款權是由多種強勢貨幣組成的「一籃子」貨幣來計算價值，其中包含美元、歐元、人民幣等。因此，讓它們出現在政府的帳上，能自動分散風險。沒有必要把所有的雞蛋都放在一個「美元籃子」裡，或者實際上是放在任何特定國家的貨幣裡。政府只需依靠特別提款權承諾，並充分信任與尊重國際經濟共同體。

19 世紀，為了「避險」與創造穩定性，政府在持有黃金的同時，開始持有外幣。但是，當懷特成功的將美元置於戰後全球經濟的核心地位時，情況發生了戲劇性的新轉向。**各國政府開始依賴美元——這代表很多、很多、很多的美元（通常透過購買美國公債）**。美元的卓越地位從來就不是穩定的良方。儘管沒有一種國家貨幣（會受制於國內需求與壓力）能比美元更勝任這項任務，但一種國家貨幣還是被要求用來促進全球公益——也就是金融穩定，如此一來，危機始終是遲早的事。

到了 1990 年代，中國與其他國家政府一直持有大量的美元準備金。

儲蓄「過剩」是導致美國房地產泡沫及其最終在 2008 年崩潰的關鍵原因（當然還有解除銀行業的管制、美國大量的私人債務支出及許多其他因素）。特里芬在 1950 與 1960 年代所擔心的危機終於還是發生了。2008 年的金融危機依然在顛覆政治，為真正民主的未來帶來危險。

當我們悲傷的回頭看這條沒有走過的路時，那裡有一條更穩定、更有秩序做事的路，是特里芬為大家規劃好的。雖然特別提款權在 1960 年代中期正式設立，但它從未被廣泛的使用過。今天，我們至少可以希望政府們開始明白這點。在 2008 年的危機之後，特別提款權的配置大幅擴大。雖然還不夠，但至少朝著正確的方向邁出一步。我們至少可以看到，特別提款權可能會逐漸「取代美元」，成為世界的儲備貨幣。全球經濟可能會變得沒那麼容易陷入危機，這對每個人來說都是好事。[19]

所以，錢很重要。但我們才剛開始了解它是如何促進經濟生產的。為此，我們需要探究它的基礎——解釋我們究竟欠彼此什麼。

第 7 章

我們欠彼此的錢

國家如何致富？我們會分配我們的勞動力。當我們「專攻」於我們的工作與日常瑣事時，每個人的產出會比我們自己做每件事時還要多。

這是亞當‧斯密在他 1776 年的代表作《國富論》中所宣揚的觀點，這個觀點被銀行家、政治經濟學家、後來成為英國國會議員的大衛‧李嘉圖（David Ricardo），在 1817 年提出的「比較利益」（comparative advantage）理論中得到改善。這個觀點常被視為經濟學兩百年來的標誌性成就，沒有任何嚴肅的經濟學家會對此提出質疑。

然而，在今天的正統經濟觀念中，錢並不是這個故事的重要組成部分。它可能在一開始或暫時能有助於經濟合作──或者更有可能的是，造成暫時的破壞。再說一次，在正統的觀點中，貨幣只是一層「中性的面紗」，對經濟活動不會產生持久的真實影響。在這種情況下，它不能解釋為什麼專業化能使我們更富有。[1]

這樣一來，正統經濟學往往忽視金錢最重要的一面，包含對我們的生活與政治：它幫助我們變得愈來愈富有，意即穩步增加國家的財富。確切的說，我們如何分配我們的勞動力，更有效率的一起工作呢？就憑藉承諾與合約。錢是目前許多開發中國家迅速減少貧窮、實現資本主義的基本承

諾的原因；是許多人已經享受到先進世界的舒適生活的原因；以及我們能期待在未來、在建立於命運共同體上的持久民主中，變得更加富有的原因。

◆ 互助經濟

由於正統經濟學家喜歡模型（沒有模型是沒有說服力的），所以我們也來描繪一個平凡的小經濟體吧——一個小型的「互助經濟」。如果任何一個好的模型都應該澄清一些事情，那麼這個模型可以清楚解釋許多經濟學家似乎忘記的事。錢的重要性不只在於造成暫時性的破壞，還在於它是平淡無奇的「實體」經濟本身的一部分。正因為有它，我們才能夠進行專業化，一步一步的變得更富有。

假設你有一個兄弟姐妹或親密朋友，你們兩個人經常互相幫助，或「做有利於對方的事」。也許昨晚輪到你姐姐該倒垃圾了，但是你看到她很忙，你就幫了她一個忙，替她做了這件事。

之後，你姐姐可能會說：「嘿，弟弟，我欠你一個人情！」如果她潦草的寫在一張餐巾紙上（「清理一次垃圾」），你就會得到她的借據，像是一張本票——表示她有義務要還你這個人情。說「本票」也許有點過頭，總之你們兩個可以單憑記憶輕鬆的「記錄」你們的借據。如果這類互相幫助經常發生，你們就會「記下」你們幫助過彼此的事。

現在，假設有一天她想請人幫忙，就像要求償還債務一樣。如果你的姐姐最近幫你掃了很多次地，或者幫你做了很多數學題，有一天當她沒空的時候，她可能會問你：「嘿，你能幫我倒垃圾嗎？你欠我的，對吧？」如果你不同意，你聽起來可能語氣像個銀行家：「其實，我們早就扯平了。我昨天有遛狗。」

或者，真相是她真的欠你很多。你已經幫過她一個又一個忙，幫她做了兩人份的家事，對她建立了相當多的「盈餘」。因此，如果你們尊重彼此，認為長時間下來對方做家事的義務大致上是相等的，你可能會希望最終能把這些盈餘「花掉」、「兌現」。所以，有一天晚上，當你終於很忙的時候，你會問她：「嘿，姐姐，我知道今晚輪到我洗碗，但是我明天早上有一篇論文要交──我可以兌現我對你的一些『債權』，請你幫我洗碗嗎？」如果她今晚有空，她可能會答應，然後去洗碗，而且不會說「你欠我一個人情」，她不會那樣說。因為她是在償還欠你的一些東西，她是在償還她欠你的債。

◆ 金錢契約

　　到目前為止，我們舉例的小型經濟是以鬆散的會計原則在運行。兄弟姐妹之間可以輕易記住彼此之間的關係位置，適時的注意到他們心理簿記的相關變化。他們其實並不需要任何正式的東西，當作有形的「貨幣」，甚至也許只是潦草的寫在餐巾紙上的借據。這個故事的要旨在於「會計」，而不是任何實體的東西（在這個例子中可能是神經細胞？）。他們利用記憶來輔助記帳。

　　不過，如果記分變得很複雜，可能因為兄弟姐妹很健忘，或者事情變得太亂，也許他們會開始把事情寫下來──可能是在廚房的白板上。他們會記錄一個分類帳。

　　藉由同意這份分類帳，他們已經授權了一些東西，比如一份不斷更新的合約，一份他們可以查閱的公開紀錄，以便檢查他們對彼此的餘額，解決任何分歧、誤解或記憶失誤。他們可能依然沒有寫借據或合約，提出字面上的「承諾」或「授權」──不是以法律或正式用詞立約，但仍舊很容

易可以知道，協議是有效的。

　　至少，這種小型經濟是在一種不言明的非正式協定上、一種潛在的承諾上運作的，也就是一方會得到「回報」以換取幫助。甚至還有一個有效的原則，就像他們可能會說的，「禮尚往來——這樣才公平」。姊弟兩人都接受這個原則，並覺得受到互助的約束。他們都對彼此持續的誠信充滿信心，他們自己也都保持誠信。

　　但是在這種情況下，姊弟之間已經授權某樣東西，非常類似律師們所說的「關係」契約，例如：租賃、保密協議、長期供應約定或類似的商業契約。這是一種經得起時間考驗的協議，並涵蓋數量可能無限、獨立的交互作用。**這是一種類似社會契約的東西的開端，它在你和你姐姐這個小型社會中，具有道德力量。**

　　這裡的小型社會幾乎都有錢存在。因為姊弟之間不必明說的同意，當其中一方「欠對方一次」時，某些行為就應該被視為「償還債務」。正如我們在第一章提到的，金錢，只不過是雙方相互認可的結算工具。在這個例子中，它就是家事，家事是他們支付給彼此的，因此這些家事就等於他們的「法償貨幣」。

◆ 錢的重要性

　　最終，我們會想知道，在一個擁有數百萬人的經濟體中，上述是如何被運作的。但首先，我們可以再增加一個兄弟姐妹，以及兄弟姐妹欠彼此的幾種方式。所以，按照我們的金融基礎知識，來認識一下這三個兄弟姐妹：亞倫（Aaron）、鮑伯（Bob）和凱瑟琳（Catherine）。

　　鮑伯這週在學校非常忙碌，亞倫幫他做了很多家事，因此鮑伯欠亞倫。鮑伯也許會在未來的某個日子，幫亞倫做家事，以此來「償還」亞

倫。不過，如果是在有第三個人的情況下，還有另一種可能性：也許鮑伯上週幫凱瑟琳做了很多家事，在這種情況下凱瑟琳有欠鮑伯。如果凱瑟琳欠鮑伯的，跟鮑伯欠亞倫的一樣多，這些債務就可以順利的轉移。鮑伯只需授權讓凱瑟琳「償還」亞倫，就能代替他自己償還。為什麼不行呢？反正鮑伯有欠亞倫，「有償還給亞倫就好。」鮑伯可能會說：「是我欠他的，所以對我來說沒差。」

在這種情況下，我們得到的更像是真正的經濟。人口更多，獲得「債權」的方式也更多，這個債權可以被用於償還「債務」。

即使現在只有三個人，重要的是，債的記錄方法已經變複雜了。三兄妹需要找到一個在他們三人之間記帳的好方法，即使是在他們的白板分類帳上。他們將需要一些可靠、公開的方式，在完成家事時，定期的將「貸方」與「借方」互相轉移。

所以，這裡出現了一個想法：當這三個人互相交換家事時，也許「家事」這個詞開始有了新的含義。它開始不再是指家庭中的這項或那項工作，而是一種「記帳單位」——就像美元、人民幣或歐元一樣。然後，三個兄妹會開始用這些「家事」來互相欠債與支付，在這個更抽象的單位的衡量下，也許會開始累積盈餘，或陷入家事債務。

如果某一天，鮑伯欠亞倫兩個家事，凱瑟琳欠鮑伯三個家事，家裡的會計帳就會看起來很像某間大公司、政府或中央銀行的帳目。如果你是一個會計師，或者你發現自己在深夜閱讀複式簿記，這會是很有趣的。包括許多（也許是大多數）經濟學家在內，大家對現實中銀行會計如何實際運作，肯定不感興趣。確實應該如此。我們都同意，如果你認為這個問題有點無聊，即使是非常簡單的例子，我們也完全可以理解你的心情。因為會計書籍看起來就像這樣：

1. 鮑伯擁有兩個家事的負債（都是欠亞倫的），和三個家事的資產

（凱瑟琳欠他的）。他的盈餘是一個家事——他的「帳戶餘額」
是正數的一個家事。

2. 亞倫沒有負債。但他擁有兩個家事的資產（鮑伯對他的負債）。
所以他的「帳戶餘額」是正數的兩個家事。

3. 最後，凱瑟琳沒有資產。但她擁有三個家事的負債（欠鮑伯的，
因此是鮑伯的資產）。所以她的「帳戶餘額」是負數的三個家事。

如果記錄上述所有內容，看起來很累人、很無聊，也極其乏味——請
放心，你已經完全掌握我們現在要表達的觀點了。

更糟糕的是，就像在任何經濟體中，亞倫、鮑伯和凱瑟琳的帳，每
週、甚至每天都會發生變化。他們之間的義務與權利的模式會一直變化，
就像水流沿著彎曲的支流急速流動一樣。從這個角度來看，當他們的「帳
戶餘額」發生變化時，「金錢」也會一直在他們之間流動。現在想像一
下，這種情況不斷發生在數億人當中。

此時顯然需要一個公開的記分板，就像棒球比賽的記分板一樣。在每
一場比賽中，那些閃爍的燈泡或掛在牆上的卡片，都明顯、清楚的向所有
人顯示出事物的確切位置。它依然是我們的小型經濟模型，只是現在有了
公共帳本、有了更多參與者，還有他們可能對彼此承擔更多不同的義務。

為了讓不太了解彼此的人們免於誤解、遺忘、混淆或糾紛，我們可以
想像人們會採用一種正式的社會契約：他們「形式化」與「規範化」誰能
承擔或執行什麼樣的義務，以及什麼類型的付款可被授權，來履行這些義
務。事實上，法定貨幣法就是這麼做的。

但是，如果在一個更大的社會體當中，事情必須變得更加明確與正
式。**貨幣的基礎——在社會的會計系統中只是借據——也是一樣的。**

◆ 勞力分配

雖然前面的模型只有三個人，但發生了很多事。無論兄弟姐妹中是否有人非常仔細的記錄，這些錢的流動對他們三個來說都是極好的。每個人都能做他們本來做不到的事情。

舉例來說，亞倫能把他的家庭作業做得更好，也許甚至能待在學校寫一篇額外加分的研究論文。原本，在某幾個晚上，他會因為家事太多，無法完成他最擅長的學業。他只是花掉一些他已經積累的「家事貨幣」盈餘。或者，他從一個人或更多人那裡借入家事貨幣，因此產生對他們的家事債務。凱瑟琳在某些晚上也能這樣做，鮑伯也是。

總之，亞倫、鮑伯和凱瑟琳現在變得更有效率了。他們都能完成家事，也能產出更好的作業與研究論文。也就是說，如果亞倫、鮑伯和凱瑟琳把這些事安排得很好，他們不只能像沒有交易家事似的完成所有家事，他們還能完成其他以前不能完成的事情——例如，家庭作業或額外加分的研究論文。如果他們有時候不能用「家事貨幣」來買時間，他們就沒辦法做到這些事情。

這正是亞當‧斯密驚嘆不已的勞力分配，它能讓人們一起提高生產力，而且最後還能讓許多人變得超級富有。不過，我們現在可以更清楚的看到，錢是其中重要的一部分。

這就是為什麼，經濟學家認為金錢只是實體經濟的「面紗」，但這樣的想法其實是錯誤的。金錢本身，如同我們在這個小模型中看到的那樣，在促進生產方面發揮創造性的作用。**它不僅讓我們能夠購買已經生產出來的東西，它還讓我們在一開始就生產更多東西**。不只是在一開始，在專業化的每一個階段，它允許我們進一步分工，變得愈來愈有生產力、愈來愈富有。這就是少數——唉，到目前為止只有極少數——精明的經濟學家所說的「貨幣生產經濟」背後的祕密。金錢不只是面紗，而是有能力的生產

要素——或者說是生產力的推動者。

◆ 記帳的複雜性

如果家事經濟本身就是一件需要思考的瑣事，真正的經濟體中更巨大的複雜性，確實是一項需要釐清的挑戰。但我們正在接近這個目標，我們的模型可以幫助我們，更深入的探索稍微複雜一點的情況。

此刻，「家事貸方與借方」只在亞倫、鮑伯和凱瑟琳之間循環。但現在，假設三兄妹能夠以不只是一對一交換家事的方式互相給予和接受。它們還可以透過另外兩種方式做到這點：第一、設定「匯率」；第二、明確採用共同的衡量「單位」。

首先，兄弟姊妹會比較家事。也許洗碗相較於倒垃圾或用吸塵器清理地板，是一項比較不愉快的任務；打掃浴室可能比它更糟糕。如果是這樣，亞倫、鮑伯和凱瑟琳可能都不願意承認，用吸塵器清理一次地板，足以當作打掃一次浴室的回報。

在這種情況下，他們可能會達成共識。舉例來說，如果某天晚上輪到鮑伯打掃浴室時，是亞倫打掃的，鮑伯若不是欠亞倫打掃浴室一次，就是欠他洗碗兩次，或是欠他用吸塵器清理地板三次，或是欠他倒垃圾四次（如果凱瑟琳必須向亞倫償還鮑伯欠他的，情況也一樣）。

實際上，兄弟姊妹三人正在性質不同的家事之間，建立經濟學家所謂的「相對價格」或「匯率」。你可能還記得，在出國旅行期間，機場會公告主要貨幣的匯率。但是在這個例子中，他們擔心的是，只用洗碗來換取費力的打掃浴室，可能會讓人覺得不公平。一旦人們開始擔心這些相對的價值，他們就會發現設計一些共同的標準來比較所有的家事，是很有用的。

因此，兄弟姊妹們可能會選定一個測量單位——可能稱之為「分」或「家事分」。接著，他們就可以用這個共同衡量標準來確定價格。倒垃圾「得一分」、用吸塵器清理地板「得兩分」、洗碗「得三分」、打掃浴室「得四分」。用經濟學家的花俏用語來說，**他們的家事貨幣不再只是一種可以用來結算家事帳目的「交易媒介」。它經過演變了，現在也充當記錄這些帳目的「記帳單位」。**

這個兄弟姊妹的經濟體，甚至可能發展出更重要、更複雜的層次。假設這群人從做家事轉移到其他活動領域：鮑伯可能苦苦掙扎於三角函數，凱瑟琳卻很擅長；亞倫可能很難找到跟他有相同幽默感的人，而鮑伯「懂他」，總是能隨時跟他開玩笑，讓兩人都笑個不停；凱瑟琳可能沒什麼時尚感——雖然這聽起來不太可能——但亞倫與鮑伯對時尚和新趨勢都很有鑒賞力。也許手足三人在某些時候都一樣感到沮喪，但同時，他們也善於在別人需要鼓舞時鼓舞別人。

在這個更現實的情境中，長時間下來，亞倫、鮑伯和凱瑟琳會為彼此做各種「有利對方的事」。不過有時候，每個人也會做一些容易惹惱另外一個、或兩個兄弟姊妹的事情：亞倫未經同意就借走鮑伯最好的襯衫，然後在衝浪後，當他身體被鹹鹹的海水弄溼時穿上它，不小心毀了衣服；某天晚上，凱瑟琳試圖幫助鮑伯弄懂三角函數，但他反應遲鈍，凱瑟琳沮喪的罵他「白痴」……

在這種情況下，我們可以想像兄弟姐妹之間如何非正式的互相「記帳」，就像他們做家事一樣，但現在還要考慮到這些事所有的好處與負擔。亞倫因為襯衫「欠鮑伯一次」，凱瑟琳因為侮辱鮑伯而「欠他一次」等。然後，亞倫可能會「償還鮑伯」，為他做一件家事——可能是價值一或二的家事分。凱瑟琳可能會提出為鮑伯做價值三個家事分的事，因為侮辱造成的傷害——或不公正。

但是，假設這三位以這種方式，來描述除了家事之外的許多好處與負擔類型。然後，他們可能會在某個時候，停止用「家事分」來計算他們的「錢」——改用「分」、或「優點」與「缺點」來計算。到那個時候，他們的原始貨幣就會變得易於交易，或者至少在家庭「經濟」中易於交易。

在這個社會縮影當中，這就是我們一起致富的方式。兄弟姊妹們可以藉由騰出時間來完成總體家事承諾，而且現在還可以做更多額外的事情，來「生產」更多東西，像是把家庭作業做好、寫額外加分的研究論文。在更大的經濟體中就是這樣運作。信任、交易、流通、以及履行承諾的制度——即貨幣制度，使一個社會能夠比缺乏貨幣制度時生產更多的東西。而且，在經濟發展的每一個階段都是如此。這就是國家財富能穩健成長的原因。

◆ 民主的金錢

每個民主國家都會建立一種貨幣，並將其用於「公共福利」。想知道它們如何做到這點，只需要再注意一件事——或者更確切的說，要再弄明白一件事，因為它是至今還沒講明的。「家事」從哪裡來的？為什麼它們最初是必須的？只要你仔細想想，答案就很清楚——一旦你這麼做，就能解釋為什麼你可能會在這個兄弟姊妹的故事中，隱約發現查理·布朗（Charlie Brown）的影子。**父母在哪裡呢？**（編按：查理·布朗是漫畫《史努比》的主角，這部漫畫從頭到尾幾乎完全不曾提到各個孩子父母的名字）。

兄弟姊妹必須做家事，父母用父母應有的權威對他們「立法」。兄弟姊妹們對父母負有洗碗、倒垃圾的義務，因為父母給了他們做家事的義務。這是孩子與父母之間的一種「垂直」義務，你可以把它看作是一種納

稅義務。這也解釋了為什麼家事在孩子們之間會變成「錢」，為什麼在「水平」的孩子與孩子的關係中，他們會欠彼此東西。因為當其中一個兄弟姊妹必須倒垃圾，而另一個人幫他倒的時候，他對父母的負債就減少了。這就是「幫助」，為此，將來應該回報一個幫助。

這也是為什麼「家事」和後來的「家事分」有了自己的生命力，隨著事情的發展成為一種交易媒介與記帳單位。後來，孩子們還發展了其他的「賺錢」方式，除了幫對方做家事以外，也會互相幫忙。如果亞倫特別不體諒鮑伯，亞倫可以用打掃浴室的方式來「償還」或「跟他和好」。然而，一直以來，對父母的家事義務一直是一種試金石。家事義務——等同於令人討厭的「稅」——是原始的貨幣形式，後來發展出來的貨幣形式，就是根據這個來評估價值與衡量的。因為還是需要用做家事償還給父母，在某個時刻，還是需要有人去倒垃圾和打掃浴室。

任何父母都知道，養育子女本身就有很多義務。如果父母是通情達理的家庭成員，他們會強迫自己分配家事義務。家事對孩子們來說，必須是可應付的，而且必須被分配得很公平。當一件家事完成時，他們自己也必須承認，孩子已經完成他／她的家事義務。如果不夠公平，養育子女就不是愛的權威，而是家庭暴政。

當君主統治整個歐洲時，他們常被認為是上帝指定的父母人物形象。約翰·洛克關於政府的著名論文——激發了美國革命——是對羅伯特·菲爾默（Robert Filmer）的《父權論》（*Patriarcha*）的一個辯論性回應，因為《父權論》稱英國國王為國家的「父親」。對菲爾默來說，這代表「我們」與「他們」，也就是被統治者與統治者。女士、貴族或國王是統治者，「我們」視自己為臣民，服從於「他們」的權威。

在法國和美國建立的第一個現代民主共和國中，治理國家的「他們」只能是「我們＝人民」。意即根據憲法，「規定與建立」我們政府是「我

們＝人民」。如此一來，「**臣民**」就不只是臣民了，是公民。**從重要的角度來看，我們只服從於我們自己。**但是，如果政府應該是「民有、民治、民享」的，那麼我們還沒有充分認識到，**錢也具有民有、民治、民享的意義。**

所以，把上述的家事經濟想像成一個小型民主國家。現在，亞倫、鮑伯和凱瑟琳已經不是小孩了，而是成年的室友，或是大學兄弟會、姊妹會或商業夥伴的成員。他們之間「規定與建立」一個政府，輪流履行政府職能。例如，輪流擔任「政權統治者」。每個人都必須服從於他們所組成的「他們」，這是「超越」他們之中任何一個個體的事物。每個人都要服從在任何特定時間，輪到要管理的正當管理者被授予的權力，但只有一種軟權力，一種你可以在平等的商業夥伴關係中找到的權力。**每個夥伴都對夥伴關係負有義務，但他們每個人都是組成夥伴關係的一部分，而且他們都負有相等的義務。**

現在，假設室友之間要一起安排家事，就像父母做的那樣，以便共同生活與管理一個適宜居住的地方。無論什麼時候輪到誰當管理者，如果任何室友拖欠這些義務的話，都可能要提醒他們。僅透過嘮叨和哄騙，室友們可能會把「家事義務」強加給自己。他們會生活在由他們共同「金錢」承諾所定義的社會契約上，會因為分工和一起工作而做得比原本更好。他們將擁有民主——與民主的財富。

在近現代君主制中，金錢只需要支付給貴族或國王，以滿足農奴與統治者之間「垂直」的義務；農奴之間並沒有「水平」欠稅。在一個民主國家，我們與政府之間仍然有「垂直」的權利與義務。但是，正如我們的模型所示，**權利與義務最終會在我們這些公民之間「水平」運作。**

我們平時在經濟合作中，在洋酒商店、腳踏車店、或牙醫診所裡使用的錢，並非某些歷史的偶然才存在的。我們選擇它，是為了共同的繁榮。

首先，我們要共同決定我們的納稅義務是什麼，以及在支付這些義務時哪些錢會被認可。當稅務員來的時候，我們用我們選定的錢繳稅，不是給貴族、國王或任何父母人物形象，而是給公庫，最終也是給身為公民的彼此。在銀行體系的幫助下，我們使用這筆錢互相合作、一起工作、分配勞力，並且共同致富。然後，在私人往來、婚姻、工作、或商業活動對彼此作出的承諾中，公共貨幣也變成一種試金石──一種原始的貨幣形式，其他貨幣形式的價值與衡量都以此為依據。

◆ 金錢的今天與明天

我們再回到前言中奧古斯丁的時間困惑。時間是難以捉摸的。因此，我們可以看到為什麼正統經濟學家往往會忽視它。然而，它是一個重要、不可否認的事實：經濟不僅僅是瞬間的交換。[2] 經濟活動是即時發生的。承諾將現在與未來綁在一起，**金錢也是將過去的生產成果，轉化為未來的擴大生產與國家財富。因此，以信用形式存在的金錢，負責生產我們所擁有的幾乎所有東西**。[3]

這就是為什麼忽視金錢，並且把交易當作只是以物易物，可能是個可怕的錯誤。經濟涉及人類長期的交流與生產，因為信用與貨幣的逐步成長，會推動穩定的物質成長。生產什麼，以及我們將來實際會擁有什麼資源，幾乎完全取決於，現在誰可以從我們「已經」擁有的資源中，索取並有效運用什麼，以及為了什麼目的。換句話說，明天的實體經濟，就是人們對今天的實體經濟擁有的權利的結果。這些權利就是錢。這就是金錢如何帶領經濟──帶領「我們」──從今天走向明天。

在這種情況下，我們現在用社會已經存在的產品與服務「做什麼」，就跟我們每天做的決定一樣真實，最終會決定我們的未來能「帶來什

麼」。**我們能用社會已經擁有的東西做什麼，完全取決於誰有多少錢。**如果我們選擇這樣做，我們現在就可以在未來做出真正的改變，讓每個人在一個更新的社會契約中都更富有。我們只是改變誰擁有多少錢。

正如前面說過的，現實是有限制的；我們被我們已經做過和我們現在能做的限制住了。金錢，身為對非貨幣資源的一種權力，其本身不能產生這種資源。**這就是為什麼過度發行貨幣——通貨膨脹或過度承諾——從長期來看會削弱貨幣本身的可信度。這就是為什麼，錢可以從促進生產變成阻礙生產，從可信的承諾變成不可信的承諾。**所有的承諾都可能過度擴張，但這並不代表，承諾或金錢在沒有過度擴張時就不是真實的，或者它們就不是經濟學家所說的「生產要素」。

在兄弟姊妹的故事中，我們看到了承諾具有成效：亞倫與鮑伯實際上是從彼此身上「借來時間」，以便生產更多的東西；在這個例子中，是出色的研究論文或其他家庭作業。在這個具有成效的活動中，時間是一種投入。借來的時間——也就是欠下的時間——實際上就是金錢。這就是為什麼高度抽象的經濟模型（像是第六章提到的一般均衡／DSGE模型）同時省去時間與金錢的原因。從某種意義上說，省去其中一種，就是省去另一種。

這些模型可以幫助我們分析「邊際效用」，和我們對各種已經存在的商品與服務的比較價值。然而，它們沒辦法將價值的創造、或商品與服務的生產解釋得很好，或甚至描述得很好。這些事情需要時間（因此也需要金錢）做為投入。在這種情況下，一個沒有時間與金錢的模型，對這些事情談得很少——甚至比我們古怪的家事義務模型更少。

沒有犯這種錯誤的偉大經濟學家，似乎更受保守派的喜愛，而不是思想進步者。約瑟夫・熊彼得（Joseph Schumpeter）最為人所知的，可能是他經常被引用、對資本主義「創造性破壞」的讚揚；諷刺的是，這

個觀察是源自馬克思與恩格斯（Engels）（他們在《共產黨宣言》〔*The Communist Manifesto*〕中，對富有反抗精神的資本主義勝利的讚頌，甚至會讓川普〔Donald Trump〕臉紅）。熊彼得對經濟理論做出許多重要的貢獻，主要來自受自由主義者青睞的所謂奧地利一般均衡傳統（編按：奧地利學派繼承蘇格蘭啟蒙思想家的自由主義思想傳統，堅持自由競爭的市場，被認為是古典經濟學派的後裔）。不過，也許他最豐富也最有洞察力的作品是《經濟發展理論》（*Theory of Economic Development*，1934），它的副標題——**對利潤、資本、信用、利息，以及景氣循環的探究——已經暗示他對時間與金錢如何促成生產過程的觀點。**

熊彼得非常清楚，銀行發行的信用貨幣在生產過程中的作用；他也很清楚，隨著時間過去，這種貨幣發行在兩極交替（繁榮與蕭條）週期中的脆弱性。直到今天，他描述財富產生的過程，仍然是理論洞察與實際市場觀察的最佳結合（熊彼得跟他教過的明斯基一樣，也是一位銀行家）。除了對信用貨幣無限「延伸性」的深刻見解之外，他還是一位對惡性通膨與通縮觀察力敏銳的分析師。換句話說，他看到了，為什麼貨幣在任何去中心化的交換經濟中是很重要的。我們可以聰明的、創造性的利用它來打造天堂，也可以不假思索的、破壞性的為地獄加油。

第 3 部

銀行業的煉金術

　　雖然公共貨幣使人們更富有，但美國在其動盪的歷史中經歷過慘痛教訓。在第五章的簡短歷史中，我們已經看到銀行的承諾與危險：私人銀行總是危險的傾向於過度承諾。雖然「金本位」曾在一段時間幫忙箝制銀行，但它也帶來了自身的不穩定——這次是承諾不足的危機。此外，這個作法幾乎使所有人對貨幣的本質，以及銀行如何運作感到困惑。

　　這就是李曼‧法蘭克‧鮑姆的寓言故事《綠野仙蹤》裡，那塊厚重的黑色布幕——小狗托托應該「拉開」那塊神話背後機器的布幕。最後，在央行的幫助下，我們開始了解事情的實際運作情況。我們知道我們可以「平穩這個循環」，在承諾不足與過度承諾之間、在饑餓與過剩之間進行調整。但我們還沒有充分理解善良的葛琳達的教導，即我們始終掌握權力。

　　想知道這有多麼真實，我們可以研究一下美國第一次開始理解、建立聯邦準備系統的日子。然後，我們就會看到聯準會有能力做這麼多。

第 8 章

私人承諾公共化

近一個世紀以來，美國一直有一個公共銀行——聯邦準備系統。如今，任何聽起來像公共銀行這樣「社會主義」的東西，都會引發人們的嘲笑與懷疑，同時擔心國家會朝著委內瑞拉的方向撞上去。對許多人來說，聯準會在經濟中是個陌生的存在，它正在「拿走」或「貶低」美國的貨幣，我們應該廢除它轉而支持真正的「自由市場」。「終結聯準會！」實際上是一個口號，在右派和左派身上都是。

別以為口袋裡的美元鈔票、銀行帳戶裡的美元餘額，都是由聯準會發行的。**它們只是建立在聯準會公權力之上的約定索取權。**如果我們愚蠢到廢除聯準會，然後建立一個自由的貨幣發行市場，我們將立即面臨一場全球金融危機。你在富國銀行（Wells Fargo）對帳單上的那些「存款」，可能很快就會變得比沒有印上它們的紙還更沒價值。我們只能希望你的工資不要以新的「富國銀行美元」支付，因為它可能比幸運鄰居手上的「高盛美元」價值更低，甚至可能在加油站或雜貨店不被接受（除非你大幅的折讓）。在「沒有真正的國家貨幣」可以兌換的情況下，你很可能在你自己的國家中，卻被外幣之類的東西困住。

危機會不斷到來。我們知道危機會來，因為在 19 世紀的大部分時間

裡（也被稱為「野貓」〔wildcat〕或「自由銀行」〔free banking〕時代）人們嘗試過貨幣發行的自由市場（編按：「野貓銀行」的說明請見第一五五頁）。結果，危機接踵而來。如同前面暫時解釋過的，我們藉由將美元「社會化」與建立聯準會，逐漸緩和繁榮與蕭條的週期。難道美國愚蠢到要重複19世紀所有的錯誤嗎？美國會重新吸取歷史的教訓嗎？我們當然不能保證。[1]

為什麼要建立中央銀行？因為美國有過一段漫長、可怕的選擇失敗的歷史。美國經歷一段痛苦的災難與修正，在吸取教訓、又再度遺忘的歷史之後，才跌跌撞撞的進入目前的公私協力。但回顧過去，世界傷心的方式反映了漸進式、斷斷續續的進步，這就是19世紀德國哲學的偉大泰斗黑格爾（G.W.F. Hegel）所說的「歷史的狡詐」。

◆ 第一個中央銀行

管理農民與附近其他軍閥的高級軍閥，是最早的貨幣當局。有些人甚至也精明的效仿中世紀晚期、文藝復興時期義大利城市官員的作法，對銀行進行監管。但當民族國家之間、或統治他們的王朝家族之間的戰爭持續下去時，他們往往需要錢，而且常會發行太多的錢。這個長期存在的問題導致兩種制度上的發展，我們至今仍與它們共存。

第一個是讓國家透過發行債券，為他們的營運融資。如果國王發行過多的貨幣，他們就會在市場上出售紙張憑證，承諾以後償還資金，甚至還會加上利息償還更多，藉此讓部分貨幣退出流通。這些憑證將約束主權國家在一段時間內，定期向憑證持有者支付利息，債務的剩餘部分——本金——將在某個規定的日期支付。這裡所涉及的「約束」當然是一種承諾（就像是你言出必行）。因此這些工具被取了一個現在還在使用的名字：

「債券」或「主權債券」。

最終，地方當局也開始參與發行債務工具。第一個是州的債券。在某些情況下，債券本身會被當作貨幣流通，儘管在民族國家發展的第二次金融創新之後——也就是「中央銀行」的發明之後，這就變得沒有必要了。

從本質上說，主權國家複製了私人銀行的作法，或者乾脆徵用了私人銀行。發行自己貨幣的銀行可能會獲得官方特許，並享有主權。正如第一章所解釋的，一旦主權國家徵收只能用這種貨幣支付的稅，或制定法定貨幣法要求使用這種貨幣，或兩者兼具，銀行的貨幣很快就會變成國家貨幣。

中央銀行為國家的關鍵業務提供資金，因此它們很快就成為國家最重要的銀行。瑞典中央銀行（Swedish Riksbank，rik 在瑞典語中是「帝國」的意思）是歷史上最悠久、仍持續運作的中央銀行。瑞典曾多次捲入戰爭，這些戰爭只能透過「租用」外國士兵來進行。這需要一個複雜的融資系統，由瑞典央行負責運作。緊接著荷蘭、英國相繼成立央行，很快的，充足的中央銀行便遍布世界各地。

由於這些央行與主權國家的關係密切，因此這些央行也成為「銀行的可靠銀行」。實際上，公部門讓私部門擁有了自己的銀行，私人銀行可以將它們的準備金存入中央銀行，記這些帳的方式，就跟一般民眾在「私部門」銀行記帳的方式很像。然後，它們會用存款的收據做為補充，或者說代替金幣和金磚當作它們的「金庫」貨幣，從新的公私協力中獲利。

起初，這些紙張借據是由黃金所支持。政府累積了大量黃金儲備，就像私人銀行家的方式一樣。但是在很短的時間內，所有主權債券（明確的承諾）成為主要的替代物，銀行發行貨幣與主權政府發行貨幣的承諾，特質再次變得明顯，也就是任何黃金供給都只是讓政府的承諾更可信一點。

支持主權債券及其貨幣的，最終仍是其徵稅的權力。此處的關鍵不在

於它可以徵稅，然後像許多人今天仍然認為的那樣，將收益「支付」給債券持有人。而是主權國家可以徵稅，就像古代的穀物徵收機關所做的，如果你不繳稅，拿武器的人就會追捕你。就像第一章所解釋的，對幾乎所有人來說，這就是使用主權貨幣的充足理由。

一旦主權國家成為主要的貨幣發行者，它就會像私人銀行家一樣，面臨過度發行的誘惑。由於充分意識到它的鑄幣權，它可以發動戰爭，也可以承擔其他成本過高的項目。什麼時候應該停止呢？它可能會像私人銀行家一樣，對它的票據「過度承諾」。更糟糕的是，如果私人銀行家被允許繼續發行他們自己的貨幣，由主權債券或票據來「支持」，他們可能也會過度發行。在經濟體中會有兩個過度發行的來源：主權國家本身（它可能會發行太多的債券或自己的票據），以及私人銀行家（他們也可能會根據自己手上太少的主權貨幣，發行太多的票據與貸款）。這表示我們很容易會有大麻煩。

◆ 金錢的嚴重宿醉

至少在主權貨幣、主權債券，以及非主權銀行出現的最初幾個世紀裡，存在著許多不必要的麻煩。由於有如此多的貨幣來源（包含公共與私人），讓歐洲經濟在整個近代早期，經歷巨幅的成長與定期的繁榮、蕭條週期。在歐洲人征服並定居於美國後，美國經濟也同樣處於不穩定的模式。**只有主權國家的中央銀行最終能帶來更多的一致性**——儘管我們知道，這在美國遲到了。

美國儘管經歷多次蕭條，但也確實出現過巨幅成長。由於歐洲管轄權擁有大量主權債券與貨幣，私人銀行家甚至可以透過借出遠超過其持有的資金，來「槓桿增加」這些大量資金的數量。這帶來了快速的生產力改

善與經濟成長，因為更多的承諾，代表建立在這些承諾之上更多的生產活動；更多這類的活動，代表更多物質條件的改善——更多的「財富」（wealth，在英文中跟「福利」〔weal〕的字根相同，其他單字像是「公益」〔commonweal〕與「健康」〔wellness〕）。

然而，這種所謂的「彈性」，也意味著貨幣經常被過度擴張，承諾變成過度承諾。總是有這樣的危險存在：做出的承諾如果超過實際兌現的前景，這些承諾就有可能失去它們的價值。於是，就會開啟常見的繁榮與蕭條的循環，即過度發行與收縮之間的循環，進而侵蝕財富成長帶來的好處。

有一首老歌曾經唱過「愛情就像氧氣」，因為「你得到太多，你就會太興奮」，但是「不夠，你就會死掉」。在現代經濟中，這就是一個關於承諾與信用——貨幣——的故事。貨幣就像氧氣與愛一樣真實、極其重要，並且具有潛在危險。

是的，繁榮的年代——如此舒適與心滿意足，未來看起來如此光明；生產活動正在回升，銀行發放的貸款也在增加，樂觀情緒瀰漫在空氣之中。基於對預期生產的信任，企業家可以帶著宏偉的計畫與承諾去找銀行家。企業家解釋，計劃要建立這個新的「製造廠」（後來簡稱為「工廠」），生產並銷售這個新產品，然後再償還貸款給放款人。在這種情況下，整套計畫看起來貌似是可信的。接著，銀行家以企業家的名義開立帳戶或把錢存進其帳戶，用他管轄範圍的貨幣表示帳戶金額，然後授權企業家從新建立的帳戶提領貨幣，或者直接用它「開匯票」（即支票），不管寫下的金額是多少。於是，支票就出現了，做為一種「客製化金額」的貨幣，它是根據承諾被開出來的。

當許多事情進展順利時，銀行大量放款，有望獲得償還，它們從中賺錢。因此，景氣繁榮時可以自己獲得融資，景氣繁榮吸引了持續繁榮所需

的信用與貨幣創造。銀行借出的錢是對現有資源的索取權，這些資源反過來可以用來生產更多的未來資源。此時，我們再次看到，承諾對經濟產生了真正的影響，這一次是在推動繁榮的成長。

這就是為什麼某些經濟學家（他們通常被稱為異端）說，錢來自「內部」。錢、信用和金融，不一定來自經濟的「外部」——也就是「外生的」（exogenously，這裡的「ex」在拉丁語中表示「在外面」或「超出」，例如：外來的〔exotic〕、出口〔exit〕等）。錢也可以從內部產生——也就是「內生的」（endogenously，這裡的「en」是拉丁語「裡面」的意思）。藉由對未來活動的預期做出承諾，它們會從內部產生（這就是所謂的「內生貨幣」、「內生信用」、甚至「內生金融」的意思）。然而，從經濟學界人士的角度來看，這個觀點仍然是非正統的，因為他們大多停留在抽象的理論與誤導人的印象裡。正如 20 世紀偉大的哲學家路德維希·維根斯坦（Ludwig Wittgenstein）可能會說：「這個景象俘虜了他們。」

內生貨幣尤其容易受到超額發行的影響。這就解釋了為什麼繁榮很容易「失控」，並以「蕭條」告終。當每個人突然都意識到，發行的承諾已經超出可能實現的範圍時，蕭條就會發生。「音樂停止了」，這些承諾就失去它們的清償能力與價值。我們在 2008 年見證過這種情況。**這在經濟史上經常發生。**

蕭條的情況可能會非常恐怖。當許多人被債務積壓而深陷水底，欠的債比擁有的資產還多，極端的經濟狀況通常會演變成所謂的「債務型通貨緊縮」（debt deflation），或者現在普遍所稱的「蕭條」。這是泡沫的破裂，它是「通貨膨脹」（信用與貨幣過剩）在崩潰後的逐步下降。它會先成長，然後再破裂。

繁榮與蕭條的週期成為現代經濟的長期狀況。它們是承諾與授信機制

——即貨幣發行——本身的通病。如果金錢是一種承諾，可信度危機就是內在的野獸。

這裡談到的專有名詞是圍繞著病理學所發展的，這些詞彙讓人聯想到人們熟悉的心理問題。繁榮變成「躁狂症」（mania）；蕭條變成「憂鬱症」（depression）。彷彿經濟像是個患有「雙極性情感疾患」的人——過去被稱為「躁鬱症」。

另一個有趣的詞——我們最喜歡的詞之一——是「劇變」（revulsion）。這是市場在長時間的「狂歡」或「信貸過剩」之後所經歷的。這就好像信貸與金錢是酒精，在適度的情況下是健康的，甚至有利於生活（至少有利於派對），但是過度時就會致命。還有前面提到的「積壓」（overhang）一詞（來自英文的「債務積壓」〔debt overhang〕），這個詞讓人想起「宿醉」的英文（hangover），不是嗎？

經濟上的疾病會導致精神疾病，產生過於簡單的幻想、懷疑和陰謀論——都是妄想偏執狂的要素——也就不足為奇了。當然，這個問題直到今天仍然存在。2008 年的危機及其後果證明了這點。與此同時，央行在過去幾十年來，在馴服不穩定的週期方面取得大幅進展。雖然還有很多改進的空間，但是最終，一個運行順暢與透明的強大央行，會為我們創造集體理智的奇蹟。

◆ 特許經營與炸薯條

美國的貨幣、銀行和金融史，基本上是歐洲早期經驗的重演，但橫跨的歷史長度較短。為了了解它的特性，我們不妨停下來，再看看美元鈔票。

美元鈔票真的是了不起的東西。它們在美國各地都是一樣的。從任何

地方的銀行分行或自動取款機提領美元，你會得到同樣的東西來解決麻煩：無論是 1 美元、5 美元、10 美元或 20 美元的美元鈔票組合，它們看起來都一樣。當它們的面額相同時，它們的價值也都會一樣。

這就是主權國家發行的貨幣，即使名義上是由「私人」銀行支付。這些銀行都經營國家貨幣，所以它們並不像你想像的那麼私人。它們經由我們（主權公眾）授權，經營我們的錢——對美國人而言，就是「聯邦儲備票據」。

實際上，銀行是特許經營者。擁有主權的公眾，則是授予特許經營權的人。我們的國家貨幣就是特許商品。

如果錢有統一的價值與外觀，它就有點像你到處可見的那些金拱門。它們讓每個人都知道，不管你在這個國家的什麼地方，所討論的商品都是一樣的。紐約、加州、佛羅里達、阿拉斯加……都不要緊——它們無論何時何地都是一樣的。麥當勞的漢堡不一定要是最好的漢堡，只需要是一樣的漢堡就行了。美元可能是最好的貨幣；但它之所以有價值，主要是因為它在所有地方都具有相同的價值。

如果一家銀行透過發放不良貸款，或使自己過度槓桿化，來濫用美元的品牌，它將面臨失去其特許經營權的風險。就像是販售變質食品的餐廳老闆有被逐出特許經營的風險。這就是特許經營的運作方式，是一種「品質控制」協定，如同食品與酒店房間一樣。特許經營者必須遵守條款，授予特許經營權的人則負責管理條款。就我們的錢而言，我們，公眾，就是授予特許經營權的人。

麥當勞與美元——還有什麼比這更美式的嗎？當然，金拱門是在 20 世紀才建立起來的；後來，才是我們知道的美元。它不是從一開始就和美國人在一起了嗎？不，不完全是。在美國成立的早期——直到 1863 年，**美元只是一種記帳單位，而不是貨幣**。當然，造幣廠鑄造了硬幣。但是，

以美元計價的「紙幣」是由許多私人銀行所發行的。這就是為什麼在 19 世紀流通的紙幣，被稱為「銀行票據」（banknote）。在大部分時間裡，美國的紙幣供給都是過剩的私人銀行票據。

◆ 漢彌爾頓的銀行

造成這個狀況的部分原因，是當時美國缺乏一個合適的中央銀行。在美國這個新的民族國家中，凡事有了好的開始。大約在 1787 年，美國幾乎沒有貴金屬——當時被稱為「硬幣」（specie）。不知何故，這個年輕國家需要以某種方式為它的發展提供資金，開國元老們也知道他們需要稱為「彈性貨幣」的東西——這種貨幣的供給量可以逐漸增加，以適應新國家的經濟成長所帶來不斷增加的交易量。因此，美國的第一任財政部長，也就是傑出的亞歷山大・漢彌爾頓，制定了一項計畫。

首先，漢彌爾頓安排這個新國家的財政部發行主權債券——至今美國人稱為「公債」（treasurys），也就是在其他地區被稱為「主權債」（sovereigns）的美式詮釋。這些債券會得到稅務當局的支持，並發揮「基礎貨幣」的作用，取代黃金。在此基礎上，私人銀行可以根據它們持有的公債金額的倍數，發行它們自己的貨幣，達到貨幣倍增的效果。

接下來，漢彌爾頓說服國會和華盛頓（Washington）總統，按照英國央行（英格蘭銀行）的模式建立一個「美國中央銀行」（Bank of the United States）。它可以出售自己的證券，以換取黃金，將這些惰性物質運用於國家經濟發展。這些證券也可以做為私人銀行的「基礎貨幣」。

然後，美國中央銀行也可以發行它自己的貨幣，由寄託於其持有的黃金與美國公債的信心所支持。大部分的早期貨幣花在運河開鑿、道路建設、以及其他公共基礎設施項目上。銀行甚至在紐澤西州帕特森附近的

「工業發展園區」，資助早期形式的公共研發，幫忙開發新產品與製造技術。不久，新成立的美國在工業與商業方面便超越英國和歐洲。

漢彌爾頓成立的美國中央銀行，實際上是一間央行、基礎建設銀行和工業開發銀行，集三者於一身。這在美國國內很成功，在國外也很有影響力。漢彌爾頓將公共貨幣、公共銀行，以及開發金融結合在一起的作法，後來也被德國、日本、韓國和中國採用——這些國家全都以漢彌爾頓的計畫為靈感。這個計畫可以調動並引導資源，流向實體經濟與基礎建設的開發。它是透過轉移過剩資本來做到這點；否則，這些過剩資本將助長金融資產價格泡沫，並進一步帶來泡沫破裂。它只是把錢和信用送到正確的地方。

◆ 野貓銀行

在南方各州，從政者們不信任漢彌爾頓的計畫，這與他們不信任聯邦政府本身的原因相同。原則上，工業發展聽起來不錯，但因為它對以奴隸為基礎的農業來說是不祥之兆，因此它被視為是不可接受的。田納西州的安德魯・傑克遜（Andrew Jackson）是代表他們的一位政治家；他當上總統後，他們設法殺死漢彌爾頓的央行的後代。

接下來一段時間裡，美國擁有真正的貨幣發行「自由市場」，私人銀行大肆發行它們自己的貨幣，就像它們的義大利前輩們在將近一千年前做的那樣。結果如你所料。俗話說，那些無視歷史的人注定要重蹈覆轍。[2]

發行的紙幣是以美元增量計價，但它們不是主權發行的負債。銀行是自己授予特許經營權的人，也是特許經營者，它們的紙幣可說是它們自己的私人負債，每一種都具有非常不同的可信度。舉例來說，兩間銀行可能都承諾，可以用它們的紙幣兌換更純的東西——例如：黃金。但是，當你

出現去索取黃金時，它們兌現承諾的能力可能會大不相同。

　　銀行可靠性有所差異的原因還不只一個。部分原因是，19 世紀的銀行監管在技術上更加困難；監管機構在對紙幣發行者實施「品質控制」方面，效果也有限。另一個原因則是，所有銀行都是由各州特許成立和監管的，而不是聯邦政府。就銀行而言，它們是由唯一授權給它們的政府機構（也就是地方政府）來維持地方性。

　　美國實際上有一座「銀行通天塔」，裡面有不同美元的雜音。國家的貨幣供給由成千上萬不同的銀行票據組成，全部都以不同的折價（相對於它們的面額或規定的票面價值）交易。舉例來說，比利小子銀行（Billy the Kid Bank）或響尾蛇銀行（Sidewinder Bank）發行的 1 美元紙幣，可能是以票面價值的 50% 交易，總計不超過「5 美分」（four bits），而不是 1 美元（1bit 的是 12.5 美分，因此有時候還是會用 2 bits 來代替四分之一）；懷特厄普銀行（Wyatt Earp Bank）或禿鷹銀行（Bald Eagle Bank）發行的紙幣則可能相反，以票面價值的 90% 交易，或甚至以票面價值交易。更糟的是，這些不同的貨幣價值不斷波動，包含相對於它們應得的商品與服務，**還有相對於彼此之間。**

　　「你口袋裡有多少錢？」這個看似簡單的問題，可能變得很難回答。當你想買東西的時候，是帶著誰發行的紙幣？它們都是美元，但價值卻大不相同。即使是最日常的購買，也會受到阻礙。店主必須定期更新櫃檯後面的折價表，在決定向顧客收取「多少」的時候，根據他們出示哪種紙幣，指示店員對不同銀行的紙幣折價多少。如果你口袋裡帶著好幾種銀行的紙幣，在普通商店購買東西時，得耗費你和店員很長的時間——比現在需要的結帳時間還要長。

　　難怪這段時期通常被稱為「野貓銀行業」時代（那些認為這種作法是個好主意的人，稱之為「自由銀行」時代。它確實是自由的——幾乎是沒

有主觀價值標準的）。私人銀行票據根本無法形成一個高效、可靠的支付系統。**美國擁有一種記帳單位──美元，這是件好事；但它仍然需要一個真正的國家貨幣。**

這種「系統」（或者說它的不足）對不斷成長的美國跨大陸市場的整合來說，帶來了兩大挑戰。**首先，用一個州的帳戶支付另一個州的款項，充滿了不確定性。**因為各州的監管能力各不相同，這代表美元在不同的州有不同的價值。一個州的票據或匯票的可靠性，在其他州的交易對手看來是「沒把握的」。例如，由堪薩斯州的道克假日銀行（Doc Holiday Bank）名義發行的美元紙幣，可能會以票面價值或接近票面價值流通；另一種由德州比利小子銀行名義發行的美元紙幣，可能只以票面價值的40%流通。這對堪薩斯州與德州之間的跨境交易來說，可不是什麼好事。

第二個挑戰是，在銀行特許經營與監管不嚴格的各州，它們「內部」貨幣之間的價值也存在差異。野貓銀行的美元在康科德鎮可能會以增加35美分交易；霍桑銀行（Hawthorne Bank）的美元在同一鎮上，可能會以票面價值交易。這放緩了州內的交易活動，幾乎阻止州與州之間新貿易的擴張。美元，雖然是一種國家的記帳單位，但根本不能成為真正的國家貨幣。

自由銀行時代是一個混亂的時代。從真正的意義上來看，銀行業又回到中世紀。每一間野貓銀行，本質上都是19世紀美國版的中世紀金屬工匠與領取憑證（如第五章所描述的）。銀行可靠嗎？這個問題跟在中世紀的義大利是一樣的。如果有人到銀行索取，這間特定的銀行能否交出金屬硬幣或金屬條（通常是黃金，有時也包括白銀）來換取紙幣？誰也不知道。每間銀行會在金屬和流通紙幣之間選擇自己的準備金比率。它們會謹慎行事嗎？每一位銀行家都不斷受到誘惑，超額發行與他們的金屬存量相當的紙幣或存款。畢竟，他們自己也可以花掉額外發行的紙幣，或者把它

們借出去以賺取利益。

可靠性是以犧牲獲利能力為代價的。可靠性的出現，也隨著經濟季節的變化而改變。如果人們普遍對金融或更大範圍的經濟環境更有信心，積極的貨幣創造就沒有問題；如果人們普遍感到擔憂，他們就有可能湧向銀行，用紙幣換取金屬，進而加速銀行業危機的發生。這會發生在哪一個季節呢？人們無法真正回答。人們無法判斷，哪些銀行在什麼時候超額發行紙幣，因此人們難有信心的規劃長期的生產活動。

不出所料，這時期的銀行擠兌很常發生，違規銀行與其他任何因為聯想而被認為有罪的銀行，都會遭到擠兌。由於國家再度回到原始的金融體系，國家經濟受到拖累。幾十年來，它在瘋狂極端的繁榮與蕭條的週期中搖擺不定。一個人力資源與自然資源豐富的國家，卻無法為自己的發展提供資金。儘管渴望獨立，但它卻愈來愈依賴歐洲。

◆ 統一美鈔的機會

這一切在 1863 年全部改變了。當時美國已捲入內戰，由於兩個原因，內戰使統一的國家貨幣成為可能。首先，為了發動戰爭，聯邦政府必須有能力在聯邦內部任何地方使用自己的貨幣；為此，美元需要統一的價值。其次，南方維持奴隸制度的各州，這些州正是國家貨幣統一的主要反對者，他們暫時離開國會，進而可以為新的國家標準投票。

因此國會通過，並由亞伯拉罕・林肯（Abraham Lincoln）總統在1862 ～ 1864 年簽署了貨幣法案、國家銀行法案和法定貨幣法案。這些法令規章在美國的國家歷史上，首次共同建立由聯邦政府特許的「國家銀行」體系，這些銀行都發行相同的貨幣，即「美鈔」——它是今天非常綠色的美元前身。

1860 年代美國的開創性貨幣政策，改變了互連的銀行、金融和貨幣系統。很快的，美國的每一州都有聯邦特許銀行，全部的銀行都要遵守統一的監管標準，它們全都發行一種擁有統一價值的貨幣。

這些銀行也可以出售美國公債。它們成了美國聯邦政府的兩大主要流通負債——美鈔與公債——的出口。很快的，這些野貓銀行票據就退出流通了。因為如果可以用美元來代替，為什麼還要用不確定性高的私人銀行票據呢？美鈔與公債這兩種主權金融工具，便成為眾所周知的「唯一選擇」。

國家銀行體系的管理者設在財政部，被稱為金融管理局（Office of the Comptroller of the Currency，或簡稱 OCC）。它是美國第一個真正的國家貨幣系統的「控制者」。直到今天，OCC 仍然是美國主要的銀行監管機構之一。它是國民銀行的聯邦特許機構——實際上是許可者；它為銀行的放貸或投資制定規則；它也對一間國民銀行是否破產，有最終的決定權。

管理局本質上是「品質控制」的代理人，透過它得以維持美元的品質。這代表著維持特許經營機構——銀行——的安全性與可靠性。銀行身為公共貨幣的經銷商，實際上是私有的公用事業單位，它們被鎖定在跟公共代理人（即金融管理局）合作的關係中。

然而，由於缺乏合適的中心，新的國家系統無法應對它後來面臨的挑戰。財政部沒有授權擴大與收縮貨幣供給，以應對在「一般百姓」中動盪的經濟狀況。此外，財政部缺乏所需的銀行監管專業知識，無法防止國民銀行發行過多或過少的貨幣或貸款。儘管事實證明，國民銀行比之前的州特許銀行安全多了，但在接下來的五十年裡，也就是在 1873 年、1893 年和 1907 年仍經歷了劇烈的繁榮與蕭條。

新的管理局改善了以美元做為交換手段的地位，但它無法長期保持美

元的穩定價值。因此，隨著整體經濟中交易量的變化，它需要定期調整貨幣供給。但是每天、甚至每小時的調整，不是 OCC 在其授權範圍內能夠做到的。

一個健康的經濟需要的不只是統一的貨幣，它還需要彈性貨幣。它需要一種貨幣，其供給量可以定期調整，以便適應所需的交易量，如此一來就不會無謂的壓制所需的交易。同時，它也要有能力防止可能引發通膨的過度發行——即典型「太多錢追逐太少的商品」的問題。貨幣供給必須能夠逐步成長，又不能成長得太快，快到超過實際成長的速度。此外，當信貸以高於最佳速度擴張時，它也必須能夠被削減。這些知識在 20 世紀初都不是新聞，歐洲的「已開發」國家擁有建立已久的央行與彈性貨幣。正如我們提到的，美國的開國元勳們也知道這有多重要。但是，後傑克遜時代（post-Jacksonian era）的奴隸制政治使真正的美元推遲了一百多年。

◆ 金錢馴化

自林肯在 1860 年代簽署銀行、貨幣，以及法定貨幣法案後，已經過了五十年，到了 1913 年，國會終於受夠了。當 1907 年金融大恐慌（the Panic of 1907）爆發時，夠多的美國政策制定者終於意識到，迫切需要一個積極的貨幣調節器。因此，1913 年的《聯邦準備法案》以聯邦準備系統——一個遍布全美的地區性銀行網，包含各種監管機構與委員會，當然也包含經常在新聞上聽到的聯準會主席——來補足國民銀行系統。美元從中世紀的寒冷中走出來，加入現代中央銀行制度的大家庭，並回歸到最初的漢彌爾頓系統的半中央管理版本。

《聯邦準備法案》確立我們今天所熟知的美元。聯準會取代管理局管理全美的貨幣供給。此外，聯準會也取代財政部，負責美鈔與信貸的發行

和數量。這就是為什麼現在你口袋裡發現的「美鈔」，不是被稱為「財政部票據」，而是「聯邦儲備票據」。美國人民仍然把「銀行票據」當作貨幣，就像 19 世紀時那樣。但現在它們是公共銀行的票據，也就是「中央」銀行票據。你可能會說，**它們是公民票據**。

新的聯邦準備系統也徵用一些銀行自行開發的「流動性風險聚集系統」（the liquidity risk-pooling system）。在這種制度下，如果一間銀行在短暫的恐慌期間耗盡公債或黃金儲備，它就可以從其他成員銀行那裡借入這些儲備。這也是為什麼 Fed 的英文全名翻譯是「聯邦準備系統」（Federal Reserve System）。此外，它是一個在聯準會「成員銀行」之間維持的儲備池系統，它不僅能改善金融危機，也能有助於防止金融危機。有了任何一間銀行都不太可能破產的這種保證，銀行擠兌的風險就會降低。

「美鈔」是美元做為一種可信的流通媒介的開端。正如漢彌爾頓所希望的，它是共同貨幣的表徵。私人銀行的承諾逐漸被國民銀行的承諾所取代，私人銀行票據被國家銀行票據取代，私人紙幣被公共紙幣取代。美國在通往最終的公共借據——即聯邦儲備票據，今天的美元貨幣——的道路上走得很好。

為什麼美鈔最終會取代私人的銀行票據呢？當然，它們在全國範圍內的一致性與穩定性有所幫助。監管也發揮一定的作用，部分原因是它促成了這種一致性與穩定性。國民銀行必須獲得許可，它們受到 OCC 的嚴格監管，使新貨幣保持穩定與可靠。在 19 世紀末與 20 世紀初，聯邦政府開始徵收愈來愈多種稅，並要求用美鈔支付，而不是用私人銀行票據。

因此，我們開始意識到，私人銀行本質上具有公共職能。那些難以管束的野貓銀行要不是破產，就是成功克服成為準公共國民銀行必要的特許關卡。我們重新吸取漢彌爾頓的教訓：**一個不斷成長的經濟體需要穩**

定且有彈性的貨幣——一種數量可以定期調整的流通公共承諾，以避免發行不足與發行過多。為了維持穩定，聯準會的行動與 OCC、與 1913 年以來成立的其他美國金融監管機構保持一致，尤其是 1933 年創立的聯邦存款保險公司（Federal Deposit Insurance Corporation，簡稱 FDIC），以及 1934 年的證券交易委員會（Securities and Exchange Commission，簡稱 SEC），但不是只有它們。這個系統是美國公共的主要貨幣調節器，它給了我們一個特許商品、一個主權貨幣；它現在不只在跨空間方面相當一致，在跨時間方面也是。

如今，從銀行帳戶中以美元支付的所有款項（無論是來自存款還是借貸），是我們對資源行使的所有索取權，這些都是透過中央銀行「清算」的。聯準會掌管舊「美鈔」的現代詮釋，並管理私人銀行，以保護美元的完整性。另一個監管機構——FDIC，則協助監管任務；它讓公眾在銀行破產時，直接被迫承擔存款人的賠償。

這樣一來，我們就可以把所有的普通市場交易都放在一起，以整體公共功能的角度來看。當你從你的帳戶裡提款時，銀行遞給你美元；當你開支票或刷卡時，它們提供別人債權；當你借債時，把信貸存進你的帳戶——這些全都是公共功能。銀行是經由中央銀行——在美國，就是聯準會——按照全民的集體利益行動的合作機構。聯準會經由銀行創造與分配的（即美元），最終只是美國貨幣化的充分信任與尊重。

◆ 釋放黃金

在聯準會運作的前二十年裡，它遵守金本位，就跟世界上其他央行幾十年來所做的一樣。聯準會當時只是一個羽翼未豐的央行，加入了全球銀行的「俱樂部」，希望隨著跨境貿易的迅速成長，在第一次真正的現代

「全球化」期間確保貨幣的穩定。官員們不想製造「破壞性」，希望新的制度與新的國家貨幣——即聯邦儲備票據——能夠迅速被全美數百萬的市場參與者接受和信任。在那個年代，沒有什麼比黃金更能體現可信度與金融廉潔了。

　　直到二十年後，也就是 1929 年股市崩盤，黃金承諾才變得過於沉重，再也扛不住了。在信貸迅速緊縮、貨幣供給開始消失的危機期間，貨幣當局應該採取反向的作法，盡可能放出與私人銀行家收回一樣多的信貸。理論上，這可以透過降低黃金儲備要求，進而提高貨幣相對於這些儲備的倍數，來實現這個目標。然而，隨著市場情緒在兩極分化下不斷波動，這種繁瑣的改變不可能在匆忙之間就完成。更容易的作法是，在蕭條時期直接提供信貸與貨幣，一旦「復甦」開始，再加以控制。

　　這正是羅斯福在 1933 年所做的，當時他正式切斷美元與黃金的國內關係。凱因斯早在十年前就說服英格蘭銀行這樣做，因此帶英國走出衰退。關於羅斯福的決定，凱因斯在《紐約時報》（*New York Times*）的一篇專欄文章中寫道，總統「非常正確」。

　　當然，他本人也是。

　　隨著黃金承諾的消失，我們可以更加看清一直以來的真相是什麼：**美元是美國人民的索取權，以所有美國人民的名義發行給彼此**。它們不只是我發給你們的紙幣，或你們發給我的紙幣。銀行經銷我們的產品，並向我們負責產品品質。這就是為什麼會以聯準會的合作機構——OCC 與 FDIC——監管它們。金融監管機構可能沒辦法一直做好它們的工作。當然，所有的人類制度都容易出錯，尤其是當它們或立法者不清楚自己的使命時。但我們現在可以看到這些制度的作用：為了使社會的物質福利得到穩定、永續和包容性的改善。

第 9 章

賦予銀行的公共任務

銀行家們似乎一直過得相當不錯。那些有商業眼光的人可能會好奇：怎樣才能參與其中，建立一間自己的銀行呢？這比人們想像中的容易多了。

你必須事先從監管機構那裡獲得執照，也就是所謂的「銀行經營許可證」。你不需要預先存一筆錢。銀行家們都知道，如果人們願意相信你的承諾，你就可以憑空致富。當聯邦政府為你提供存款保險時，**人們就會相信你的承諾**。

為了完成這些步驟，先思考一個有關兩個朋友的故事。鮑伯與亞倫有一個新生意的想法。起初，它以每個月 19.99 美元的低廉價格，出售一門名為「讓你致富的銀行業的七個祕密」線上課程。後來，鮑伯開始在想：如果他們真的知道金融的煉金術，為什麼要賣線上課程？為什麼不利用這些祕密致富呢？鮑伯已經知道金融業是如何憑空賺錢的；亞倫因為在道德哲學方面受過訓練，他也毫不費力的就了解，金錢是如何憑藉對許多承諾的信任，從無到有的被創造出來。所以鮑伯與亞倫決定開一間銀行。

這兩個朋友都有西裝，也打理得很好。在有需要的時候，他們可以表現得很體面。他們也有一些正好能幫上忙的朋友，有一位朋友同意他們使

用城鎮廣場轉角處那棟莊嚴的老建築。他們會跟人們握手，看著他們的眼睛，然後決定誰可以被信任。這棟建築是令人難忘的老式華麗建築，有種時髦的風格。公司的整體運作都可以在網路上進行。真正重要的是，他們有一位在政府單位的朋友，給了重要的官方協助。她很了解鮑伯與亞倫，確信他們會明智的利用銀行業的祕密，為公眾利益服務。在鮑伯與亞倫向她尋求幫助後，她以某種方式說服自己的高層朋友，免除許多一般發放特許執照的正式手續。很快的，「金鷹銀行與信託公司」獲得批准、特許，並且開業。

鮑伯與亞倫很有看人的眼光。好人瓊斯（Jones）先生是第一個走進門的顧客。他需要 15,000 美元買一輛車。當時鮑伯與亞倫在富國銀行與摩根大通（JPMorgan Chase）的私人銀行帳戶裡，都沒有這麼多錢。他們一直失業到最近（因此才迸出新的商業點子），兩人都快沒錢了，私人帳戶裡加起來只有 3,000 美元。幸運的是，這對生意一點影響也沒有。他們只需以金鷹銀行的名義，開一張金額為 15,000 美元的支票——請務必寫上美元的 $ 符號——給瓊斯先生就行了。

然後，這張借據被交換成瓊斯先生的個人借據，以及他簽名的「本票」。這需要一點簿記工作（鮑伯與亞倫堅持使用紙張帳簿和鋼筆，是一種令人難忘的老派作法），所以他們在金鷹資產負債表的負債欄，寫下 15,000 美元，在資產負債表上對應瓊斯先生的本票的資產欄，寫上 15,000 美元。瓊斯先生拿著金鷹的支票，揚長而去。

好在他們兩個人都沒有開出私人借據（例如，「我承諾向持票人支付 15,000 美元。最真誠的，鮑伯敬上」），不然瓊斯就沒那麼幸運了。他想買的那輛車，車主維嘉（Vega）女士必須向她往來的信用合作社出示那張私人借據，才能贖回山姆大叔（Uncle Sam）的借據——也就是俗稱的美元。當然，經理們或許會茫然的互看，好奇：**鮑伯、亞倫——他們到底是**

誰？為什麼會有人接受這兩個最近失業的學者的承諾呢？

但由於給瓊斯的借據是由「金鷹銀行與信託」公司發行的，該機構已經取得美國聯邦政府的批准，因此這相當於山姆大叔的借據，也就是這張借據已經得到公眾的認可。這樣一來，維嘉和她往來的信用合作社，就可以像接受摩根大通的支票、或美國財政部的現金一樣，欣然的接受這張借據。

信用合作社接受支票後，它便調整了它的帳目。銀行員在維嘉的「活期存款」帳戶中存入 15,000 美元的資產，她可以隨心所欲的提取這些資產，用來買雜貨或做其他事情。他們在她隨意提取該帳戶的權利中，標記了對應的負債，並將一項資產登記在信用合作社對金鷹的「索取權」中（對應於金鷹的負債）。瓊斯已經付款，那輛車現在是他的了，銀行貸款發揮作用了──就像真正的錢一樣！

瓊斯逐步償還對金鷹銀行的貸款。鮑伯或亞倫總是即時更新帳簿，隨著還款的到來，逐漸減少負債數量。過了一段時間，這些數字就降為零。一旦全部付清後，銀行就只剩下 5% 的利息支付，做為（仍以美元計價的）淨資產入帳。瞧，鮑伯與亞倫從承諾中獲利了！所以當然，他們立刻提領到手的美元資金，為自己買些酒慶祝一番，然後花了一個晚上談論邏輯學、黑格爾、詭異的自我意識創造遞迴的集體行動問題，以及金融危機。

每週四，他們會見面喝酒，用金鷹的簽帳金融卡付款，增加了更多的銀行負債（「借方」，也就是債務）。如果銀行的帳上已經沒有這些資產了，那也不成問題──他們只需以後再「償還」額外的負債就行了。例如，另一個借款人史密斯（Smith）女士來償還她的小型企業貸款，有了她支付的利息，銀行最終就能支付酒錢了。

鮑伯與亞倫一直以這種方式營運下去，直到銀行轉取穩定的利潤。很

快的，他們就可以聘請會計師和信貸人員，來處理所有的貸款和收款工作。他們很少自己去上班，但他們從不缺席週四晚上，由金鷹銀行與信託贊助的慶祝酒會與哲學討論。如果你聽說過「銀行家的工時」（譯注：bankers' hours；常被用來指上班時間短、輕鬆的工作），你就知道這種悠閒的工作方式。

這是某種奇怪的龐氏騙局嗎？——這是菁英們進一步獲得成功領先，並腐蝕共和國的另一種方式嗎？嗯，是，也不是。一方面，他們「不勞而獲」，藉由發行山姆大叔的本票與評估人們信譽的權力，就能獲利；另一方面，他們在做的事正是所有銀行已經在做的事情，包括你聽過的那些讚美「小型家庭農場」的人們所讚頌的、所有有益的社區銀行與信用合作社。如果這聽起來是不可能的、或意圖欺詐的，你可能對銀行的實際作為有一些誤解。

◆ 銀行不只是中介

如果這個故事看起來讓人困惑，可能是你自行臆斷關於銀行業務的傳統概念，如同下面所描述的：首先，人們藉由工作或其他方式獲得一些錢，然後他們把錢「存入」銀行，他們以後就能把他們帳戶裡的錢「提出」消費。

在這種情況下，銀行提供「接受存款」、「妥善保管」、以及「支付」服務。它們只是積累資金的倉庫。它們甚至可能會收取帳戶保管費用（如果沒有維持規定的最低存款餘額）。但它們真正的賺錢方式，其實是將這些資金借出去。它們在儲蓄者與借款者之間扮演中介的角色，收取少量費用。

如果你認為這個「中介」的故事是常識，也是情有可原的。主流經濟

學家（甚至是著名的經濟學家）經常在他們的公開評論與專欄文章中，強調這種情況（保羅·克魯曼〔Paul Krugman〕的《紐約時報》專欄，就是這種浮誇惡作劇的典型例子）。在有時被稱為「可貸資金」（loanable funds）的模型中，銀行只不過是將稀缺的資本存量轉手，並收取費用。因此，當一個借款人從銀行貸款中獲得更多錢時，這時有些儲蓄者的錢就會減少。這種從儲蓄者到借款者的再分配，被認為是有效率的，因為資本從價值較低的用途，重新被分配到價值較高的用途。在這種情況中，借款與貸款對經濟中的整體需求來說，是一種平衡事件。銀行不創造新的錢，它們只是傳遞金錢。這就是中介的故事。[1]

銀行當然會接受存款並保存它們，所以你不必把現金藏在床墊下。但是這絕不是它們所做的「全部工作」，甚至不是它們在做的「主要工作」。**銀行也會從無到有的創造金錢。在公眾的支持下，它們穩步增加貨幣供給**。這就是我們剛才講的金鷹銀行的故事。

如果你還沒擺脫銀行實際為我們做什麼的錯誤認識，聽起來就太荒唐了。所以，讓我們更仔細的看看，銀行是如何從承諾的帽子裡拿出貨幣兔子。

◆ 檢查貸款者的指甲

假設你需要借 15,000 美元買一輛汽車，它可以讓你接受一份需要通勤的高薪工作。有一天，你走進你家附近的一間銀行，希望能獲得一筆貸款。銀行的信貸人員上下打量你，看你穿著得體、整潔，指甲裡沒有汙垢，額頭也沒有下流文字的紋身。所以，他請你坐下。

信貸人員問了你一些問題，也對你的回答感到滿意。你的新工作聽起來很有前途。有人願意提供你這份工作，證明你的前途光明。信貸人員會

詢問你的社會安全號碼和身分證明文件，檢查你的信用，查明你以前的借款與還款紀錄，你是否被判過任何重罪，你的財產是否有任何扣押令，你以前做過什麼工作……最後，她決定批准貸款。

接著，她擬定一些文件，大多是一些樣板文件，詳細說明貸款條款。例如，本金金額，還有銀行收取的利息。有些貸款對抵押品可能會有扣押權──儘管在這個例子中可能沒有，因為貸款的抵押品可以只是汽車本身，銀行可以收回汽車。此外，還有每月定期還款的時間表，包括本金與利息部分。當然，還有很多內容解釋任何拖欠或錯過每月還款的後果。你閱讀完這些文件，最終同意它們的條款。

現在，有趣的部分來了。要完成這筆交易，你必須簽一張本票。你的還款承諾即將變成金錢。**它即將成為聯準會的本票。**

◆ 大交換

在你簽署的文件上，「票」這個字，跟你在 1 美元鈔票上方看到的「聯邦儲備票據」是相同的。它是一張本票，意即代表了兩件事：一方面，它代表你對向你提供貸款的銀行負有義務；另一方面，它代表銀行對你的索取權。這張票據同時代表了銀行的資產與你的負債。不過，這只是協議的其中一面。

從另一面看，銀行也承擔了一項負債，這相當於你現在擁有的一項資產。銀行很快就會以你的名義開立或存入一筆存款，或以你的名義開一張支票，把借出的資金轉交給你──這是銀行的負債，可以隨意花用的支票帳戶（又名「活期存款」）是銀行的負債。銀行有責任也有義務，承認你的提款或對這些資金所開具的匯票。它是負債，也是你的資產，也就是銀行提供給你的信貸（那筆存款）。

所以，實際上，這個票據代表做複式簿記的會計師所說的兩個「資產負債表」。你們雙方其中一個表是透過貸款交易所產生的，且兩個人同時有兩邊。**這是雙邊交易。任一方都會得到某樣東西，任一方也會給予某樣東西做為交換**。你得到貸款資金，而且你提供你的本票做為交換；銀行得到那張本票，它同時提供你資金做為交換。

交易就是一種交換——資產與負債的交換。銀行跟你交換資產／負債，以換取你跟銀行交換的資產／負債。你收到的資產就是銀行存款，也就是 15,000 美元，而這是銀行的負債；銀行收到的資產就是你的本票，這是你的負債。

存入你名下帳戶的 15,000 美元存款是什麼？你可以用它來支付，然後買輛車，因為其他人和他們的銀行會接受銀行的借據當作支付，所以這張借據跟錢一樣有用。事實上，**它就是錢——是真正的美元，是聯準會所認可的**。這是銀行在「特許成立」的協議中獲得執照時的待遇。隨著它不斷通過監控測試，它能夠繼續獲得聯準會的許可，能夠發行美元承諾，將美國的充分信任與尊重「貨幣化」。

因此，當你貸款時，你所做的事就是將你自己的本票，暫時交換成聯準會的本票——你的私人借據因此換成公共借據。當你償還時，你就是隨著時間的經過交換回來。這就是銀行貸款。

這是銀行的「貨幣創造」過程。銀行不會獨立創造貨幣；聯準會才會。聯準會經由其方便管理的支付系統，「調節」從這些存款提取的款項，來「發行」自己的本票與這些本票的存款等價物。但是聯準會做這件事的時候，沒有決定誰能獲得何種貸款，這個重要決定是留給銀行的。我們實際上是把這項工作「外包」給銀行，讓私部門來執行這項公共職能。我們讓銀行決定誰的私人承諾是被「公開認可的」，誰的承諾應該被視為貨幣。

然而，人們可能還是會糾結於這個想法：**一間銀行怎麼能夠借出它本來沒有的東西**？答案是，除非你把它借給別人，否則你不會擁有它。因為銀行拿出來放貸的錢根本無關乎擁有和傳遞，它與發行與交易有關。**它所涉及的是把公開發行的——「垂直」——借據，交換成私人發行的——「水平」——借據。這是一門生意，交易承諾就是它的生意，是它用來賺錢的方式。這也是社會要求它的重要工作，一種公共服務。**

好了，就是這樣。銀行是我們的「守門員」。你的承諾可信嗎？我們讓銀行代表社會來回答這個問題。通過銀行的批准印章，也就是在宣布你的信用可靠的行為中，新的公共貨幣單位（美元）從無到有的被製造出來。

◆ 所有人的銀行

現代銀行業很複雜，但終歸是起源於某個簡單的東西：將私人承諾轉化為公共承諾。當史密斯女士或瓊斯先生為了償還汽車、房屋或企業貸款，簽署私人本票時，銀行的信譽印章便將其轉換成公共本票，也就是所謂的錢。透過一種由公眾許可與支援的銀行系統居中調解的「社會契約」，**你的承諾和我的承諾，變成我們的承諾——也就是法償貨幣。**

到此值得停下來思考一下。我們要求那些住在高樓大廈、富麗堂皇和古老機構裡的人們為我們做的事情，本質上是多麼簡單，就只是：檢查與蓋章。銀行檢查我們的信用等級，然後在我們的私人本票上蓋章，使其變成公共本票（美元）——變成真實、可消費的錢，也就是法償貨幣。

這簡直太令人失望了。銀行家們怎麼能因為打量人們，然後把印章放在桌上，就有資格拿到這麼高的薪水呢？如果公眾知道，花旗集團（Citigroup）或富國銀行等銀行，實際上只有一項不可或缺的工作——

「檢查我們的信用」，並決定我們的承諾是否可信，難道公眾真的不會對頂級銀行家今天拿到的巨額薪酬，感到憤怒嗎？

如果我們已經知道，每個公民都值得一定數量的「信用」，那會怎麼樣呢？就像瓊斯先生和史密斯女士一樣，也許我們可以有把握的假設，一般人大致上會把給予他們的一定基本金額，用在更有成效的地方。大多數情況下，他們會用這筆錢來滿足自己的基本需求，或滿足家人的需求，或者他們會花錢來刺激經濟活動。既然如此，為什麼我們還需要對同樣的基本資金，透過私人銀行進行第二次信用檢查呢？不是很多餘、不必要、低效率嗎？這樣一來，不就是以銀行收取利息的形式，給了銀行家一些不勞而獲的東西嗎？

我們認為第二次的信用檢查是沒有必要的，至少對於一定的基本收入水準來說是這樣。反而是央行應該做這件事。聯準會或財政部可以直接給人們公共借據（也就是錢），定期（例如：每個月）把錢存入每個人的銀行帳戶。正如前面提到的，為了應對 2020 年 COVID-19 大流行，美國國會已經開始批准這類付款。私人銀行則可以繼續在「高於」這些基本數量的信貸決策方面，發揮作用。

如果你覺得這聽起來很奇怪，就再想想央行長期以來一直在做的事情。它已經在向人們發行承諾，只是透過私部門的銀行，間接的做這件事。為了經濟的普遍繁榮，在公眾的允許下，它們檢查我們的信用然後蓋章，創造出新的貨幣單位。但如果聯準會直接給我們錢，它也是做同樣的事情──只是用一種更直接、更可靠的方式。正如第十章將解釋的，聯準會可以在一章更和諧的貨幣交響樂中，像現在這樣進行貨幣操作，而且比現在更有效。

◆ 擴大信任圈

第八章可以看到，美國的銀行體系是從一段令人擔憂的歷史演變而來的。如果可以從頭開始，還會選擇這樣的結果嗎？這很難說。問題不在於，美國目前的公共銀行與私人銀行的合作關係本身；問題在於，人們不能完全相信私人銀行會善盡它們的職責。而且，我們不需要像過去那樣委託它們許多事，因為我們有了新的信用檢查與轉帳技術。

公私合作的概念，確實（或者至少曾經）有一個令人信服的理由，這點值得我們回顧。首先，我們應該希望人們能夠獲得貸款。人們對於如何生產新的、有用的，甚至令人興奮的商品與服務，往往有非常好的想法——只是沒有錢。他們沒有足夠的資金能購買或租用必要的投入，沒有可以獲得有效使用這些投入資源的權利。我們經常聽到這樣的話：「賺錢是需要本錢的。」**因為人們需要對資源有暫時的索取權，以便控制這些資源的配置，並使用這些資源**。這就是為什麼在之前講的汽車貸款故事中，瓊斯先生在某一天下午冒險走進一間銀行。他準備接受他得到的新工作，藉此賺更多的錢——因此，很可能「增加更多的價值」。但他必須把買車當作一種「投入」，才能接受這份工作。如果沒有銀行貸款，他是不會有那麼多錢的。

瓊斯擁有什麼？他有他說的話。他的話是可信的，「值得」信賴的。如果每個人都因為他那純正的微笑和良好的信譽，就能看出他是多麼值得信賴，汽車經銷商可能已經接受他的本票本身，做為購買汽車的付款。這聽起來並不那麼荒謬。通常在朋友與家人之間，你的承諾本身就是足以確保對資源的控制（「媽媽，我可以借車嗎？」「沒問題，兒子。」）。但一般來說，這只適用於家人與朋友之間。從這個意義上來說，海曼·明斯基是對的，他曾說，任何人都可以發行貨幣，訣竅是讓貨幣在自己的信任圈之外被接受。

畢竟，我們的私人圈子有合理的界限——我們知道應該相信誰，其實是很複雜的一件事。你想向某些人購買或租用資源，我們能指望他們都能以某種方式檢查你的信用評分，並決定是否接受你的個人本票，來支付他們出售或出租的資源嗎？就算可以透過詢問周圍的人來做到，這也是一件浩大工程。指望這麼做是行不通的，或者至少會大幅放緩與限制創造價值的交易活動。創造價值的交易活動，是所有交換經濟中經濟成長的引擎。

很久以前，我們的社會就解決了這個問題。我們只要授權發行普遍接受、「垂直的」公共本票的任務就好。我們把這項首要任務交給中央銀行。它之所以是「中央」，一方面是因為，它是其他銀行都會連接的樞紐；另一方面是因為，它是一間為所有人——為公民——服務的銀行，而不只是為某些特定客戶服務。接著，央行會把「決定誰能得到政府的貨幣」這項工作委派出去。再說一次，銀行透過檢查與蓋章來做這件事——檢查我們的信用等級，並透過蓋章創造貨幣單位。

為什麼要給私人銀行這個工作？因為它們應該「更貼近現實」，比「華盛頓的官僚們」更有能力謹慎且富有成效的，做出講究的信用評估與貸款決策。地方官員對所在社區或地區的狀況，以及社區居民的信譽更敏感，因此能做出更適當的決定，可以謹慎的允許誰能暫時的將他們的私人票據交換成公共票據，以便獲得對資源的控制，進而實現所有承諾的生產活動——增加財富總額的活動。

我們同意，私人銀行在很大程度上確實有這種有用的功能，只要它們的借貸活動受到監管，我們將在後面討論這種監管方式。我們將看到，最適監管能確保私人資金與公共資金的最適交換：不會太多，也不會太少；而且只用於真正的生產，不只是投機目的。有了銀行進行的檢查與蓋章，承諾的「水平」維度會延伸得更廣，方向也更廣。這讓更多人得以獲得對資源的控制，進而生產出更多的資源，而且會比實際上必須親自去認識那

些可能會接受我們個人承諾的人，還要多更多。交易會比原本可能發生的更多，生產活動也會比原本可能發生的更多；最終，我們會變得更富有。

但是，正如我們需要良好的信用檢查在「一般群眾中」能發揮作用，中央銀行也需要監督經濟中做出的所有承諾。就像不斷調整高性能引擎的機械師一樣，央行會對可花用的資源索取權的流通總量，進行穩定的每日調整。它透過追蹤已經存在的資源存量來做到這件事，並且猜測當人們準備有效的使用這些資源時，資源存量可能會發生怎樣的變化。這不是任何一間私人銀行能為我們做的。正如在第八章看到的，這是導致聯準會成立的重要歷史教訓。這就是為什麼中央銀行能夠利用貨幣的力量，為更大的經濟生產和公共福利服務的唯一已知方式。

把整個公共銀行與私人銀行的合作關係，視為匯集承諾的一種有效方式，也就是：我們把「他的」和「她的」承諾，轉化為「我們的」承諾，是可以在任何地方、與任何人、由任何人兌現的承諾。因為我們經常不知道我們能夠信任誰，所以我們願意接受某個人的本票，當作對資源類似金錢的索取權。這樣的接受範圍，遠遠小於我們願意接受聯準會本票的範圍。與在較小的、信任圈內的「水平」借據相比，以可信的政府為底的「垂直」索取權，將能流通得更廣。所以它們更適合做為廣泛流通的基本貨幣，正如我們在第一章所稱呼的。一旦我們在我們的承諾範圍中增加一個「垂直」維度（也就是在公眾的支持下），就能在市場活動的「水平」維度中，實現更多的承諾。當我們手中和銀行帳戶裡的錢愈多，我們就能從事更有生產力的活動，最終我們都會變得更富有。

因此，銀行只是「垂直」與「水平」貨幣的十字路口。為了管理承諾的「大交換」，它們收取利息做為服務的報酬。利息是（如果你願意付的話）「私有化的鑄幣稅」，也就是它們貨幣創造行動的一部分（回想一下第五章討論的鑄幣稅。封建領主——古老的法國領主——透過發行「他們

王國的硬幣」而享有的租金，他們可以隨意花錢，也可以隨意放款）。

◆ 檢查銀行家的指甲

理論上來說，這是一個明智的安排。每個「合作夥伴」都盡其所能做到最好。當然，公眾在選擇允許分配公共貨幣的人，與後續的監督方面，都會非常謹慎──比他們自己在決定貸款給誰時更加謹慎。那些私人銀行家，你知道的，你會想非常徹底、上上下下仔細的看一遍：指甲沒有汙垢；有沒有跡象表明他們可能會破壞公共目標，譬如盲目的愛錢。理想情況下，你應該只聘請正直的人，而不是貪婪的人──喜歡錢，但「不只是」為了錢的那種。他們會為他們服務公眾表示嚴肅的感謝，並且盡最大努力確保提供服務。

以今天的標準來看，這是個有趣的想法。自從 1980 與 1990 年代「貪婪是好事」的說法以來，銀行家們厚顏無恥的忽視他們的公共責任，已經變成一種流行了。伴隨著穩步趨向放鬆管制與盲目順從「市場是最聰明的」，2008 年的金融危機正是這種想法意料中的結果。

不過，公眾還是有辦法進行篩選。那正是我們有前提條件的銀行許可證發放制度，以及嚴格的銀行監管制度。我們可以隨時拒絕一間銀行的存款保險，甚至撤銷它的執照。富國銀行最近因為它對社會的損害──包括直接從它的客戶身上竊取資料──而受到嚴厲的懲罰，並面臨被踢出金融特許經營的威脅。

有一段著名的歷史，是關於人們期望銀行家肩負起他們的公共責任。當伍德羅‧威爾遜（Woodrow Wilson）總統為了趕上歐洲（他稱歐洲的貨幣系統「遠比美國的好多了」），簽署 1913 年的《聯邦準備法案》時，他特別稱讚華爾街銀行家約翰‧皮爾龐特‧摩根，因為與當時大多數銀行

家的貪婪和「未定義的邪惡」相比，他保住自己的榮譽。他說，銀行家應該是「政治家」。即便如此，摩根最終教會我們的是：不能把社會的命運託付給私人銀行家。

1893年的危機使美國陷入當時歷史上最嚴重的經濟蕭條。突然間，約翰・皮爾龐特・摩根成了最後的希望。在1880年代的繁榮之後，鐵路建設過度，資金不足，迫使許多銀行破產。工業城市與城鎮的失業率急劇上升。由於棉花與小麥的價格暴跌，導致農場陷入困境。銀行破產了。俄亥俄州、賓州和伊利諾州都爆發街頭暴力事件。普爾曼罷工（Pullman Strike）使全美的交通系統陷入癱瘓。在一系列只是讓事情變得更糟的笨拙措施之後，格羅弗・克里夫蘭（Grover Cleveland）總統最終接洽受尊敬的私人銀行家——約翰・皮爾龐特・摩根，他提出一個商業提議：提供政府6,300萬美元的貸款，並由他協助採購黃金及將其保留在國內。

這種作法本身就很尷尬。一個主權共和國和它的總統，畢恭畢敬的向一個有錢人尋求恩惠，然後給他一點甜頭。幸運的是，摩根同意了。克里夫蘭總統能夠購買足夠的黃金，來維持金本位制。這帶來了緩慢復甦的開始，以及重大的政治重組與新總統威廉・麥金萊（William McKinley）。即便如此，指望一個有錢人，終究沒辦法運作一個國家的經濟。

在第二次大危機（1907年的金融大恐慌）之後，摩根再次被要求提供協助。他幫助主要的私人銀行家制定了一個計畫，這些交易讓人感到擔心。畢竟，陰謀論有時的確有真實的成分（關於這個成分是什麼，妄想偏執狂的思維方式是非常不可靠的）。因此，摩根被迫在國會露面，並且被要求平息人們對他會為了銀行家、或他自己的利益而壟斷金錢的擔憂。他的貸款決定，肯定是建立在金錢與財產的基礎上，對吧？摩根堅持：「不，先生，首先是性格……一個我不信任的人，是無法在基督教世界的關係上，從我這裡拿到錢的。」摩根似乎很清楚：的確，金錢可以被私人

壟斷，就像石油、鋼鐵和鐵路一樣。不管你喜不喜歡，他都會做他認為合適的事。

這種挑釁式的證詞似乎幫助許多美國人，克服他們對任何聽起來像「中央銀行」這種很有威脅性的東西的極度不情願。畢竟，摩根先生除了是一人央行，為自己的私人利益而非公共利益行事的人，還能是什麼呢？老舊的共和黨觀念最終占領了主導地位：一個國家不能把自己的命運，寄託在一個富人的恩惠與一時興起的念頭上，或寄託在由這些人組成的金融寡頭手中。再說，摩根是個凡人，萬一他死了之後，然後呢？

最後，達成了一項協議。1913 年，伍德羅・威爾遜簽署《聯邦準備法案》，這項法案最終建立起地區銀行與中央委員會組成的體系，也就是公私協力。

◆ 銀行家的信用破產

整個貨幣與銀行業的歷史，就是一個克制與缺乏、信任與濫用的故事——最終導致信任的崩潰。今天的情況幾乎沒有什麼不同。在那麼多銀行濫用公眾信任的情況下，我們真的能相信私人謀利者會表現出應有的克制嗎？如果說有什麼不同的話，那就是我們還不夠妄想偏執。富國銀行只是最新的、也是最壞的無恥惡棍之一。所有的大銀行都陷入最近繁榮時期的非理性繁榮之中。像是摩根大通銀行與大多數美國大型銀行，在 2008 年一起接受美國政府的紓困，便是個具有諷刺意味的轉折。

如果我們不應該相信私人銀行不安全的牟取暴利，我們確實有一個合理的替代選擇，也就是不要太依賴它們：將現在外包的功能內包。因為使用新技術，這個目標比過去更容易實現。

我們已經知道，當中央銀行在指揮交響樂時，經濟會運行得更好。如

果長號的聲音太大，超過其他樂器，指揮家就應該降低他們在樂譜上的分量。這就表示，如果銀行系統最近沒有創造出美妙的音樂，我們只需對私人銀行要求少一點就好。央行可以為我們做得更多，這樣我們就可以減少對私人銀行家的依賴。我們可以建立一種更直接、更有效的方式，來完成我們的系統已經在做的事情：**公民應該直接與中央銀行進行交易**。讓我們來看看這該如何運作。

第 10 章

跳過銀行的中介任務

　　美國的中央銀行——聯準會——現在是銀行的銀行。它也可以很輕易的成為所有人的銀行。你可以到央行的網站，輸入密碼開立你的個人帳戶。就這樣，你就有錢了！就在螢幕上，每個月額外 1,000 美元，上面還有你的名字。你會擁有可靠的錢，是建立在聯邦準備系統的承諾之上，由美國的充分信任與尊重做出的承諾。[1]

　　你如何使用這筆錢，將由你自己決定。也許你可以按下按鍵，把錢轉到你的所在地信用社的私人帳戶上，也就是你存放大部分個人儲蓄的地方。也許你可以直接用你在聯準會的公民帳戶進行支付，使用目前許多新的、可得設備的線上支付技術。也許你能透過電子支付，直接用聯準會的數位錢包購買檯燈、汽車椅套或其他物品。也許你可以在自動提款機領取冷冰冰的現金。聯準會發行的數位美元就跟現在任何 1 美元一樣好——就像聯準會的其他承諾一樣「如黃金般」。

　　這建議好到讓人難以相信嗎？不完全是。聯準會已經以極低的利率，向大型私人銀行提供了大量的信貸。在經濟衰退期間，直升機撒錢（helicopter money）計畫根本沒有利息——就是免費的錢！正如第二章所解釋，目前的情況是這樣的：官員們開立美國銀行或富國銀行的帳戶，

在電子試算表上的這裡加上數字、那裡減掉數字——差不多就是這樣；其餘的過程只不過是各種簿記的方法而已。因此，沒有任何技術上的理由可以解釋，為什麼聯準會官員不能在中央銀行的帳簿上，為每個公民開立一個帳戶，然後在所有人的個人帳戶上輸入（假設）1,000 美元，甚至每個月 1,000 美元（或者設計一個可以自動完成這件事的程式）。它還可以透過這種方式，向所有企業提供免費的銀行服務，而不只是為特許銀行與其他大型金融公司服務。這表示小型企業的營運費用會大幅減少。

　　既然如此，為什麼每個公民、與獲得批准的企業或居民，不應該在聯準會擁有一個「公民帳戶」或「居民帳戶」，上面有自己的名字呢？在公民出生時或公民入籍時，以及經特別要求，就可以自動為他們開立帳戶的人。政府透過這些帳戶，執行任何、所有的聯邦支付，包含採購支付、社會安全「支票」或退稅。除了目前的支付功能，聯準會還可以定期存入保證收入（我們也可以用同樣的方式，購買「小額債券」，或從主權財富基金、國家投資獲得收益）。

　　這會是做為人類歷史上最富裕國家的公民或授權居民「與生俱來的權利」。

　　之前我們提過，每位公民都應該有少量的信用。這將使信用較低的人能夠消費額外的錢，讓這些錢進到經濟循環，進一步刺激消費需求、公司銷售、雇用與投資。這樣做對大家都有好處。

　　阿拉斯加州付給每一個阿拉斯加居民石油資源的紅利。毫不意外，這是一個非常受歡迎的計畫。美國政治人物經常在歌頌共享繁榮的承諾。但是空談無用。為什麼央行不給每個人一筆可靠的錢——「繁榮的紅利」，類似於阿拉斯加或挪威的石油紅利呢？可以把它看做是昔日共享繁榮承諾的一小筆頭期款，表示從政者們保持誠實的善意象徵。

◆ 人民與央行的直達航線

上述是否太理想化、太瘋狂、或者太阿拉斯加風格了？不完全是。聯準會的最終目的是提高公民的「購買力」，直到這個「力量」有成為通貨膨脹的危險。它只是經由站在你和它——我們的銀行，我們的「中央」銀行——之間得到公共許可的私部門銀行，以間接的途徑來做到這件事。

正如我們在第九章的解釋，聯準會（以極低的成本）借錢給銀行，然後銀行理應借錢給我們，進而創造貨幣，供我們用於生產目的。但是，如果聯準會可以透過更直接的途徑達到相同的目的，甚至更好的目的，難道它不該這麼做嗎？在過去，當通訊技術還很原始的時候，「中間人」銀行可能有很好的網絡意義。但是我們偶爾應該問：當技術提升到能夠讓我們與央行之間的聯繫變得更直接時，它們還有同樣的意義嗎？它們不是更原始、技術更落後、過去的不經濟遺物嗎？資本家厭惡低效率，所以他們肯定喜歡以更直接、更有效的方式來完成同樣的工作（還是說，他們關心的始終就不是效率？）。

正如我們已經建議的，以前我們非常依賴私人銀行，部分原因是人們認為私人銀行善於檢查信用。但 2008 年之前的「次級」貸款熱潮期間，它們並沒有做得很好——它們幾乎沒有檢查。雖然在 19 世紀，中央銀行對公民辦理直接的銀行業務是很困難的，因為當時像美國這樣幅員廣大的國家，通訊網路還很原始，但這並不能解釋，為什麼我們現在依然這樣嚴重的依賴私人銀行。

在此有一個更政治的解釋。過去，當約翰・皮爾龐特・摩根在充滿雪茄煙霧的密室裡親手敲定交易，以個人名義支持美國金融體系時，華爾街的銀行家們為了同意聯邦準備系統的成立，要求達成一項私下交易做為交換（這個交易最終包含聯準會在地區性銀行的股份所有權、在這些地區銀行的董事會中擁有席位，以及對自籌資金系統所產生的收入擁有索取

權）。

　　最初的政治權宜之計，變成毋庸置疑的秩序。

　　儘管一次又一次的改革，改變了聯準會的運作方式，但是央行還是沒有直接與每個公民進行銀行業務。起初，聯準會甚至沒有設定我們現在常聽到的利率。如果事實證明，在經歷了一百多年的經驗後，私人銀行並沒有非常有效的完成某些工作，其實聯準會完全可以把這些工作移到「機構內部」。如同我們將會看到，聯準會可以藉由剔除中間人，並透過公民帳戶發行美元，達到更有效、更公平的運作。

◆ 推繩

　　當聯準會現在將低利貸款借給銀行時，它們理應以低利貸款的形式，將這些錢傳遞給我們。但是銀行卻不一定會把錢傳遞下去。它們試圖（為它們的股東）賺錢，因此是否提供貸款，是一個商業決策。只是讓它們的帳簿上擁有更多錢，並不會導致它們立刻承擔額外的信用風險──除非有一個很好的賺錢機會。而且，押注於投機的衍生性金融商品與大宗物資市場，會比貸款給你、我更有利可圖。更重要的是，在蕭條時期人們需要錢，整個經濟也是如此。不過，銀行不願意承擔更多的債務是可以理解的，過多的私人債務也的確是導致經濟崩潰和衰退的首要原因。因此，在這種情況下，要讓銀行貸款給人們，並且讓人們借貸與消費，就像是在「推繩」：施加壓力時，東西就會鼓起、變胖，而不是有效的向前移動。（編按：「推繩」後來被用以表示採行寬鬆性貨幣政策，「拉繩」〔pull a string〕則是指緊縮性貨幣政策，用來說明貨幣政策效果具有不對稱性。例如，當經濟衰退時，央行雖企圖以「推繩」激勵經濟，若銀行不認為是融資給企業的好時機，或是消費者、企業不認為是借款的好時機，可能無

法透過消費、投資增加來提振經濟，這就像是在「推繩」，只會弄皺繩子，通常無法達到預期效果。）

從 2008 ～ 2012 年的危機結束後，這段期間這條繩子真的變得像麵條一樣。聯準會與財政部希望「把流動性投入系統」，如此一來，儘管經歷了 2008 年的信用緊縮，銀行還是可以繼續放款。但許多銀行卻只是把額外的錢囤積起來，希望能安然渡過風暴，提前渡過難關；[2] 其他銀行則用額外的資金進行投機，認為次級市場的價格波動對消費者幾乎沒有、或根本沒有影響。無論如何，在聯邦當局沒有承諾免除它們的債務，或以其他方式支援消費者支出的情況下，銀行為什麼要增加對消費者的放款呢？在金融危機過後，數百萬人「資不抵債」，欠下的債比他們擁有的還多。他們之中有許多人並不是特別熱衷於借更多的錢，尤其是在長期的衰退期間，那時他們可能有工作，也可能沒有工作。[3]

然而，大多數美國人確實需要一些額外的錢──尤其是現在，在 COVID-19 大流行及其後續期間。他們可能會把收到的新收入，花在促進就業的消費品與服務上。如果 2008 年後用於量化寬鬆的數十億美元，是直接發給人們的，囤積就不會成為問題了。這些錢會立刻被花掉，進而為銀行創造再次放款的有利條件。沒有比這更有效的「刺激經濟政策」了。今天也是如此。2020 年，美國發放給許多人 1,200 美元的支票，但這只是個開始。數百萬勉強度日的美國人傾向於花掉新收入，而不是囤積起來。這使他們在刺激經濟方面，成為比衍生性金融商品、投機者，以及銀行家大亨更可靠的夥伴。我們不必用私人銀行「推繩子」，我們可以直接給人們錢，並且「拉繩子」──讓事情朝著預期的方向發展。也就是說，我們可以讓銀行更有效率的為我們服務。

◆ 對富人執行社會主義

美國目前大約有四千萬人為「無銀行帳戶者」，還有更多人是「缺乏銀行服務者」（underbanked），他們只能獲得有限或斷斷續續的銀行與支付服務。雖然他們通常很窮，但他們還必須將 10% 收入花在「享受銀行服務者」不需操心的金融交易上——通常是「發薪日貸款人」（payday lender）的費用與利息。如果以每個公民的名字建立一個公民帳戶，這數百萬人立刻就能輕鬆、免費的使用銀行系統。他們將不再被「邊緣金融」公司所掠奪，這些公司的存在只是為了利用他們的劣勢。

如果非公民也想參與行動呢？小企業與其他可能希望與央行有往來的非銀行企業，怎麼辦呢？如果有足夠的利息，聯準會可以為這些人提供「居民帳戶」。就大多數意圖和目的而言，實際上就像一般公民的帳戶一樣，但只有在提出要求時才會開立，而不是在出生或獲得公民身分後自動開立的。例如，如果一間公司經營不久，它的帳戶可能會更頻繁的關閉；外籍居民也可以獲得臨時使用權，尤其是當他們在私人銀行開立帳戶有困難時。

提供居民帳戶做為銀行服務是一回事，聯準會提供免費的錢則是另一回事。因此，他們能否獲得基本收入支付，以及流向公民帳戶的「直升機撒錢」，取決於政策制定者是否認為他們有充分的公共理由擁有這些錢。官員們能決定他們是否可以擁有這些錢；例如，為了刺激採購活動。我們也可以決定這筆款項只能用於特殊用途，商定做為收到款項的條件。舉例來說，人們可能不得不同意把錢花在真正的商品與服務上，而不是單純的投機（因為投機無法持續刺激經濟）。

目前，大銀行在銀行業務方面享有普通公民從未享有過的「公共選擇」。碰巧的是，政府也為這些選擇提供了慷慨的補貼。當政府發行公債，做為其貨幣操作的一部分，這些是有一定利息支付的安全資產。公債

指定銀行與其他機構很樂於拿這些輕鬆、可靠的錢來「服務」，而不是用這些資金做其他事情。

的確，如第二章所述，只是把資金存放在央行，銀行現在就能收到利息（所謂的「準備金利息」，或簡稱 IOR）。不過，儘管銀行在聯準會帳戶「賺取」溢價，但它們只把其中一小部分轉嫁給像我們這樣持有存款的人，因為普通銀行支付的存款利息更低。這樣一來，銀行就會收到一筆免費的「租金」支付，只因為我們需要交易帳戶來進行日常購買。

如果我們別無選擇，只能向富人發放救濟款（因為我們沒有其他真正的選擇），我們可以把它當作為更大的社會目標服務的「經商成本」一筆勾銷──這種情況偶爾會發生。但我們實際上有替代選擇，這個選擇不僅可行，而且還更有效、更公平。我們不需要讓大型金融公司享有免費的「公共銀行選擇」。總之，再也不需要。只要給每個人一個公民或居民帳戶，這個公共選擇就可以擴展到每個人。聯準會不必向私人銀行的準備金帳戶支付利息，而是向我們的個人公民帳戶支付利息，直接把錢放在我們的口袋裡。

◆ 調控利率與撒錢

就私人銀行而言，它們仍會像現在一樣發放貸款，做它們最擅長的事情。如果你擔心美國會不受控制的轉向社會主義，請放心，我們依然擁有美好的舊式金融資本主義，還有變得骯髒、貪婪愛財的銀行大亨。聯準會長期以來一直是美國資本主義的基礎。讓它成為每個人的銀行，只會確保每個人──也就是我們所有人──在資本主義的餡餅中得到更大、更公平的一塊。

就聯準會本身而言，它將採取跟現在差不多的措施，來管理整體的貨

幣供給。它只需透過每個人的公民帳戶,而不是只透過大銀行的準備金帳戶來進行正常的操作。[4] 每個公民帳戶將向其持有者支付利率,就像聯準會的準備金帳戶現在所做的那樣。然後,聯準會可以提高或降低利率,以影響所有人的儲蓄或支出。任何優秀的央行也一樣,它們「逆風操作」,消除私人企業的週期起伏。

在泡沫或繁榮時期,聯準會可以提高利率,使儲蓄比消費更具吸引力。整體的信貸與消費水準會下降,直到經濟降溫。在蕭條或衰退時期,利率會降低,這樣一來消費就比儲蓄更具吸引力,直到經濟升溫(如果真的有必要增加支出,利率甚至可以降至「負」利率,或以功能相當的方式操作。這就是所謂的「直升機撒錢」──只是目前沒有直升機撒錢給我們,只有給銀行)。

在嚴重的危機時期(像是疾病大流行期間),聯準會可以像過去一樣採取不尋常的措施。當它在 2009 ～ 2016 年採取意想不到的量化寬鬆措施時,銀行得到了幾乎免費的「直升機撒錢」。[5] 但如果聯準會打算把免費、多餘的錢投入經濟,它就應該直接對公民帳戶實施「人民的量化寬鬆」。[6] 這樣一來,普通大眾肯定會受益,華爾街則會隨著利益的「逆流」而獲利。

如果通貨膨脹逐漸逼近,聯準會可以採取更猛烈的措施。當美國在第二次世界大戰期間開始大規模支出時,通膨率迅速上升,聯準會採取正確的措施,保持物價的穩定。我們將在第十二章挖掘聯準會的工具箱,但現在,先讓我們先認識一個可用的新工具。如果提高利率還不足以鼓勵人們以儲蓄替代消費,聯準會可以將每個人公民帳戶持有的資金,設定在某個金額的門檻以上。這筆錢仍在我們的個人帳戶裡,按照承諾累積利息。我們確信它很快就能被使用。我們知道,我們只是暫時多存一點錢,以便將通膨控制在一個健康的水準──原則上,這些是我們都支持的理由。我

們也知道，一旦經濟放緩，我們就可以釋出大量被壓抑的消費能力——正好是在需要更多消費的時候。實際上，我們將使「景氣循環」變得「平滑」，這正是貨幣政策的目的所在。

減少對私人銀行的依賴，也會減少公眾對大型機構的曝險，這些機構會放肆的消費或提供信貸。當聯準會在艾倫・葛林斯潘的領導下，完全忽視自己在確保貸款與「投資的品質控制」方面的作用時，「流氓銀行」成了特別嚴重的問題。這反過來加劇金融市場的波動，創造房地產與其他資產價格的泡沫，然後引發災難性的崩盤。除此之外，美國的信貸產生嚴重的配置不當，在更大的經濟體中流向投機用途，而非生產用途[7]——這是難以接受的，甚至是荒謬的。但是，如果信貸被平均的分配給為了生存而花錢的普通人，不是只給為了賭博而花錢的大型投機者，發生這種情況的可能性就會小很多。

資本家可以放心，人們依然會積累私人財富，使用私人金融服務，就像現在一樣。人們可以選擇放棄「公共選擇」，甚至「主動選擇退出」基本收入補助金。將不再會有無限期延長的、貨幣化的、公眾的充分信任與尊重，流向或湧向巧妙膨脹的次級和三級市場——這反倒是現行安排下允許和經常鼓勵的。相反的，公眾的充分信任與尊重只會流向初級市場，也只會流向那些真正需要政府支持的市場——像是房屋抵押貸款、高等教育、小型企業和公共事業貸款。[8]

私人投資者可能會減少投機，增加對初級市場的投資，部分原因是對公共投資的信心增強。與此同時，投機市場（目前該市場中的公共信用貨幣的流動規模，遠遠超過對流動性或避險的實際需求）將成為私人事務。因此，這些市場將會萎縮，大幅降低對更大的經濟體構成的風險。有人會在那裡豪賭，但豪賭的人不會再壓倒我們。

◆ 美鈔的過去就是加密貨幣的未來

有了現有的金融技術，就算去掉中間人，也可以運作得很好。[9] 目前的系統每天快速、有效的處理數以百萬計的付款，可以湊合著用。但如果用聯準會管理的公民分類帳運作全部的事情，還可以做得更好。

許多央行已經在升級它們的支付系統。例如，新加坡在使用分散式帳本技術（distributed ledger technology，簡稱 DLT）方面，已經走在別人前面，這種技術能將同一個分類帳本分散在許多台電腦上。瑞典則準備發行新的電子克朗（e-krona），一種真正的央行數位貨幣──或稱為 CBDC。許多國家都在效仿，或認真考慮這樣做的好處。[10] 聯準會也一樣可以提供「加密美元」或「聯準會硬幣」。事實上，這似乎是不可避免的。

因此，在我們進行升級的同時，我們不妨做一些正確的事情：支付保證收入給每一位公民。

加密貨幣沒有看起來那麼新鮮。美國紙幣與塑膠貨幣的故事，就是我們即將看到的加密貨幣故事的預告。如果你按照第八章描述過的路線來思考貨幣的演變，應該可以預料到加密資產最終會被納入政府管理。如果聯準會真的建立「加密美元」，它大概無論如何都會發生──這是確保我們做正確的事情的另一個理由。

正如第八章所講的美元故事，野貓銀行業時代在 1862 ～ 1863 年被國家標準取代，最終在 1913 年帶來了全面的中央銀行業務。數位貨幣現在正處於它的野貓時代，加密貨幣本質上就是數位版的野貓銀行票據。這兩者有著驚人的相似之處。加密貨幣的種類多到令人眼花繚亂，而且全都是私人發行的。有些似乎多多少少聲譽不錯，其他的就……嗯，就不是很好。它們的價值波動劇烈，無論是相對於它們能買到的東西，還是相對於彼此的價值都是。歷史再次重演。

任何價值極不穩定的東西，都不可能像貨幣一樣長期發揮作用。因此，在數位貨幣有望成為未來之前，必須做出一些改變。但考慮到美鈔的過去，加密貨幣的未來似乎顯而易見。標準化與集中化的時機已經成熟，就像 19 世紀末與 20 世紀初發生的一樣，野貓銀行票據最終會被財政部發行的美鈔取代，接著是聯準會管理的聯邦儲備票據。

不過，與 19 世紀末和 20 世紀初不同的是，就數位貨幣而言，最後兩個階段沒有理由不能同時存在。美國花了五十年的時間才意識到，它不只需要標準化、穩定的貨幣（像是美鈔），還需要完全有彈性的貨幣（像是央行所管理的聯邦儲備票據）。這就是為什麼《聯邦準備法案》比國家銀行、貨幣，以及法定貨幣法案晚了五十年。既然我們已經熟悉這些必要性，就可以期待日後加速學習並同時採用兩者。

聯準會現在就跟世界各地的其他央行一樣，也在尋求升級國家的支付架構。分散式帳本或某些類似的數位技術，在這方面的能力看起來特別有希望。因此，可以肯定，不久之後，全球的支付系統將建立在分散式帳本或類似的東西上。美國將一如既往的在這個派對上遲到；但是，美國很快就會抵達。[11]

到了那時候，美元就會走向數位化。聯準會將會發行「聯邦儲備幣」以及按數字鍵的等價物，就像它現在在發行的聯邦儲備票據一樣。在這個新世界裡，現行大量的「野貓幣」將被趕出市場，如同 1860 年代早期至中期，在國家銀行與法定貨幣法案將美元國有化之後，野貓銀行票據就被趕出市場。它們會逐漸消失在邊緣，被罪犯用來進行非法交易，直到不法之徒被抓起來。

金錢的過去，無論在何時、何地也是金錢的序幕，改變的只是貨幣系統的技術基礎。就目前最先進的數位技術而言，貨幣本身也會走向數位化，但只要它是貨幣，它就會是穩定、有彈性的。這也代表它會是至高無

上的——它將是公共貨幣。再見了比特幣，再見了以太幣。歡迎來到美國，歡迎新的數位美元。

第 11 章

數位時代的銀行與央行

「金錢只是一種記分的方式。」德州石油大亨 H・L・亨特（H. L. Hunt）曾經這樣說過。據說他在 1974 年去世時，被認為是世界上最有錢的人。他也許不是以我們這樣的方式思考貨幣形上學，但是他提出一個敏銳的觀點：**金錢是一種記分的方法**。

想想棒球比賽的記分板。錢就像掛在上面的卡片或閃爍的燈泡。數字不斷調整，這樣每個人都能在得分、壞球、好球、出局時，獲得一致的得分訊息。因此，當我們付款給彼此時，我們的銀行帳戶會同時被記入貸方與借方，就像是銀行系統在運作一個巨型的記分板，而且玩家有數百萬個，他們的分數在全世界不分晝夜、不斷的被調整。銀行（做為會計）則是記分員。

在美國建立全國性「加密美元」的想法，聽起來或許很神祕，這是否是個奇怪且可能有危險的建議，或者在某種程度上違反了事情的正常秩序？有人可能會這麼想。所以，讓我們停下來，退後一步，從哲學的角度來看，這樣也許會有所幫助。它的意思是央行將接管某些基本的記分職責，通過構成所有加密貨幣基礎的「分散式帳本」技術，來追蹤公共帳本上的帳目。這樣我們就能更清楚的看到幕後發生的事情。我們會以符

合民主的透明度「揭開」私人銀行的「布幕」。沒有「奧茲」，只有「我們」。

◆ 公共帳本

當我們想到錢的時候，我們往往會想到現金、硬幣——尤其是印著有趣題辭的硬幣和鈔票。但實際上，硬幣和紙鈔一直都只是記分工具，是社會發展得太大時的帳本替代物，考慮到當時可用的技術，所有的貸方與借方被記錄在一本實際的「帳本」上。金錢始終與「債務記分」有關，無論是在帳本上，還是在記帳木棍上，或者後來的泥板上，甚至可以追溯到美索不達米亞，就像第五章提到金錢的歷史。如果記憶不可靠，某些公共媒介就是必要的。在某些特定的時間與地點，流通的紙幣或貨幣可能是最有用的支付技術，但那些日子基本上已經過去了。現在我們有了電子銀行，它比硬幣和紙幣更清楚貨幣的原始性質。會計，也就是債務記分，始終是錢的所在之處。

我們居然有這麼多記分工具，真是讓人困惑。我們可以明白為什麼有人會專注於那些可以觸摸、可以抓住、可以緊握的工具，因為它們似乎沒那麼抽象和飄渺。但是，是什麼把古往今來各種貨幣的公共表徵聯繫在一起的？**答案是：授權**。硬幣或紙上特定的標記；借記卡有特定的嵌入式晶片或磁條；按鍵的輸入則是由特定的授權人員，在經授權辦公室裡用授權過的鍵盤進行——這些都是正當來源的標誌：承諾是經過正式授權的，任何未經過授權的承諾都會受到嚴厲的懲罰，被視為偽造。因此，現在大部分國家都擁有像聯準會這樣央行形式的貨幣當局，它們決定什麼東西有資格成為錢。

第七章描述兄弟姐妹間的「互助經濟」中，授權是不言而喻的。在小

型、親密的群體中，事情通常就是這樣運作。人們會自發性的相互信任與依賴，承擔並履行對彼此的義務，而且以非正式的方式，甚至僅憑記憶來「記錄」誰欠誰什麼。只有當給予和接受的情況變得愈來愈多、關係愈來愈不親密時，我們才會不再只相信記憶能誠實的計算。這時，公共當局必須進行干預，並正式確定什麼是、或什麼不是法償貨幣。

當我們講兄弟姐妹互相幫助的故事時，他們在廚房選擇一種家庭內部的公共帳本。他們可以發行一種「貨幣」，印出來代表家事分，並直接支付給彼此。或者，父母親也可以在完成特定的家事時，給他們一張收據。一張「完成浴室打掃」的收據，可能相當於一張「完成用吸塵器清理地板」的收據；就像在範圍更廣的美國經濟體中，一張 5 美元的鈔票值五張 1 美元的鈔票。我們將這些貨幣排除在我們的模型之外是有原因的：它們對這個故事來說並不是必要的。當分類帳發揮作用的時候，它們就是沒有必要的，而且無論如何，它們通常不像錢一樣有效。在 19 世紀的美國（你可能還記得第九章的內容），雜七雜八的紙幣缺乏統一的價值在流通，「美元」因此不能勝任當一個良好的、合適的貨幣的任務。只有在美國建立起國家標準，接著成立中央銀行（聯邦準備系統）之後，美元才成為最好的貨幣。美國最終趕上大型、州與州之間的經濟需求。

在小團體中，人們可以互相記分；但在大型經濟體中，這項工作必須委託給第三方。我們常常忽略這個外部記分員的作用。我們太專注於現金的轉手了。但是，由於現金本身通常是從「帳戶」被提取和存入「帳戶」的，所以現金從來就不是真正在流動，真正重要的是幕後不斷變化的「帳戶餘額」。現在我們經常使用信用卡、手機等進行支付，幕後的真相將再次出現在前台。換句話說，我們正在重新學習亞倫、鮑伯和凱瑟琳在互助經濟故事中一直都知道的事情。

我們已經進入一個時代，在這個時代，帳本技術可以輕易的在廣大人

口中被使用，就像在兄弟姊妹的互助經濟中一樣。今天我們付錢給彼此的方式，已經像在亞倫、鮑伯和凱瑟琳之間流動的無紙化貸方與借方一樣。如果，當一個新的公共帳本建立起來，分散在不同的電腦上，我們就會更清楚的了解我們在做什麼。我們將會更清楚的看到「幕後」是怎麼回事。

在民主國家，至關重要的是讓所有公共事務參與者了解他們的治理機構——它們如何工作、它們創立的目的，以及它們內部如何做決策。不該有像《綠野仙蹤》的布幕需要揭開，不應該有高尚的謊言，也不應該有有用的預算迷信；貨幣與銀行業也不例外。但目前的系統很難做到完全透明。如果聯準會在公共帳本上發行加密美元，減少對私人銀行系統的依賴，我們就會擁有一個所有人都能看到的公共記分板。

放心，這不會改變事情的本質。它只會改變我們記錄、驗證，以及解釋義務的方式。錢依然會是它一直以來的本質：債務記分，記錄我們欠對方多少的一種方式。這只是代表在我們都能充分理解的銀行系統中，一個更民主、更公開的帳本，一個大家都能看到的記分板。

◆ 自由與隱私

當然，與「透明度」同樣重要的是，自由也一樣重要。新時代的監視經常威脅到我們的個人自由。但是，新的大型公共帳本也只會進一步侵犯我們的隱私與自由嗎？

在 1950 年代毛澤東擔任中華人民共和國主席的統治期間，人們配戴「毛別針」或「毛徽章」，上面印有共產黨的口號。這顯示對主席的忠誠，也提高了一個人的社會地位。這種別針被授予給表現良好的人，然後開始廣泛流通，幾乎像貨幣一樣。最終，人們甚至可以在黑市上買到忠誠，或者至少是呈別針形狀的忠誠象徵。這些別針是一種記分的方式，是

一個人在社會眼光中所處位置的標誌。

　　如今，中國正在運作一種更激進的「社會信用指數」，對人們的各種好壞行為進行評分。捐血、當志工，以及跟合適的同伴在一起，你就能獲得分數和打折的網路服務、加速的租車服務、還有權利搭乘飛機商務艙或坐火車。如果只顧自己的事情而無視社會信用，你則會丟失分數。你在一個公開的黑名單上，生活就會變得愈來愈困難。當地已有數百萬人被認定「不值得信任」，因此被禁止預訂機票與火車票。新系統於 2020 年推出，目的是讓人民變得更負有義務。正如一位前官員所解釋的，這樣做的目的是：讓「喪失信用的人破產」。[1]

　　在某種層面上來說，中國的社會控制體系，類似於美國金融業的信用評估 FICO 評分系統。這個 1956 年建立的系統（正好在「毛別針」開始流通的時期），人們會根據付款的即時性、信用的使用、信用歷史的長度、儲蓄餘額、以及債務類型等因素，定出「信用評分」。但這不只是一種決定誰可能償還貸款的方式，它也是一種控制我們生活方式的工具。我們最終可能需要為了工作而貸款買車，或是買房做為投資或住所，所以我們的生活是圍繞著保持高分在運轉的──可以說是把高分當作驕傲的象徵，或者當分數下降時感到羞愧。中國的版本對基本自由的干涉與壓迫更多一些。但是，差異主要在於程度上的問題。

　　美國的系統是由三間私營公司（益博睿〔Experian〕、易速傳真〔Equifax〕和環聯〔TransUnion〕）主導。在美國的體系中，美國人除了給予這些公司不嚴格的監管法律之外，沒有其他的控制權。它們在很大程度上影響著民眾的生活。評分可能是隨心所欲的，可能會受到欺詐和「駭客攻擊」的影響，而且民眾很難提出異議。分數愈低，要找工作、買車子、買房子、租房子、或獲得信用額度就愈困難。對於那些分數較低的人來說，他們往往比較窮，汽車保險公司甚至會要求更高的保費。儘管事實

上，一個人的支付歷史跟他的駕駛紀錄、或發生事故的機會根本沒有相關性。

美國的記分方式至少在名義上是由民主方法選擇的，中國的貨幣系統與社會信用指數是強加給人民的。正如我們所見，美元與貨幣主管機關聯準會，終歸也有一個民主的起源——1787年的制憲會議，其次是國會。但是，人們可能會擔心：如果由聯準會管理一個中央、公共的帳本，會不會漸漸把美國帶往中國的方向走？如果政府官員可以直接查看聯準會的帳戶，這與中國監視和懲罰那些被認為「不值得信任」的人，有什麼不同？如果個人自由必須得到保護，私人銀行業務難道不是第一道防線嗎？

不，事實上並不是。自由的主要威脅是來自私人銀行，不是政府。公共銀行業務將提供我們一個真正的替代方案，並幫助它們負起責任。

Fed可以在尊重隱私的同時，輕易的運作加密美元。首先，公民帳戶將只是一個「公共選項」，人們可以選擇不使用。任何人、任何時候，依然可以擁有私人銀行帳戶，因此不會失去自由。公共帳本的交易流程甚至不需要附上個人姓名。一個人名下的公民帳戶可能會被隱藏，因此不會被政府官員窺探——除非有法院的命令。**法官早就可以要求查看一個人的私人銀行紀錄**。近年來，就連以行事隱祕著稱的瑞士銀行，也因執法目的而被撬開。

在這方面，瑞典央行的電子克朗系統提供一個特別有吸引力的模式。為了複製現金交易的匿名性，達到一定克朗金額的交易自然會被加密匿名化。實際上，這是美國現行銀行交易報告法的數位貨幣版本，該法要求銀行只在個人交易超過門檻的美元數量時，才向監管機構報告。

公部門的金融監管機構並不是金融隱私的主要威脅。最主要的威脅是私部門的金融公司，它們藉由收集你的付款與其他金融數據，也就是「採集」這些數據，然後把這些數據賣給行銷公司，以賺取巨額利潤。這種誘

感如此強大，以至於大部分的金融隱私法規必須針對的，不是民主績效責任制度的聯準會或其他金融監管機構，而是這些監管機構所監管的、以利潤為導向的私部門企業。

此外，隨著愈來愈多的交易，從匿名現金轉移到各種網路可追蹤的支付方式，私部門侵犯金融隱私的風險也變得愈來愈大。在這種情況下，我們需要的是將部分銀行業務，從私部門企業（它們必須不斷尋找從人們身上榨取利潤的新方法）轉移到聯準會的銀行業務。**聯準會不僅不會這樣做，而且從法律上來說，它也不能尋求與保留利潤**。把我們更多的資料託付給聯準會，是邁向更多金融隱私的一步。

如果這還不足以平息、並扭轉你對隱私的擔憂，請注意：法定貨幣法將仍局限於我們生產或交換物品的市場關係。它們不會像現行的信用評分、私部門的「數據收集」、以及中國的「社會信用」系統那樣，適用於整個生活，甚至是大部分的生活。如果人們確實使用美元做為非商業價值的標準，例如，選擇婚姻伴侶——那麼無論好壞，這都是個人自由的問題。

對許多自由主義者來說，這個問題更為根本。聯準會已經「太過政府化」了，因此任何新的入侵風險當然都是無法容忍的。更激進的自由主義者幾乎不接受任何國家制度，即使是有民主政府的國家。對那些對盧梭的現代民主願景感到噁心的人來說，約翰·洛克的「自然自由」與「有限政府」則更容易接受。[2]

如果盧梭全力支持民主，個人自由確實在他的故事中沒有太多分量。這是他思想上的一個真正缺陷。然而歷史，毫無疑問的，把洛克與盧梭的見解融入現在所謂的「自由民主」。如今，全世界的民主國家都把個人自由、財產安全、隱私權等擺在第一位。這不只是一種實用主義的混搭。20世紀的偉大政治哲學家約翰·羅爾斯（John Rawls）曾表示，自由在社

會契約論（與盧梭的很像）中可以是至高無上的。自由與平等可以攜手並進。[3]

今天，我們面臨著對個人隱私的嚴重侵犯，而且幾乎是歐威爾式的（譯注：Orwellian，指政府試圖控制人們生活的每一部分）。但「有限政府」並不是解決之道。它只是問題的一部分，威脅主要來自我們資料的自由市場內部——在這個市場裡，龐大的寡占公司透過收割我們的個人資料來賺取利潤，就像大型農業綜合企業收割豬隻一樣。亞馬遜、臉書、推特和 Google 經常收集我們的個人資料，並使用或出售這些資料來獲利。銀行與其他金融機構也渴望參與這個行列。它們當中有些機構正在收購「金融科技」公司，希望避開現有的少數銀行保密法與金融隱私法。

所以，的確，自由捍衛者有很多工作要做——首先，**要控制那些自由市場裡利慾薰心的趨勢**。此時，聯準會發行在公民帳簿上運作的「加密美元」，只會有助於保護我們的隱私。如果我們在聯準會有帳戶，在未經允許的情況下，任何私人銀行都無法獲得我們的金融資訊。我們就能擺脫它們在幕後牟取暴利的行為。

此外，由於人們可以放棄私人帳戶，轉而使用中央銀行業務，私人銀行可能會注意到這點。它們可能會覺得，有必要兌現它們現在違背必須保證客戶資料安全的承諾。沒什麼比競爭更能讓它們誠實了。我們將比較不會受到科技潮流的影響，並對保護隱私的趨勢擁有更多的控制權。

◆ **公民的分數**

不過，讓我們回到最初的擔憂：聯準會的「加密美元」依然很奇怪、有點不自然或不妥，不是嗎？不完全是。從更大一點的角度來看，它一點也不奇怪。私人銀行家的工作，並沒有那些富麗堂皇的建築和衣冠楚楚的

官員所暗示的那樣特別。

對非金融界人士來說，「會計」與「銀行業」聽起來或許很專業，但是我們對它們的了解比想像的還深。它們與我們在家裡、在朋友之間、在鄰居之間、在城市中、在國家中、在國際社會上、在某些宗教、以及在上帝與人類的關係中所做的所有記分一致。「罪過」、「錯誤」或「內疚」這三個詞在不只一種語言中，也被用來表示「義務」或「債務」。我們在幾乎每段關係中，都會各自在帳簿上記分，記錄彼此之間的事情。我們「結算分數」，也許是因為在記帳上的不一致，導致討價還價或爭吵。現在，我們在別人眼裡還出現一種「數位分數」（社群媒體上的追蹤數與按讚數），而且總希望能獲得一些額外的分數。如果你認為你永遠不會做像會計這樣乏味的工作，請再想想：如果你有正常的社交生活，你已經在做這件事了。

在我們的文化中，想要在「分數」上取得成功，萬無一失的方法是獲得金錢：每一美元都是對你有利的一分（只要你的分數到達十億分，當你得到積分的發財機會時，你就能獲得被人吹捧的「億萬富翁」頭銜）。生活中所有美好的事物，像是美、技能、藝術造詣、友誼、基本的禮節、服務他人、以及與自然的交流，我們的文化會以人們的銀行帳戶與資產數字，來幫人們打分數。因此，金錢開發了人類的基本動機。不是貪婪或唯利是圖本身，而是被看到與被重視的強烈需求。如同盧梭所說，我們對自己的愛，是根據我們用他人的眼光給自己的排名──也就是說，是根據我們給自己打的分數，或者猜測別人會給我們打的分數。雖然金錢可以輕易的腐蝕我們，但它也可以做為每個人在彼此與社會上地位平等的證明。[4]

這麼說來，誰會是值得信任的記分員呢？誰最適合做這項工作呢？正如我們所見，私人銀行在記分職責方面做得相當不錯，但至於其他的職責，就沒有那麼好了。但是，記分工作並不是永遠固定不變的。隨著新技

術讓這些工作變得愈來愈容易處理，我們沒有理由不讓公共銀行承擔其中一部分的工作。我們先賦予它們促進良好公共目標的權力，這樣我們就能在它發揮作用時，收回一些權力。

的確在某種程度上，公共機構已經稱得上是公共裁判，它們宣布所有公民都被承認是平等的，至少在某些公民與政治事務上是如此。也就是說，排名是不合適的，或者每個人都有相同的排名——如果你願意的話，就可以並列第一。貨幣體系的核心——保證每個公民的收入——發出人人地位平等的大膽信號，難道不會幫助我們展現出更好、更合作的本性，並重新建立起誠信嗎？難道它不能以一種每個人都能看到的方式來澄清「分數」嗎？

關於人人具有平等尊嚴這些好聽話，只是個好的開始，最好還能夠「以行動證明這句話」。當然，有點錢是件好事，尤其是對那些收入不高的人來說，有了額外、更具保障的錢，勞工們會覺得他們得到更公平的待遇。但是，為了真正讓人們相信他們在社會上地位是平等的，保證收入（由聯準會在公共公民的帳簿上支付）無庸置疑的能傳遞訊息。它能在任何人都擁有的更大的合作關係中，重申每一個公民的基本平等。

通膨問題與
重建金融信任

　　前面已經講完錢是什麼，銀行是什麼，以及它們能為我們做什麼。不可否認，「純粹給人們錢」這個現實世界中的複雜問題被推遲到第四部說明。當在其他方面表現得很理智的人，對金錢方面的事卻感到擔心時，金錢政治的妄想偏執狂風格就會最有影響力。有人可能會問，我們難道不應該擔心嗎？為什麼如此肯定通貨膨脹或債務恐慌，真的可以獲得解決？難道它們不會帶來某些潛在的可怕事情嗎？如果我們不擔心，我們是在無憂無慮的與災難調情嗎？！難道我們要等到為時已晚，才恍然大悟嗎？！

　　別擔心，現在可以把這些擔憂都放下。讓我們從一個最重要的擔憂開始：通貨膨脹。央行真的能夠管理大量投入經濟的新貨幣嗎？接下來會說明，為什麼我們不需要擔心公共債務，以及為什麼我們應該擔心的是糟糕的治理。

第 12 章

消除通貨膨脹的恐懼

　　如果像前面說的那樣，金錢是一種承諾，而且如果政府可以無限制的發行金錢，難道不會引發通貨膨脹的黑暗幽靈嗎？一想到「惡性通貨膨脹」，似乎就會使一些人感到極度恐懼。官員們太用力按鍵盤，一隻「胖手指」按下太多多餘的零，然後事情很快就糟糕了。一旦你超過某個臨界值，通膨就會加速並逐漸失控。我們甚至不知道那個「觸發點」在哪裡！因此，最好「謹慎行事」。

　　的確，人們對通膨的恐懼，足以讓人們對使用稀有金屬這類舊式的金錢識別產生興趣，即使這種識別是「高尚的謊言」或約束的手段，它至少可以防止在過去八十年，摧毀威瑪德國、辛巴威和委內瑞拉的那種「失控的通貨膨脹」。如果我們不再使用那些手段，我們肯定需要類似的東西，不是嗎？答案是沒錯，通貨膨脹固然很重要，但是，我們不需要欺騙自己去遵守紀律──甚至黃金也從來都不是通膨管理的祕密。我們絕對不能允許「惡性通貨膨脹」；我們確實需要可靠的手段來確保我們既不會承諾不足，也不會承諾過多。換句話說，接下來要轉向通貨膨脹（與通貨緊縮）管理這個令人興奮的話題，也是中央銀行（聯邦準備系統）最重要的工作之一。

◆ 通膨與央行的剎車系統

微調貨幣政策很像在當一位負責任的司機。假設你沿著其中一條穿越美國的州際公路行駛。州際公路是 1950 年代期間一項了不起的基礎建設成就，一方面避免二戰後逼近的通貨緊縮風險；另一方面，也為美國有史以來其中一個最偉大的生產力進步，奠定了基礎。如果你按照預定速度沿著州際公路行駛，就像周圍的所有人一樣，那麼一切都會很順利。除非你的車子出了一些問題，或是前面路上有輕微車禍事故或交通阻塞，或者有偏離車道迎面而來的車輛，你卻沒有——「即時」看到。

事實上，不論事故或交通阻塞，這樣的問題都可能存在，但這大概不會阻止你開車。畢竟，你可能在踏出你家公寓頂樓露台的那一刻，就被閃電擊中，但這並不會讓你成為一位隱居者。它只會讓你採取所謂的「合理預防措施」。你會在出門前查看天氣，或者如果知道一場可怕的暴風雨即將來臨，你可能會到地下室躲一躲。

當你在彎彎曲曲的山路上開車，你可能會因為偏離路線而掉下懸崖喪命。如果你在那裡，只差三公尺遠，汽車就會墜入下面的峽谷與河流。迎面而來的車輛也一樣——如果某個對向車道的駕駛，只是方向盤失去控制一、兩秒鐘，然後只向左漂移了三公尺左右……碰，就熄燈了！

也許你會在你的開車白日夢裡思考這些極端的可能性。奇怪的是，世界只需一點點改變，我就會面對突如其來的橫禍。**就差三公尺遠。一切都會結束。然而，即使有這種可能性，也不會讓你停下車，緊靠著路邊的懸崖或州際公路的路肩。**當兩隻手都牢牢的放在方向盤上，你知道怎麼開車，剎車也保養得很好時，你就不會停車。你只要每年都對車子進行「安全檢查」，在長途旅行前「檢查輪胎」，以及在你開車的時候「眼睛緊盯路況」，注意前方的麻煩跡象就可以了。你可以非常安全的開車——可以放心的把性命託付給一輛車，即使只是為了愉快的開車去賞雪。

假設你正在開車，也確實看到這些麻煩的跡象：前面好像在塞車。剎車燈似乎在閃爍。你看到一輛警車和救護車的燈，也聽到警笛聲。在這種情況下，你的反應將取決於前方隱約出現的危險有多遠。

如果問題還很遙遠，你做的第一件事就是油門踩輕一點，甚至可能把腳都放開。如果這樣做，速度似乎還是太快，開卡車的人可能會換成低速檔；開的是自動排檔汽車，你可能就會直接把腳移到剎車踏板，然後你會加大踩剎車的力道——不要踩得過猛（否則會導致自己撞車——追尾事故），但也不要太輕。你要試著像金髮姑娘一樣「恰到好處的」剎車（編按：「金髮姑娘」出自童話故事《三隻小熊》，金髮姑娘不小心闖進了熊屋，在偷吃三碗粥、偷坐三把椅子、偷躺三張床後，金髮姑娘覺得不太冷或不太熱的粥最好、不太大或不太小的床和椅子最舒適；後來被引申為「恰到好處」的概念）。

當然，如果你很晚才發現危險，而且你已經接近危險了，你可能就必須「猛踩剎車」，甚至拉起手剎車。

除非你是那種異常神經質的人，否則你不會這樣做：下定決心再也不要且完全放棄開車或搭車，從此之後只走路到任何地方。你也不會下定決心，在高速公路上開車永遠不超過時速十英里，因為那樣做跟超速一樣危險。高速公路上標明最高與最低限速的標誌，畢竟還是有關鍵性的安全作用。

貨幣可以「移動得太快」——用歐文・費雪的話來說，就是以過高或過低的速度被發行或周轉。有很多方法可以用不同的速度加速或減速，這取決於前方的情況。「往前看」的方法也好幾種，有些就跟仔細看向前方一樣簡單，有些則像雷達一樣複雜，我們可以確定前方「有什麼」，也能知道前方距離「有多遠」。

當提到金錢時，有人在「駕駛」嗎？的確有。我再說一次，這正是聯

準會的職責所在——**穩定物價，正如法定的使命所言**。像任何央行一樣，聯準會有充足的工具，能根據前方貨幣的供給加速或減速，在通縮與不健康的通膨之間引導「恰到好處」的路線。如果你理解通膨與通縮是什麼，就很容易理解那些可靠的工具可能是哪些，以及它們是什麼。所以，讓我們從這裡開始。

◆ 貨幣數量的中庸之道

承諾與金錢會同時帶來通膨與通縮的危險。想想看，你生活中的承諾與計畫，就像我們在第三章建議的：如果太快許下太多的承諾，它們會超出你的兌現能力，人們就會開始「打折」你的承諾。他們不再像以前那樣相信你做出的承諾。另一方面，如果你許下的承諾太少、太不頻繁，你跟別人分享的生活就會更少。在你的生活變得更窮的同時，完成的事情也會變得更少（畢竟，你的勞動契約就是一項承諾）。

太多錢就是太多承諾，太少錢就是太少承諾。不過，多少算太多，多少又算太少呢？再回頭想想汽車的例子。「太快」主要是透過參考前方的情況來了解；「太少」主要是透過參考後面車況與現在獲得的資訊來了解。這兩者的共同之處在於它們的關係特徵——也就是與前面的交通流量和後面的交通流量的關係。

在貨幣領域，重要的是金錢與金錢可購買的東西的關係。什麼是通貨膨脹的美元？就是發行的美元超過美國生產、或提供商品與服務的能力，而且這些美元應該要可以用來購買商品與服務。因此，**有一個很好的通俗定義：「太多的錢追逐太少的商品。」**

另一方面，**「通貨緊縮」是指太少錢追逐太多商品**。這是另一個問題，因為在市場經濟的價格信號中，應該告訴人們生產什麼、生產多少，

並進一步告訴人們聘用多少人、支付多少薪水。因此，價格下跌會導致生產放緩，進而導致裁員和減薪。

請記住通貨膨脹與通貨緊縮的關係本質。這能幫助我們非常清楚的了解，如何制定恰到好處的貨幣政策，並實現眾所周知的「中庸之道」（golden mean）——儘管黃金與此毫無關係。

關鍵是調節承諾的供給——即貨幣供給。聯準會每天都仔細衡量過去、現在、以及預期的價格，確保貨幣不會太多或太少。它同時衡量貨幣供給與可能的商品和服務供給。只要有最好的數據，就會每天、每小時都盡可能以詳細且最新的方式進行——就像開車時會經常查看前方路況，並檢查車速一樣（我們希望你的確如此）。

貨幣與財政當局有很多方法可以完成這項工作。我們可以這麼說，有很多眼睛、雷達、操縱桿和踏板，甚至還有電腦可以分析他們所看到的，並據此做出預測。其中一些工具與方法會是你很熟悉的；另一些工具可能就不熟悉。我們就來看看其中最重要的幾個。

◆ 吸收貨幣

我們先從熟悉的開始。首先要注意的是，提高生產力的財政與貨幣政策，通常不會帶來通貨膨脹。我們上面提過通貨膨脹的粗略定義——太多的錢追逐太少的商品。這立刻就告訴你一件事：有不同的方法能管理通貨膨脹。是錢太多嗎？還是商品太少了？你可以限制流通中的貨幣數量，或者你可以增加商品的數量。「產能」是否未得到充分利用，也就是比現在更多的商品與服務可以輕易的被生產與提供？也就是說，**發行更多貨幣是不會引起通貨膨脹的；如果目標適當，它只會推動生產。**

因此，**當生產力提高時，唯一的危險是通貨緊縮，而不是通貨膨脹。**

只有當生產力成長帶來的金錢上的利益，沒有流向那些會花多餘的錢的人時，這種情況才會發生。當利益廣泛的流向那些會花錢的人時，錢就會在外面追逐商品，助長更多商品的生產——帶來更多財富。

你可以這樣想，正確的政策本身會產生吸收貨幣的手段——更多的商品與服務、更多的真實財富。同時，也會產生為這些改善提供資金的貨幣發行。這在開車的例子上並不是精確的類比，但如果在未來的科幻小說中，你可以想像有一種油門，當你踩下它時，它不僅會加快速度，還會在你前方開闢出一條新的道路——許多公共支出實際上就是這樣，我們稱之為「投資」。

典型例子像是，對基礎設施、教育和研發進行投資，都是提高生產力的支出。它們是「真正的」投資，就像州際高速公路那樣，它們促進了真實商品的生產與有價值的服務的供應。這樣做的話，它們能帶來吸收新支出所需要的東西。因此，既能增加實際財富，也能防止過度的紙上財富——即通貨膨脹。

公共財政（做為公共投資）一直都是這樣，你可以把它當作一條有用的公理。每當在經濟中的一個、或多個領域發現通貨膨脹時；例如，在最近幾十年的房屋抵押貸款和其他金融市場中收到訊號。我們都有證據證明，公認的「投資」並沒有得到有效管理，只不過是被用來投機。這時候事情就不妙了。**問題不在於花了多少額外的錢，而是錢在什麼地方流動。**

◆ 移除貨幣

再繼續來談我們熟悉的貨幣工具。大多數人都熟悉的稅金和債券銷售，它們長期以來一直被用來吸收高成長時期的「超額貨幣」。這正是它們的用途所在。

正如第二章所解釋的，因為貨幣是由全體公民而不是單一公民發行的，主權稅與債券銷售也是公共行為，從來不是為了「募集更多錢」。它們的目的是「降低貨幣總量」，這樣一來，相對於貨幣購買的商品與服務的存量，私人銀行帳戶裡就不會有太多的錢。

順便說一下，這就是為什麼人們有時候會抱怨，發行公共債券可能會排擠私部門的投資，或是稅金可能會「抑制經濟成長」。**這也是為什麼減稅或買回債券常會被說是「刺激景氣」的原因。**在適當的條件下，這些觀察是正確的。但一切取決於實際環境——就像開車時要剎車還是加速，取決於交通狀況一樣。

◆ 課稅與債券的調控

現在，來看一些比較不熟悉的東西。我們應該注意到，債券發行與稅收制度等工具，可以針對特定的通膨或通縮來源執行。金融交易稅（像是諾貝爾獎得主詹姆士·托賓〔James Tobin〕，以及此後的許多經濟學家和立法者所支持的）則有助於防止近年來一直困擾我們的那種金融市場的通貨膨脹——即資產價格泡沫。對成為投機對象的特定項目——例如，17世紀阿姆斯特丹的鬱金香——課徵「增值稅」（value-added tax，或簡稱VAT），作用會大致相同。

債券發行亦是如此。美國財政部已經提供多種不同的此類工具，並按照到期時間與殖利率進行分類。這個分類為政府提供從社會不同領域、從那些尋求短期收益的人，到那些尋求長期收益的人身上吸收貨幣的選擇。這裡的銷售，是交換不可花用的工具，與可花用的、具流動性的工具——美元，也就是法償貨幣。紐約聯邦準備銀行的公開市場操作檯，每個工作日都以這種方式在微調貨幣供給，也就是公開市場操作。它每天利用大量

數據和預測可能的商品與服務購買，來計劃這些操作。相當於你在公路上開的那台汽車車頭的先進雷達。

◆ 管理私人銀行

現在，來看看更陌生的政策工具。我們應該注意到，大部分金融監管可以、也應該被用來防止通貨緊縮與通貨膨脹——稱之為「調節」。

正如第九章所解釋的，銀行透過放款來產生貨幣，其他金融機構也是如此，尤其是那些所謂的「影子銀行」部門。[1] 從這個意義上講，信用就是貨幣，或直接稱「信用貨幣」。這表示，我們對銀行放貸範圍所施加的監管，本質上是對它們創造貨幣能力的監管。[2] 因此，當問題的跡象出現時，我們也可以要求銀行在每一美元的信用中，增加比它們發放的貸款還要多的權益資本。同樣的，我們也可以限制它們能進行哪種貸款或投資，縮小它們的資產組合範圍，這樣它們就不會產生那麼多錢了。

銀行業律師與金融監管機構分別稱這些事情為「資本」（或「槓桿」）與「資產組合」監管。我們最初發展這些監管，是為了防止個別機構與它們的存款人或投資者，遭受過度放款和相關破產風險的影響。但我們現在也用它們來調節整個經濟的信貸總量，被稱為「總體審慎監理」（編按：macroprudential regulation；指針對金融市場安定之監理，與它相對的是「微觀審慎監理」，表示只專注於個別金融業者體質之監理）。[3] 2008 年金融危機之後，它的重新發現是後危機時代的重大成就之一。就目的而言，它是強大的抗通膨與抗通縮的工具，這要再次歸功於貨幣與承諾（即信用）的關係。

◆ 升息

對有些人來說，另一種更為熟悉的貨幣調節工具，是簡單的利率調控。銀行與其他金融機構經常互相借款，它們依據聯準會本身在國內的收費，即聯邦基金利率（Fed funds rate），或是全球大型銀行在國際上的收費——倫敦銀行同業拆款利率（London interbank offer rate，或簡稱LIBOR），來做為「基準」利率。這表示聯準會在美國或聯準會與全球其他央行合作，只要改變這些基準，就可以改變各地的借款成本。基本上，這就是 1980 年代初期，已故的聯準會主席保羅・沃爾克（Paul Volcker）在通貨膨脹似乎（有些人看來）逼近美國時所做的事。

有些人擔心，沃爾克的通膨「治療方法」比「疾病本身」更糟糕。問題在於利率會影響整個經濟——這是一種非常直接的工具，可能會冒著同時壓制健康與不健康的市場活動的風險。我們可以這麼比喻，為了應對腳趾甲長到肉裡，它們可能截斷整條腿。基於這個原因，通常最好是把大幅升息當作最後的手段，並從更針對性的策略開始。畢竟，回到開車的比喻，如果你早點減速或輕踩剎車，就不必在之後「猛踩剎車」，並冒著造成更多傷害的風險。

◆ 關鍵價格的上下限

如果我們現有的工具還不夠，還有其他可以使用但還沒有使用的工具。它們就像額外的操縱桿或踏板，未來可能會被添加到汽車的裝備當中——讓你的汽車飛過意外的障礙，或突然用快速膨脹或柔軟的橡膠保險桿當作緩衝的工具。這樣的工具不只能讓紐約聯邦準備銀行的公開市場操作檯（或其他官方機構），像現在一樣購買或出售不同期限與殖利率的公債，還能購買或出售其他金融工具，以便在具有廣泛經濟意義的特定價格

（例如：房屋、燃料或食物）變得太低或太高時鎖定它們。

　　舉例來說，在聯準會的量化寬鬆實驗中，大宗物資價格最終以損害低收入美國人的方式上漲。本書的作者之一——鮑伯，當時在紐約聯邦準備銀行工作，他提議在公開市場操作中「放空」大宗物資，這會為它們的價格帶來向下的壓力。[4] 然而，當時聯準會並沒有採納這個建議。在一年半之後，聯準會終於做了類似的事情：它承諾通過 QE III，每月買進 850 億美元的房屋貸款相關資產，直到在下跌的房價下方建立一個「下限」。2020 年疫情爆發後，聯準會迅速恢復這些購買行動。未來，如果通膨或通縮在特定市場中出現，聯準會可以做更多的購買行動；如果有必要，會以針對性更強的方式進行。一個政府擁有聯準會規模的資產負債表，就可以對價格產生極大的影響。

　　因此，與其考慮整個經濟體中價格的「通貨膨脹」，不如考慮不同領域的價格上漲或下跌，像是大宗物資、房地產、醫療服務、工資等。[5] 每一項都可以透過聯準會每天獲得的大量資料來進行追蹤。此外，不是每一個商品價格都需要追蹤；只有具系統重要性的那些價格，才會帶來真正危機的風險，或者對人們的生活造成重大破壞。聯準會可以為每一個領域的價格設定一個廣泛的「上下限」，為它們的每日、每週或每月的波動，設定一個下限與上限。然後，它可以透過干預市場（買進或賣出），就像它已經在公開市場上買進與賣出公債一樣，使價格保持在這個範圍內。它每天都以所有人承認對整個系統至關重要的價格——借錢的成本，也就是利息——來執行這個任務。

　　更準確的說，聯準會是如何做到這點的？每個工作日，聯準會官員都會準備一份美國公債的「購物清單」，其他官員在電腦終端前坐下之後，就會按照這份清單，接著只需要輸入數字就可以進行購買了。我們提的建議沒有什麼不同，除了他們在市場上購買的清單更長、更多樣化以外。有

了從各種來源流入央行的海量資料的引導，聯準會可以輕鬆的觀察與追蹤關鍵價格，根據需求推高或壓低這些價格。

這樣一來，它可以減少依賴以不可觀測的數量和理性預期（rational expectations）這類理論結構為基礎的抽象模型。[6] 它應該追求的不是像高等理論物理，而是更像實驗室科學。它可以觀察正在發生的變化，並且即時作出反應，使價格只在預期、安全之內，以及至生產水準時上漲。

◆ 公民帳戶

對抗通膨或通縮的最後一種方法，是在第十章所提出的，以公民為中心的革命性公共銀行計畫。聯準會可以為所有公民設立有支付利息的公民帳戶——而不是像現在這樣，只對特許銀行提供「準備金帳戶」。開立這些帳戶後，民眾將能獲得強大的貨幣調控工具。舉例來說，就像在2008年之後發生在美國人身上的通貨緊縮，聯準會可以將沒有債務負擔的「直升機撒錢」投入這些公民的帳戶中，而不是把錢交給銀行，寄望它們會放款（它們基本上沒有這麼做）。一旦出現通膨，聯準會只需提高這些帳戶的利息，鼓勵人們多儲蓄、少消費就行了。

在緊急情況下，聯準會可以暫時扣押部分資金或計劃存入這些帳戶的存款。大家不必擔心——錢還在那裡，隨時準備著。這些存款可以持續流動，並以高利息成長，就像銀行定存一樣，這筆錢只是暫時不能花用。凱因斯在英國曾提出效果類似的「定量配給」措施，當時英國在二次大戰期間的支出，嚴重威脅到工資物價的通膨。這招奏效了。但如果有適當的遠見，並正確的使用不那麼極端的工具，這種情況只可能會發生在真正的國家緊急情況下，例如：戰爭。這就跟汽車的緊急剎車差不多。如果其他的減速方法都很順利，你就不必使用它；但為了預防起見，它就在那裡。

◆ 公共的保證

儘管聯準會有這些工具可以使用，但緊張的民眾可能還是會擔心，聯準會官員會在我們需要的時候踩剎車嗎？如果央行在貨幣「車輪」的背後，身為乘客的民眾怎麼樣才能放心呢？

聯準會已經開始關心如何維護公眾的信任。因此，它應該提供一種公共的抗通脹保證。怎麼做？它只需預先表態，提前宣布它打算要做什麼。它可以設定它的成長目標，以及為實現這些目標打算採取的措施，或許能以綠、黃、紅「燈」來暗示它的信心程度。隨著事情按照計畫進行，聯準會一直在幫助民眾理解，民眾可以隨時保持「信心」。

假設它們計劃在未來五年裡，花費 10 兆新的美元於綠色能源投資上。**聽起來像是很多的新貨幣**。我們應該擔心嗎？恰好相反。從全部的實際目的來看，我們可以肯定，這不會引起過度的通貨膨脹。從第一年的 2 兆美元開始，檢查一下儀表板，通膨一直很穩定；下一年再多 2 兆美元，再檢查引擎燈，一切正常；再多 2 兆美元，還是沒問題……以同樣小心謹慎的方式，再多 2 兆美元……瞧，花了 10 兆美元！正如預期，沒有出現通貨膨脹的後果，部分原因是熟練的使用通貨膨脹工具。

當數據出爐時，如果有任何跡象表明通膨過高，聯準會可以針對通膨的領域進行公開市場操作，使價格維持在承諾的區間內。如果出現更總體性的問題，它可以提高公民帳戶的利息，以抑制消費。如果前面出現「危險信號」，它也可以簡單的保留或暫時「扣押」一部分存入這些公民帳戶的新資金。如果情況變得更糟，它甚至可以像沃爾克一樣，提高私人銀行利率——但這種極具破壞性的措施，絕對是最後的手段。

◆ 國家為什麼破產

考慮到聯準會龐大的工具箱，我們很容易理解，為什麼美國幾十年來沒有經歷過「商品與服務市場」的通貨膨脹，卻遭受過惡性通貨膨脹——也就是泡沫化，尤其是在金融市場。「通膨鷹派」老是提出的擔憂——又是在講威瑪德國、辛巴威、委內瑞拉——實際上跟美國房屋貸款與金融市場的共同點，多於跟一般商品和服務市場的共同點。讓我們先描述一下美國的情況，然後再討論其他國家。

在美國房屋貸款與金融市場，我們確實看到了通貨膨脹，即使在所謂三十年低消費者物價指數（consumer price index，簡稱 CPI）通膨下的「大溫和」（Great Moderation）時期也是。這是政府官員有意為之的，特別是聯準會主席艾倫・葛林斯潘，他在 1987 年首次由隆納・雷根總統任命，隨後又被兩位布希與柯林頓（Clinton）總統再次任命，一路做到 2006 年。葛林斯潘發現，自 1970 年代中期以來，美國的工資與薪資收入就停滯不前，威脅到消費需求的長期停滯，進而威脅到成長與就業。因此，他利用極低的利率，策劃了一場房地產泡沫。目的是在房屋擁有者當中創造「財富效果」（wealth effect），刺激更多的消費者支出。除了拒絕使用聯準會的新權力來監管房屋貸款，讓人們購買洗衣機、汽車和昂貴的晚餐，似乎也是對新型房屋貸款融資與消費者債務產品，進行超輕型監管的目標。

葛林斯潘高估了新通訊技術帶來的生產力成長，同時他也低估了一個事實的重要性：這些成果不再被分享給一般民眾。這是一個「讓他們吃下債務」的政策方案。它在美國經濟的房屋、消費債務，以及相關領域皆產生巨大的通膨壓力。

更糟糕的是，葛林斯潘沒有意識到金融監管在總體經濟上的重要性。令人驚訝的是，他和其他經濟學家傾向於認為，通貨膨脹與惡性通貨膨脹

只會發生在消費品市場，不會發生在金融市場（儘管聯準會的法定職責一般講的是「價格」穩定，而不是「消費品價格」穩定）。然而，惡性通貨膨脹確實打擊了房地產與金融市場，1990 年代與 2000 年代初期的泡沫與泡沫破裂就是可怕的結果。

這段經歷與其他國家歷史上的通貨膨脹，並沒有太大的不同。威瑪德國刻意膨脹其貨幣，就像葛林斯潘刻意膨脹房地產一樣。這樣做是為了減輕一次世界大戰後，獲勝的同盟國在凡爾賽宮強加給它的嚴厲戰爭賠款債務。凱因斯當時就警告說，這將帶來災難與新的戰爭。唉，事實確實如此。

威瑪德國刻意促成的通膨「失控」，就像 2000 年代初期美國房地產與相關資產價格的情況一樣。德國公司一直依賴美國的貸款機構，它們不得不這麼做，因為威瑪德國的緊縮政策，目的在於遏制通貨膨脹。但這就代表著，1929 年的華爾街崩盤，也摧毀了威瑪德國的經濟。因此，一個留著八字鬍的無名小卒，在 1920 ～ 1932 年期間經常競選德國公職卻被人一笑置之，這時他憑藉著反華爾街的「我早就跟你說了吧」標語，突然變得大受歡迎。

辛巴威與委內瑞拉的故事則很相似。同樣的，它們的貨幣擴張也是有意為之。政府沒有付出認真的努力，用能夠產生吸收資金的手段來提高生產力。在這兩國的情況中，「生產力成長」主要是以資源開採的形式進行——最多只使用到一兩種資源。開採出來的資源主要賣給外國人。於是，外國資金大量湧入這兩個國家，這進一步增加了它們的貨幣供給，但卻沒有被引導到正確的地方，也就是發展生產力的地方。這些額外的錢，沒能在國內找到生產更多商品與服務的行業，沒能讓當地人可以用新的收入，購買這些商品與服務，進而吸收這些新的錢。

這不是不可避免的。這兩個國家都可以從國外進口商品與服務，以減

輕通貨膨脹的壓力（就像廉價的中國進口商品在美國的效果一樣）。不過，可以理解的是，政府當局不願過度依賴進口。如果有發展國內生產的計畫，那會是個不錯的策略（從政者現在最好記住這一點！）。但是辛巴威與委內瑞拉都沒有詳細制定這樣的計畫。它們在複雜的金融監管方面也沒有太多經驗——即使在葛林斯潘領導下的美國，也對此表示懷疑。結果就是強大的通膨壓力。事實證明，這些政府在控制通膨方面，不比葛林斯潘在 2008 年之前控制房地產與相關資產價格方面做得好。

這些都跟貨幣、黃金或其他貴金屬的脫鉤沒有任何關係。那些指著威瑪德國、辛巴威和委內瑞拉，然後說美國應該「回歸金本位」的人，似乎有兩個共同點。第一，他們本身有投資黃金，這表示如果你聽從他們的建議並購買黃金，他們就會變得超有錢；第二，當他們談論石油或鬱金香時（也就是 20 世紀的委內瑞拉或 17 世紀的荷蘭），他們從不談論 16 世紀的西班牙。

西班牙在那個時代也經歷了極大的通貨膨脹，因為它在西半球的新殖民地發現大量的黃金與白銀，然後把這些東西運回國內，因而發生供給衝擊（supply shock），導致這些金屬的價格相對於其他東西的價格大幅下跌。由於這些金屬當時被當作貨幣，因此西班牙擁有太多的貨幣追逐太少的商品，也就是通貨膨脹，就像四百年後的委內瑞拉一樣。因此，因此，其他認真專注於經濟發展及其融資的國家（如英國），放棄了這個作法。

◆ 數字不會說謊

如果你還在擔心美國的通貨膨脹，讓我們來看一些硬數據吧。

在 1980 年代雷根執政期間，數十億美元的減稅流入經濟體。這對消費者價格的通膨沒有帶來上升的影響（不包括金融價格通膨，它確實上

升了）。保羅・沃爾克是 1970 年代終結「停滯性通貨膨脹」的人，他是最後一位看到 CPI 出現通貨膨脹的聯準會主席。自那以後，在小布希執政期間，減稅和戰爭支出就像洶湧的水流滾滾而來——依舊沒有出現通貨膨脹。川普在 2017 年 12 月的減稅政策，又向美國經濟注入至少 2 兆美元——依然沒有通貨膨脹，至少在消費品與服務市場沒有（編按：截至 2020 年的資料）。但直到 2020 年 COVID-19 大流行的「外生性衝擊」之前，我們確實看到，華爾街金融市場的通貨膨脹仍在加劇。

事實上，近四十年來，沒有一個「已開發」經濟體出現過顯著的 CPI 通貨膨脹。為什麼會認為「這次（或這個地方）不一樣」呢？事實上，自 2012 年以來（非官方時間甚至更長），聯準會一直以官方名義宣稱，試圖從 2% 以下達成 2% 的通貨膨脹目標，而且在很多、很多年當中，只在幾季勉強達到這個目標。很明顯的，聯準會「無法讓它上升」——即使在非常努力嘗試的時候也是如此（它是否像里巴將軍所擔心的，已經失去了它強大的「本質」？）。為什麼聯準會這麼努力？因為它知道，通貨緊縮跟通貨膨脹一樣糟糕，甚至更糟。自雷根上任以來，聯準會對於增加金融領域以外的貨幣供給的無能為力，一直是美國最大的經濟政策問題。這樣說來，為什麼會認為事情會突然變得非常可怕，甚至是它在某些時候不得不把價格稍微壓低一點呢？

或者，如果你是「相信市場型」的人，你大可相信市場。從投資者身上可以看出這一點——他們追隨數字，用自己的錢為他們的工作做賭注。多年來，美國財政部一直在發行「抗通貨膨脹」債券（通常稱為 TIPS），以及之前提到的傳統公債。前者價格與後者價格之間的「價差」，實際上是經濟學家所謂通貨膨脹預期（inflation expectations）的一種衡量標準：如果投資者願意為抗通貨膨脹債券，支付比普通公債高更多的價格，這些投資者肯定對通貨膨脹有極大的擔憂；否則投資者不會這麼

做。目前的價差實際上是零——而且已經持續超過十年了。

如果投資專業人士（他們的工作與利潤取決於他們把事情做對）認為，沒有理由購買以 TIPS 形式存在的便宜「通貨膨脹保險」，當美國經濟與其社會和政治結構持續分崩離析時，為什麼美國人想以不作為的形式購買這樣的保險？這是不是有點像因為害怕意外的車禍而拒絕開車呢（即使妻子要生孩子了，或者父母在後座上心臟驟停）？

事實上，如果只是為了保護社會結構，我們認為聯準會應該允許更多的通貨膨脹，以便更多希望發生通貨膨脹的人能夠找到工作。也就是說，它應該顛覆其傳統的「通貨膨脹－失業率」目標。目前 2 － 4 的目標（2% 通貨膨脹率、4% 失業率）將變成它的倒數：4 － 2 的目標（4% 通貨膨脹率、2% 失業率）。為什麼？因為目前 2% 的通貨膨脹目標過於謹慎。即使美國政府很努力，也很難達到！所以只要提高目標，讓人們工作，然後開始賺更多錢，以 4% 的通貨膨脹率為目標，再加上大量的總體支出，也許能讓美國達到這個目標（編按：根據 OECD 的資料，2021 年美國 CPI 通膨率為 4.7%）。

過去，聰明的人認為，低至 5% 的失業率會推動目標順利發展，通貨膨脹即將到來。但由於我們已經看到，失業率在很長一段時間內都遠低於 4%，而且根本沒有通膨趨勢，很明顯的，那些聰明人是錯的。「更多的人可以擁有工作。」聯準會現任主席傑洛姆・鮑爾（Jerome Powell）過去幾年也一直在說同樣的話。他顯然是對的。展望未來，4 － 2 應該才是聯準會的「雙重任務」口號，而不是 2 － 4。

第 13 章

消除公共債務的恐懼

你可能看過那些公布在紐約或舊金山等大城市的「國債鐘」。在 2019 年秋天，其中一個國債鐘顯示：

我們國家的債務

22,780,590,701,324 美元

你的家庭分攤 69,074 美元

這大約是 22 兆美元以上的數字，而且這個數字還在不斷上升中。變化太快，以至於很難得出一個確切的數字。

這本該是個可怕的數字。我們本該相信，不斷上升的國家債務是個嚴重、持續、不斷惡化的問題。如果領導人有勇氣做出艱難的選擇，就應該會採取某些措施。許多家庭得知他們必須承擔的「家庭分攤」（大概是人均）是相當高的 69,074 美元時，會感到特別擔心。他們或他們的子女或他們的孫子，在支付大學學費以及可能在買了公寓之後，哪能拿出這麼多錢來？！很害怕，非常害怕。

但是，讓我們重新標記一下這個告示。我們將數字維持完全相同，只

是改變文字，建立一個更大、更美麗的告示，上面這樣顯示：

我們的私人財富
22,780,590,701,324 美元
你的家庭分得 69,074 美元

哇！太神奇了！這是一個龐大的數字！**看看我們的資產上漲得有多快！我們超級富有，而且一秒比一秒更富有！**人類歷史上最富有的國家，該死的，還有，唉唷，我的家庭份額看起來也很穩定。那些年收入在 5 萬美元中位數或以下且花光所有錢的人，銀行帳戶裡只剩下很少、或幾乎沒有錢，他們得知手上有這筆財富會非常高興！小強尼終於可以上大學，甚至可以買套公寓了。也許他們不再需要租房子，可以付頭期款買套不錯的小房子。但是，等等——如果這筆錢不是已經在一輛車、或房子、或銀行帳戶裡，**為什麼我們沒有看到屬於我們的那筆錢呢？**

第二個告示似乎戲劇性的扭轉了局面；它和第一個告示一樣正確，**它們是完全等值的。「國家債務」是一個與「私人財富」相同的數字。**這兩個數字完全相同，1 美元換 1 美元（至少如果你不考慮外國人持有的美元計價資產，尤其是像中國等政府持有的美元資產——這個問題之後會講到）。

從一些奇怪的「模糊數學」，或少數內行人才懂得財務模型來看，這是不正確的。這是關於美國貨幣的一個基本事實。我們已經注意到：**每一美元或以美元計價的公債，必然同時是政府的負債，又是持有它的一方的資產。**從定義上來看這是正確的，就像一個東西有右邊就必須有左邊；就像一個承諾會把義務帶給某個人（被承諾者），同時也會從某個人（承諾者）身上引出義務。金融家們稱之為「複式簿記」，這涉及到許多的「會

計恆等式」（accounting identities），基本上是你在七年或八年級學到的東西，它被稱為代數。

許多人都有以下的混亂想像：美國民眾擁有許多美元資產，譬如貨幣或銀行存款；還有很多公共債務，譬如政府公債。但是這兩個項目只是分別被扔進經濟的漏斗中——也許有一些複雜的關聯，經濟學家擁有一些相關理論，但肯定存在分歧。這個關聯並不複雜。**負債與資產不只是偶然的關係；基於基本的會計原理，它們必須同行。**也就是說，任何東西都不能當作美元負債，除非有人持有相應的美元資產。在此基礎上，只需簡單的代數就能證明公共債務與私人（或外國）資產是完全相等的，連 1 分美元都完全一樣的數字。

但是，如果「國債鐘」的兩種告示方式的數字都完全正確，實際上只有一種非常可怕的告示出現在城市與網路上。這難道不是公然混淆嗎，也許是故意的？是的。我們是否應該懷疑妄想偏執狂在作怪——甚至可能是個陰謀，由資金充足的政黨，用祕密議程來嚇唬美國（例如，削減老奶奶的福利支票——這通常意味著必須做出「艱難的選擇」）？

也許吧，但不完全是。那些花大錢來維持這些告示運作的人，確實資金充裕，在其他方面也很老練。但許多人相信最初的訊息，是出於被誤導的對公眾利益的擔心。他們是「愛國者」，他們可以學一點會計學。當美國前總統巴拉克・歐巴馬在一片混亂中說，對不斷上升的國債缺乏擔憂是「不愛國的」時，他的本意可能是好的（畢竟，他是一名憲法律師，而不是會計師）。

為什麼有這麼多人會如此困惑，如此無所畏懼？答案可能是，大多數人還沒有機會了解，關於「美元是什麼」這個非常基本的事實。所以我們再重申一次：**每一美元——無論是現金、銀行存款，還是「借回」的美國公債——都是政府的負債，同時也是私人或外國的資產。**國家債務是國家

的私人財富（儘管還要與一些其他國家共用）。

正如第二章提到的，一個主權政府如果發行它自己的貨幣，也只借入或主要借入自己的貨幣，而且不是固定匯率的貨幣，就不可能被迫違約。這樣一來它永遠可以對現在與未來的成員「開支票」。它一直是這樣做的，而且永遠不應該停止。

這會把公共債務變成一個巨大的龐氏騙局嗎？不，它本身就不是。我們完全有理由相信，伯納‧馬多夫（Bernie Madoff）與其他罪犯的私人計畫，最終將以違約告終——這就是為什麼他們是非法的。相比之下，美國聯邦是個不同且獨特的實體。**在創立之初，它被認為是永久存在的，每一代都在為下一代創造義務。沒有最後的清算日，沒有必須償還所有到期餘額的最後審判日。**

是什麼把現在和未來連接在一起？承諾與金錢，包含使社會得以持久的契約或憲法。它們是使社會關係得以跨時間、連續的原因。究竟什麼是承諾，它是一種現在形成、以後再做某件事的承諾嗎？金錢（一種共享的公共承諾）是名副其實將每一代美國人，組成一個被稱為美國的巨大社會關係網的要素，而且持續了幾個世紀之久。

◆ 貨幣的主權控制

如果不可能破產聽起來太哲學了，歷史可以證明這點。美國從來沒有拖欠過債務，一次也沒有——這不足為奇。在對黃金或其他貨幣沒有固定匯率的情況下，全世界歷史上從來沒有一個發行自己的貨幣，且只借入或主要借入自己貨幣的政府，曾拖欠以自己貨幣計價的債務。一次也沒有。

這並不是說，全世界歷史上沒有充斥著「主權債務違約」與隨之而來的一系列人類苦難。只要粗略的瞄一眼萊茵哈特（Carmen Reinhart）與羅

格夫（Kenneth Rogoff）的巨作《這次不一樣》（*This Time Is Different*）（尤其是數據附錄，收錄了中世紀以來的違約），人們就會感到不安。一想到所有的痛苦，多年的痛苦後，就會讓人渴望「健全的貨幣」，像是以黃金為基礎，或渴望一些堅不可摧、完全值得信賴的事物，例如：上帝：或者你知道的，如果不是上帝，那就是文明的神祕形上學的基礎與所有美好、神聖的事物（如果有這樣的事物的話）。

但就像任何數據泥沼（如同在萊茵哈特與羅格夫的書中所描述的）一樣，訣竅在於透過雜音聽到訊號。歷史上公共債務崩潰的恐怖場面中，存在一個明顯的模式：在任何一種情況下違約的政府，要不是沒有發行自己的貨幣，就是沒有只借入或主要借入自己的錢，或是將自己的貨幣以特定匯率與本身以外的東西「掛鉤」，像是黃金或外幣。這是違約的唯一理由——直接或間接承諾支付你自己沒有發行的東西。

這是一個有關主權債務極其驚人、極其重要的事實，不過出於某種原因，這並不能阻止妄想偏執的評論員們在屋頂上吶喊：美國正在重蹈威瑪德國、辛巴威、希臘、或（上一章討論的）委內瑞拉的覆轍！這是一個很容易嚇唬人的戰術——尤其在簡短的專欄或推特上。在其他方面聰明的人不免會使用恐嚇戰術，尤其是當他們不一定注意細節的時候。請放心。

美國的情況與其他國家（例如：希臘）完全不同。自從希臘加入歐元區以來，它放棄了對其貨幣的主權控制，因此確實可能出現在歐元上違約的情況。歐元對希臘來說，就像羅斯福結束國內的金本位、尼克森結束全球的金本位之前，黃金對美國來說的意義一樣。希臘不能直接發行新的歐元，來支付其債務的利息（無論如何，沒有歐洲央行的支持是不行的）。當黃金是一種貨幣的時候，大多數國家都無法直接「製造」黃金（儘管有煉金術師這樣的職業）。因此，在這方面，美國與希臘並不是在同一條漏水的船上。

歷史給我們的重大教訓是，政府不可能輕易破產，它們會努力度過難關——在這種情況下，嚴格遵守嚴謹的平衡預算，將是唯一謹慎的作法。更確切的說，歷史給我們的教訓是，謹慎的政府會意識到擺在它們面前的危險，它們應該努力獲得「貨幣的主權」，讓它們完全控制自己的貨幣與債務。[1] 除非自願，否則它們不會違約，也不應該擔心主權債務違約。它們可以專注於更大的問題上，或者在海灘上輕鬆的度過一天。

　　許多國家已經對它們的貨幣和債務擁有這種控制權，或至少在某種程度上是——包含美國、英國、日本、澳洲、加拿大、瑞士、新加坡和中國。這些國家的官員並非總能意識到他們手中的權力，或者知道如何有效的運用它。許多其他國家的政府（包括許多發展中國家）也能獲得「貨幣的主權」。例如，南非正在討論如何做到這點。

　　儘管如此，現今大多數國家並沒有享有貨幣的主權。不過，每個國家都應該在可能的範圍內，尋求對其貨幣與公共債務的控制。

　　歐盟國家完全放棄了對自己貨幣的控制，轉而採用歐元。在 2008 年的金融危機與歐元區的混亂之後，現在看來這是個巨大的錯誤。現在該怎麼辦？這裡有三個從簡單到困難的好選擇。

　　第一，最簡單的選擇：負責整個歐元區歐元政策的歐洲中央銀行（European Central Bank，簡稱 ECB）可以根據需求，更自由的向各國政府發行歐元。它已經以一種有限的方式實行過一次。當時為了讓希臘繼續留在歐盟，它實際上承諾過在次級市場上支持其債券，讓希臘債券成為確定的東西。規則必須改變，才能經常這麼做。不過原則上，ECB 只需承諾在公開市場上購買歐元區各國政府的主權債券。希臘、義大利、葡萄牙和西班牙實際上有權在需要時創造歐元，就能讓它們對各自的財富擁有更大的控制權。

　　第二，比較沒那麼簡單的選擇：歐元區可能分解成南部與北部，北歐

元區與南歐元區將由 ECB 在各自的資產負債表上並行管理。我們已經了解到，也許南方國家與北方國家的差別太大了，用共同的貨幣是沒有意義的。因此，可以把類似的經濟體分類在一起，並據此分解歐元區。[2]

　　第三，現在也許不可能，但以後可能會實現的最困難選擇：在貨幣聯盟中加入一個財政轉移聯盟。也就是說，成立一個在歐元區國家之間轉移資金的組織，這樣它們能夠有序的管理自己的赤字與盈餘。這就是美國各州之間所做的事。你有沒有注意到，密西西比州的經濟跟加州的經濟有很大的不同，或者紐約州跟阿肯色州的經濟有很大的不同？然而，各州都共用美元。這怎麼可能呢！？為什麼密西西比州跟阿肯色州不像希臘那樣總是負債累累，紐約州跟加州不像德國那樣總是處於盈餘狀態呢？答案是：因為它們與貨幣聯盟共享財政。

　　對有些美國人來說，這可能是一筆糟糕的交易。紐約人或加州人每繳納 1 美元的聯邦稅，就能從聯邦項目支出中拿回大約 50 美分；密西西比人或阿肯色人每繳納 1 美元，就能拿回大約 2 美元。實際上，聯邦會把錢從有盈餘的地方再次利用到有赤字的地方，沒有任何附加條件。歐元區也會轉移資金，但是有附加條件：希臘人欠德國人的債務會增加——他們從德國人那裡借錢，而不是直接從德國人那裡無條件得到錢，就像密西西比人與阿肯色人，從加州人與紐約人那裡得到的錢那樣。這就是為什麼歐元區會出現麻煩。

　　當然，財政轉移聯盟並不容易。首先，成員必須對彼此有「一個國家」的感覺，才能像家庭成員一樣容忍無條件的轉移。另一方面，即使當轉移的「單行道」激起依賴者怨恨成功的施恩者，或施恩者怨恨看似「忘恩負義」的依賴者時，他們也必須保持這種「家」的感覺。美國的財政聯盟經歷了艱苦的鬥爭，也贏得了得來不易的勝利，但即使是今天，它有時也會感到脆弱，尤其是當那些對財政與貨幣問題一無所知、或積極撒謊的

權威們，為了收視率和廣告收入而冷嘲熱諷的煽動情緒時。

不過歸根究柢，美國人似乎更認為自己是美國人，而不是奧克拉荷馬人或奧勒岡人，這讓美國的財政與貨幣聯盟仍然「有效」。歐洲似乎還沒有達到那種程度，所以，它可能必須部分脫鉤，直到它能夠更深入的重新結合——尤其在財政上，而不只是在貨幣上。在沒有財政聯盟的情況下尋求貨幣聯盟，可能是在試圖——結果未能——占據不完全存在的中間地帶。

對有些人來說，這聽起來可能令人失望。單一貨幣聯盟伴隨許多關於統一歐洲的世界性號角。好吧，但是對每個人都更有效的兩個歐元區，會不會是一種失敗呢？尤其，如果被宣傳為在更完整的聯盟成真之前只是暫時的？在這種情況下，稱之為「學習」是困難的。如果你願意的話，可以稱之為「拯救聯盟」（藉由採取部分與暫時的暫停措施）。歐盟留下的將是更多的團結，以及更少的壓力與困難，尤其是對希臘、義大利、葡萄牙和西班牙的好人來說。

開發中國家呈現出它們自己的微妙處境。為了不要太冒昧，我們只能說：每個國家都不一樣，都需要屬於自己的特殊診斷。[3] 例如，許多以法語為主要官方語言的非洲國家，維持著類似歐元的貨幣聯盟，即非洲金融共同體法郎（CFA franc）。非洲金融共同體法郎最初是與法國法郎掛鉤的，在法國採用歐元之後，非洲金融共同體法郎實際上也與歐元掛鉤。

這是個糟糕的安排，可能比歐元本身還要糟糕，因此可能直接解體。每個國家都應該在國際社會的幫助與支持下，發行自己的貨幣、借入這些貨幣，並運作一個獨立的中央銀行。經過一段時間後，每個國家也許會逐漸在財政與貨幣方面成為一體，就像歐洲當初本該做到的那樣。就像美國在很久以前，在一位少有的政治家（在他那個時代，很少人像他一樣了解公共財政）——亞歷山大‧漢彌爾頓的幫助下所做的那樣。

實際上，如果開發中國家主要只借入本國貨幣，會有極大的幫助。[4] 目前，許多開發中國家為了吸引投資者與債券持有人，保護他們免於遭受匯率風險，因此以美元借款並償還。但如果其貨幣兌美元的匯率急轉直下，這個國家本身也會承擔風險。正是如此，亞洲四小龍才會在二十三年前的亞洲金融危機中崩潰了。因此，與其讓這種情況發生，還不如要求投資者與債券持有人站出來，以當地貨幣計價進行投資。當然，風險始終存在。如果這個想法是為了降低風險，並且吸引外國貸款與投資，最好是讓國家經濟本身變成一個好的賭注。不同國家採取的形式各異，也不保證會有簡單的「銀彈」政策解決方案。[5]

◆ 讓美國再次偉大

雖然公共債務聽起來像是一件壞事，或至少像是一件有風險的事情，但實際上它是一件好事，甚至是偉大的事情——漢彌爾頓稱之為「國家的祝福」。這就是美國人所說的財富與繁榮的基礎。最重要的是，它解釋了國家本身如何發展出大量的財富。

自建國以來，美國一直穩定的出現公共赤字，只有出現過兩次盈餘。如果你仔細想想，這很有道理。畢竟，美元鈔票是聯準會的本票，它們是流通的公共負債、債務工具。沒有公共債務，就意味著沒有流通的工具，也就是美國沒有錢。

你不認為對交易量、對促進生產與就業的市場交易，這會產生影響嗎？從這個意義上來說，美國公債就像美元鈔票一樣——和美元一樣，它們是另一種形式的流通公共債務，由財政部發行，就像美元由聯準會發行一樣。唯一不同的是，它們會支付（非常低的！）利息。隨著聯準會現在為私人銀行在聯準會保留的美元準備金支付利息，甚至連這個差額也在

消失。難怪美國公債（市值超過 22 兆美元，是目前世界上最大的金融市場）在金融市場上常常被用於支付——也就是被當作錢使用。

近幾十年來，在比爾・柯林頓（Bill Clinton）總統任期即將結束之際，美國只有實現過一次「平衡預算」，因此發行的公債沒有超過其贖回的量。發生這件事很有啟發意義：市場與市場觀察者們都嚇壞了，更不用提聯準會與美國財政部。為什麼？因為「平衡預算」與「償還國家債務」，意味著最安全的「安全資產」會枯竭，即使整個美國與全球金融市場都依賴它們。而且不只是「玻璃心」的金融學家，養老金與退休基金也依賴美國公債。事實上，所有的金融專業人士都用美國公債當作基準，衡量其他所有可交易資產的價值。美國公債在所有的交易公式中扮演「無風險資產」（risk-free asset）的角色——從資本資產定價模型（capital asset pricing model，簡稱 CAPM）到套利定價模型（arbitrage pricing model，簡稱 APM）。這些公式指引著全球所有金融市場的交易。

所以，當比爾・柯林頓平衡預算時，希望能證明他的民主黨成員，不是共和黨談論的那些令人討厭的「稅收與支出的自由主義者」，而是「在財政上責任」的人，卻也表示政府處於盈餘狀態，但私部門、企業和家戶則處於赤字狀態（非常、非常、非常赤字）。市場理應陷入恐慌。這是非常危險的，一個等待點燃的危險局勢。**企業與家庭本身不發行美元，它們與美國不同，它們會破產。**

2008 年金融危機期間，許多美國公民正發生這種情況。所以，你知道的，另一個十年，另一個善意的總統——這次是歐巴馬，不是柯林頓——沒有注意到關於美元的關鍵事實：**公共債務中的每一美元，都是別人口袋或銀行帳戶中的資產，也就是某人的財富。**政府帳上的每一筆盈餘，都意味著家庭與企業一起面臨著更高的破產風險。

柯林頓是個非常聰明的「三角策略者」，卻讓自己被那些指責赤字的

人困住了。像他這樣的自由主義者必須證明，他們在自己的支出優先事項上的財政責任，而偉大的「赤字支出者」隆納·雷根卻從未做到這一點。但毫無疑問，總統與執政黨真正的責任是，成為美國過去與未來值得信賴的受託人。當一個帶著美國過去最高尚的特徵的受託人，讓美國民眾成為未來最根本的自己。

在這種情況下，私部門因為公部門的平衡預算而破產，曾是、也始終是個巨大的錯誤。如果美國長期這樣做，它永遠不會成為人類史上最富有的國家。此外，除非它學會適應、甚至愛上公共債務，並且妥善運用，否則它將永遠不會再次實現普遍繁榮。

什麼才是「妥善運用」？用私部門的情況做類比，可能會有所幫助——至少如果你仔細解讀的話。先問問自己，你過去借錢做了什麼事，其他人（包含企業）現在借錢做什麼事。如果你擁有或曾經有過債務，大部分債務很可能是為了接受高等教育、買房或買車而欠下的。這些通常都是生產性投資——它們提供方式，讓你更有生產力與更高的收入，或擁有一項長時間下來價值會逐漸上升的有價資產，或者兩者皆是。這表示它們提供能迅速償還債務的方式，因此能進一步清償帳目，再次借款並進行其他投資。私部門企業也是如此，它們借錢是為了更多的生產與發展，如果操作得當，債務就會自行清償。這些完全類似上面第十二章討論的非通貨膨脹的「提高生產力」的支出。

政府發行公債的情況與此類似，只有一個不同之處。當政府進行投資時，它不會像你一樣使用借來的資金；再說一次，它與你不同，**它自己發行錢來當作資金。因此，發行公債不是為了借款，是為了重新收回足夠的錢以防止通貨膨脹。**但請注意，這代表什麼：代表生產性公共投資（會產生更多的商品與服務來吸收花掉的錢）比起非生產性投資，需要較少的公債發行。

並不是因為非生產性投資產生的回報較少，無法償還債務——這只是你個人的擔憂，因為你沒有發行貨幣。**這是因為非生產性投資會加劇通貨膨脹，所以更需要吸收以公債形式存在的超額貨幣。**因此，公部門必須謹慎投資，就像你必須謹慎投資一樣，但它必須這樣做的原因有所不同。你必須這樣做，是為了賺到足夠的錢來「清償」債務；政府必須這麼做，是為了避免必須透過發行更多債務來「反清償」貨幣供給，藉以吸收超額貨幣來抑制通貨膨脹——我們知道，當投資無效時，超額貨幣無法被商品與服務所吸收。

因此，我們又回到把通貨膨脹做為公共支出的唯一限制。如同第十二章的美元一樣，現在是第十三章的公債。關於公共發行的東西——貨幣或債券——沒有破產的危險。這是公共債務與這些債務購買的東西之間失衡的危險。前者相對於後者太多，就會出現通貨膨脹；前者相較於後者太少，就會出現通貨緊縮。當政府支出太少或當政府發行太少時，就會發生這種情況。

亞歷山大‧漢彌爾頓明白這一點。從這個意義上來說，新的美國共和政體受到格外的祝福。**在美國早期，問題始終是錢太少，而不是錢太多。**當貨幣與貴金屬掛鉤時，貴金屬的短缺就意味著貨幣本身的短缺。**由於貨幣是市場交易和刺激生產所需的，流通中貨幣的不足，就表示美國經濟無法成長。因此，美國人才發明了新的貨幣形式。**更多的可用物品（例如：菸草或貝殼）在結算帳目、支付外匯債務，以及履行義務時被接受。即便那些支持英國皇室的優先項目的省政府們反對，有些早期的市政當局還是承認用貝殼來支付地方稅，以確保有足夠的貨幣流通。製造這些特殊貝殼、並在美洲大陸土生土長的居民，被當作貢品徵稅，實際上是被迫為更大的社會生產這些貝殼——在槍口的威脅下，他們被變成了「鑄幣廠」。

最終，殖民者與後來的建國者採取更創新的措施：他們比歐洲國家更

快轉為使用紙幣，正是因為黃金與白銀的短缺才需要這樣做。漢彌爾頓的銀行（在第八章提過）發行了可交易債券——也就是今天的公債的前身，既為投資提供資金，也在羽翼未豐的美國各地傳播一種新的貨幣媒介，最終使這個新國家成為一個工業強國。對任何中央銀行都懷有敵意的南方，成功的推翻了漢彌爾頓的銀行與其繼任者，以及金本位制。如果說有什麼區別，就是限制了貨幣與公共債務的發行。但正如前面解釋過的，這最終帶來一波通貨緊縮危機，導致美國最終還是接受今天所擁有的、漢彌爾頓式的財政與貨幣安排。

如果美國兩百多年的歷史有什麼指引意義的話，我們真的應該更擔心太少的錢與太少的公共債務，或至少是太少的錢流向正確的（有生產力的！）方向，而不是太多的錢。公共債務正是美國集結其豐富資源，在建國後變富有的方式，也是美國在未來能變得更富有的方式。

◆ 赤字的真正問題

不過，在某些時候，美國肯定還是背負太多的債務，對吧？譬如說，債務占生產（國內生產毛額，或簡稱「GDP」）的百分比是不是太高了？

我們在此會這樣回答：你說的「太多」或「太高」是什麼意思？通常人們的意思是，在報紙上看到這個數字時會感到驚訝，甚至震驚，因為，**哇，這個數字是不是有點太大了**？就像日本一樣，債務占 GDP 的百分比為 200%，或甚至是 240%。相當大，對吧？

但如果沒有任何參考點，這種想法基本上是沒有意義的，這個數字本身意義不大。赤字根本不存在「正確的規模」，也不存在一個國家應該致力保持低於、或達成特定的債務占 GDP 比例，這跟貨幣與債務的用途無關，也就是跟生產活動與相關的財富創造無關。換句話說，公共債務的規

模代表的只是真正重要的某件事，某件我們已經非常擔心、超過應該擔心的程度的事，那就是：支出與生產之間的關係，即通貨膨脹與通貨緊縮的進退兩難之境。正如第十二章所解釋的，有了新工具，央行與財政當局就能可靠的管理這兩者。

即使不存在通貨膨脹問題，仍有最後一個值得擔憂的地方。即使在「充分就業」的極限下創造的錢，與富有成效能創造的錢一樣多時，這個問題依然存在：這些錢是否流向正確的地方？公共債務是否以最有效、最有生產力、最公平合理的方式分配？或者，國家積累的債務是被浪費，甚至產生反效果，因為資產被引導到其他地方了？這就是上面提到的公共分配問題。這就像私部門的問題：你應該為了購買與消費大量的香菸和洋芋片，向銀行借錢嗎？購買一輛可靠的汽車或獲得教育不是更好嗎？

在公共債務的狂飆運動中，這才應該是風險所在：效率與配置，公平與分配。我們真的需要另一艘航空母艦嗎？那些消費已經達到極限，因此利用他們剩餘的錢在金融市場上製造惡性通貨膨脹（泡沫）的富人，還需要再次減稅嗎？對基礎設施、教育或綠色能源的新投資，是否能更適當的利用政府發行的錢與「債務」？**是的，生產性支出是明智的支出——既是反通貨膨脹的支出，也是反通貨緊縮的支出。這是恰到好處的支出，而不是黃金支出。**

因此，談到赤字時，請不要擔心。但讓我們借此機會提出一些尖銳的問題：經濟中的剩餘資金，是否在為我們執行它能夠且應該做的好事。換句話說，想想機會成本，而不只是成本。

第 14 章

再次信任央行的承諾

　　所以，公共支出是好的。甚至可以說是很棒的。但是，我們真的能相信那些據說「花錢如流水」的立法者們，能夠抵抗為錯誤理由花錢的誘惑嗎？

　　那些真正的混蛋從政者當然不能被信任，他們應該被免職，或者更棒的是，從一開始就遠離權力圈。[1] 然而，即使你不是一個憤世嫉俗的人，你也會懷疑任何一位從政者，會不會只關注非常短期的民調和即將到來的選舉。我們總是能看到這樣的情況，立法者們經常承諾會「削減開支」，卻又暗中花錢——這對競選捐助者來說太常見了。經濟應該從中、長期角度來管理。但是，如果尤利西斯把他的雙手綁在船桅上，是為了抵抗海妖賽蓮的誘惑，我們能指望沒那麼英勇的「領導者」當選後，能控制他們的貪慾以維持權力嗎？

　　我們已經看過一個傳統的答案：「平衡預算」的宗教。它讓人們相信，1 美元的支出都必須對應 1 美元的稅收或借款，至少最終是這樣。正如第二章與第十三章所表明，這個高尚的謊言已經變得極度有害，對民主本身是一種可恥的威脅。它阻礙我們實現我們的經濟承諾，侵蝕我們對我們的制度的信任，並允許煽動者與獨裁者利用未履行的承諾與不信任。在

很大程度上，正是它丟出這個爆炸性的政治混蛋問題。

理想情況下，我們會有一個運作良好的立法機構。我們可以預期，它將採取更多行動，根據需求調整支出水準，以便在自己管理通膨與通縮的同時，保持經濟處於繁榮的充分就業狀態。[2] 民選的官員會把手穩穩的放在 20 世紀經濟學家阿巴‧勒納（Abba Lerner）所說的「經濟方向盤」上。他們會及時做出必要的調整，而不是表現得好像沒有方向盤可轉動，或是好像轉動方向盤就是獨裁。[3] 另一方面，實事求是的說，考慮到我們已經擁有且能夠期望的立法機構，我們不能指望長期超級熟練的駕駛。我們很可能再次陷入催生煽動者的危機。

幸運的是，這個問題已經有了相當不錯的解決方案：讓一個「獨立」的央行，在短期內負責某些微妙的貨幣任務，並讓它在中期對其決策負責。也就是說，讓它遠離選舉政治的風暴，就像我們對我們的法院所做的那樣（這就是為什麼我們不再擁有以私刑處死暴民的「正義」）。正如在第十二章看到的，一個新的、改善的聯準會，可以直接提供人民有保障的錢，並且可靠的管理通縮與通膨的風險。屆時我們就能真正相信，共同繁榮的承諾會一季又一季、一代又一代的被如實履行。

不過，最近不太流行良好的政府治理，人們可能會真的懷疑，過去的貨幣宗教是否比我們能期待的任何東西更好。就連央行的獨立性似乎也正受到破壞。川普總統在 2018 年一系列氣勢洶洶的推文中（也許背後更嚇人），開始威嚇他自己任命的聯準會主席傑洛姆‧鮑爾。川普希望能刺激鮑爾降低利率和振興經濟，正好趕上他的連任競選。因為，你知道的，良好的經濟成長數字是個很好的政治話題，也會影響選民的情緒。在許多人看來，聯準會似乎屈服了，儘管失業率處於歷史低位，它迫於政治壓力，再次降低利率。[4]

公開批評可以是一件非常好的事情。國際法在很大程度上也是一種

「點名羞辱」，當政府因其糟糕的人權紀錄而遭到「施壓」時，它們就有更好的機會去改善這些紀錄，哪怕只是為了避免國家進一步陷入困境。但隨著時間的推移，當公眾表現出喚起合法、健康的規範或原則時，這種作法就會巧妙的發揮作用。許多民主治理的運作過程，只是透過善意的交換相關的、公開的決策理由（通常在立法機構之外）[5]。因此，當批評喚起規範時，有思想的人會用經過深思熟慮、舉足輕重的理由為原則辯護，尤其是當批評已經獲得重大共識時，官員們可能知道他們真的沒有答案。他們可能會因為站在錯誤的一邊，而感到羞愧與尷尬。除了在萬不得已的時候，他們會抵制無恥的胡扯。

當川普批評鮑爾時（受到獨裁者的威脅），這種威脅是為了選出一個人，並嚇唬他，讓他屈服。川普「需要幫忙」，卻沒有給出好的理由。當川普被要求解釋時，他說「我確實喜歡低利率」，他回避了真正的問題：「那麼，請告訴我，除了在政治上對你有好處之外，**這為什麼對國家有好處？**」記者們知道他們會被搪塞，也許就懶得去報導了。貌似合理的公共政策其實文不對題。

我們希望所有的咆哮都不是真的很重要，希望聯準會不會屈服，而是自己做出明智的決定。然而，即便是試圖糾纏與煩擾聯準會主席，也違反了一個至關重要的原則：**必須讓央行官員在貨幣政策方面，做出他們的最佳決定，不受短期選舉政治壓力的干擾。**川普對鮑爾的攻擊，跟他在法院得到他不喜歡的判決後，對裁判（例如：法官）的誹謗如出一轍。

儘管川普做得過火，但我們在聯準會的「政治獨立」方面，已經擁有一個相當好的系統──雖然算不上完美，但是在一些重要方面是健全的。這種獨立性主要代表三件事。**第一、任命權力：**由行政部門選擇聯準會主席，但任期固定為五年，與政治日程表不一致。如果鮑爾必須擔心不會被川普──一個以報復心著稱的人──再次任命，可能就會影響或破壞他判

斷什麼對國家最好。

第二、國會的監督：國會能夠要求、也確實需要央行為其所做的決策提供公開、正當的理由，儘管是在事情發生之後；事前，則施加了微妙的壓力。聯準會主席知道，他遲早必須在公共論壇上為自己的決斷做出回應。

第三，專業激勵：即使央行總裁沒有直接受制於民選官員，他們也會承受同行的壓力，以及其他央行總裁實際與精確的期望。這些央行總裁在最佳貨幣實踐的發展與改善過程中，會對彼此負責。這些「職業規範」在央行工作中仍然很重要。謝天謝地，它們沒有被短暫的政治或社群媒體一時的狂熱所取代。

◆ 民主問責

這一切都不應該與央行總裁免受其他問責混為一談。不久以前，中央銀行還籠罩在謎團中——獨立性，意味著獨立於幾乎所有的公共監督。在 1929 年股市崩盤後，英格蘭銀行副總裁歐尼斯・馬斯格雷夫・哈維爵士（Sir Ernest Musgrave Harvey）到負責調查事件真相的麥克米倫委員會（Macmillan Committee）接受詢問。以下是討論的過程：[6]

委員會成員凱因斯：英格蘭銀行從不解釋其政策的原因，這是一種慣例嗎？

哈維：給理由是很危險的。

凱因斯：或者，為政策辯護而不受批評？

哈維：……關於辯護而不受批評，坦白說，雖然委員會也許不完全同意，但我們不承認有辯護的必要；為自己辯護，有點像是一位女士開始為

自己的美德辯護。

委員會成員凱因斯當時提出一個，聽起來肯定像是一種全新的、相當「民主」的論點，做為回應：

凱因斯：對其目的保密的政策，難道不是剝奪了我所稱社會集體智慧的銀行嗎？這些問題非常困難，也非常新穎。它們需要透過所有有能力對普通股做出貢獻的人，進行大量的合作思維。銀行的保密政策難道不是意味著，在銀行之外，沒有人可以表達建立在可靠資訊基礎上的意見嗎？

對現在的我們來說，這聽起來像是常識——「蜂巢思維」或「群眾智慧」概念是另一種進步的跡象。央行總裁們為了出於謹慎、科學的理由而迅速做出決定，確實需要在關鍵問題上守口如瓶。**這需要與政治壓力絕緣，但正如我們所了解的，不能完全與相反的想法隔絕**。[7]

即便如此，公共問責制度還不夠成熟。在 20 世紀後半，「獨立性」常被認為是，對據稱沒有主觀價值判斷的技術官僚專家盲目信任。一般老百姓，不關你的事；不要為複雜的事情煩惱你漂亮的小腦袋。接受金錢的神祕性，好好睡覺吧！讓聯準會主席的技術行話成為你的搖籃曲吧！因為不斷上漲的資產價格帶來了「新典範」的美夢和光明、幸福的未來。那些貨幣政策的技術官僚神父，那些在新聞頭條上被尊稱為「大師」的人，他們最清楚金融穩定、就業、工資、或民主信任的下降，會帶來什麼看似不利的後果。

2008 年金融危機之後，神話破滅了。葛林斯潘在 1990 年代被稱為「大師」，當時他彷彿嫻熟的指揮著經濟交響樂。一旦很明顯的發現他只是袖手旁觀，靠盲目相信散戶投資者的審慎及其集體自足在運作，沒有主

觀價值標準的和諧組織形象，很快便不復存在。在經濟學專業人士的鼓勵下，央行總裁們因為缺乏多樣性而陷入了集體迷思。他們太過漠視賦予他們的基本「政治」價值了。他們怎能不對如此嚴重的誤判負責呢？在允許這樣一場肆意破壞的大火之後，怎能不為滿足社會真正的需求而負責任呢？[8]

2008 年，葛林斯潘主席被傳喚到國會做解釋，他在國會上承認自己的想法存在「缺陷」（雖然後來又改口了）。這又是一個進步的標誌。在柏南克主席（2006 ～ 2014 年任職）採取了推動經濟復甦的非正統措施後，他也必須在金融媒體的嚴厲審查下，公開解釋這些措施。央行並沒有做太多它應該做的事情。[9] 不過，持續的公開論政是件好事。凱因斯是對的，**央行政策最好能在陽光下公開的被討論，借助於受過教育的普遍觀點與重要的公共價值。這代表不要把事情交給菁英的陰謀集團，除非受到了解狀況的大眾警惕性的公共監督。**

◆ 央行的改進空間

有了解狀況的大眾嗎？是對於金錢與公共財政的了解嗎？講到這個想法，可能會讓人驚訝或發笑。有關這種複雜的事情，常見的不只是無知或冷漠。除了誠實的意見分歧，那些高尚的謊言與迷信的傳播者們仍在散布混亂。但是，如果有時候能在保密下（或在糟糕、模糊的口號掩護下）做出更好的決策，它們真正的正當理由最終應該拿來教育公眾。這有助於為未來更好的決策掃除政治上的迷霧。**在一個民主國家中，答案不是貨幣迷信，而是希望在合作的金融媒體幫助下，有更了解情況的公眾，做出更好的決策。**正如前面提到的，這就是我們寫這本書的原因。一旦「揭開布幕」，讓人們了解事情是如何運作的，就能看見未來的全新可能性。

「無所不知的聯準會」形象，總是要求銀行業被籠罩在綠野仙蹤的景色之下——也就是宣傳的煙霧與鏡子。或者，你甚至可以說，就是在胡扯。在一個民主國家的金錢健全管理中，這是沒有立足之地的。因此，聯準會也許該在承認與解釋其錯誤上做得更好。

央行總裁們已經投入大量的時間與精力來學習。儘管他們以古板的保守主義著稱，但他們通常很善於找出自己的錯誤，也很善於找到更好的方法——遠比那些固守宏偉且根深蒂固的模型、考慮不周全的哲學觀點的理論經濟學家好多了。央行界應該慶祝他們對學習的開放態度，並更直接的與公眾分享結果；畢竟，他們就像與世隔絕的學者，但也像私部門一樣，對「一般百姓」的經濟發展負有責任（因此，柏南克有一句妙語是「在散兵坑裡沒有無神論者，在金融危機中沒有理論學者」[10]）。如果央行能建立起「擅長在匆忙中學習」的聲譽，這本身就能增強人們對它們的信心，並相信它們的專家證詞。長期下來，這遠比培養出在下次危機之後突然給人無過失的形象更好。

至於其內部學習過程，央行可以透過培養更多的多樣性來做得更好。前面提過，在 2008 年的金融危機之後，紐約聯邦準備銀行擔心集體迷思，因此引進跳脫框架的非正統思想家，引進更多不同的想法與方法，如此一來可以顯著改善學習過程，這通常涉及探索被忽視的可能性。[11]

擁有不同背景與經歷、更多樣化的一群人，可以確保各種重要的價值觀被充分表達。2015 年，珍妮特‧葉倫（Janet Yellen）被任命為聯準會主席，這是邁向性別多元化的重要第一步；2010 年，消費金融專家莎拉‧布魯‧拉斯金（Sarah Bloom Raskin）被任命為聯準會理事，也是同樣的概念。我們可以採取更多措施，引進來自不同社會經濟背景的人，這些人通常比那些接受一般菁英教育的人，更能協調一般百姓之間的問題。另一種確保各種重要公共價值的方法，是經過深思熟慮。

有些銀行家會擔心，許多重要的價值觀，根本超出聯準會的法定任務或專業知識範圍。人們經常認為，與貨幣政策有關的央行，必須避開財政政策與分配任務，因為這是立法機構的工作。從聯準會的法定目標——就業與物價穩定方面來看，這個想法是錯誤的。這兩個目標都被寫進它的授權立法中。它們之間的抵換，尤其是一種價值判斷，實際上就是一種關於分配的判斷。把穩定價格的優先順序放在充分就業之前，因此允許數百萬自願的工人失業，就像聯準會自1980年代以來做的那樣，這是最好的「分配」——遠勝過立法機構做出的許多財政決策。再加上不平等與金融市場的脆弱性之間的緊密關聯，你馬上就會發現，從概念上來說要央行拋開分配的任務是不可能的，就像「把圓變成正方形」一樣。[12]

央行總裁們自然想知道，他們的裁量權限度到哪裡。但當然，任何機構都必須在解釋自己的使命時，仔細的決定自己可以、或不可以涵蓋什麼內容。我們認為，聯準會應該扮演更多分配者的角色，這將使當前的任務延伸得相當遠。但這主要是說，聯準會的工作應該在新的立法中被擴大——正是這樣的立法，可授權第十二章描述的新工具。如果保守派對明確的分配任務非常謹慎，就可以把一些工作交給聯準會的分支機構，它們會按照自己明確、充滿價值的任務，跟聯準會協調運作。

◆ 打地鼠遊戲

當然，即使央行做出健全的決策，更大的金融市場中也可能充斥著混蛋。各式各樣的不當行為，在容易合理化的推波助瀾下，尤其2008年把美國與世界推下了懸崖。許多人仍在抱怨，私人銀行家不僅得到紓困，也從未真正為他們的罪行受到懲罰。即使是公然的違法者也從未被起訴。

當然，即使是在正常時期，聯準會的任何交響樂編排都需要最低限度

的合作，甚至在所有貪婪的賺錢之間也是。在「貪婪是好事」的文化中，賺錢成為美德的標誌，只要提到監管，就會讓銀行家們勃然大怒，因為他們覺得自己不被賞識——難道聯準會沒有受到限制嗎？[13] 這難道不是被迫聽從那些混蛋資本家的命令，而不以某種方式約束那些金融市場的混蛋嗎？

如果聯準會並不是無所不知，它當然也不是無所不能的。在公私協力中，它依賴金融市場，就像任何交響樂團指揮依賴音樂家一樣。但金融監管機構可以約束不好的行為，這樣金融市場就能實際達成其預期目的，讓每個人都受益。

首先，我們有傳統的金融監管。無論刑事處罰的優點如何，監管機構都能夠也應該起訴「壞銀行」。舉例來說，富國銀行從自己的客戶身上進行大規模的竊取資料。[14] 不當行為的罰款並不是那麼有效，而且可能被視為「商業成本」，而不是威懾。罰款的負面報導也許是更好的威懾——儘管如此，罰款必須夠令人瞠目結舌，才能成為新聞。

更有效的威脅是撤銷執照。[15] 用達摩克利斯劍（sword of Damocles）**懸在他們的頭上**（編按：代表擁有強大的力量，卻也得時常害怕被奪走。表示時時存在的危險），讓私人銀行家知道，他們正面臨被逐出金融特許經營的風險。公眾託付銀行創造貨幣的強大力量——憑空創造真正的美元，因此，公眾也有權利取消許可，迫使不合作的銀行家們另謀高就。驅逐的威脅必須是可信的。劍應該偶爾被放下（不如就從富國銀行開始）。**讓銀行家們知道，公眾是認真的。**

新的監管規定對解決更大的系統性問題也大有幫助。我們可以終結「大到不能倒」的機構，將銀行業與投機完全隔離，並實施其他總體審慎的措施。至於如何將銀行業務與投機分開，在第十章概述的聯準會公民或居民帳戶，能把許多普通存款從私部門銀行的資產負債表，轉移到聯準會

的資產負債表上。這樣將能立刻分離存款功能與投機活動——比 1933 年具有相同目的的《格拉斯－史蒂格爾法案》（Glass-Steagall Act）效果更甚。反過來說，就總體審慎監管而言，第十二章描述聯準會直接對敏感市場的價格「設定上下限」，會比目前採取的任何措施都更加有效。其餘部分，使用 2009 年以來充實的工具應該足夠了。[16]

監管從來不會是完美的。私人公司常會運用許多的狡猾和創造力，迅速利用最細微的漏洞或模稜兩可的地方。憤世嫉俗者的人會說，這讓監管變得毫無意義。規則永遠不會被完全遵守，又何必白費心思呢？

然而，規則通常會是、也應該是直截了當的。它們應該要沒有例外、沒有含糊不清的措詞、沒有細微的差別。它們似乎被自己粗魯的對待了，是的，它們很容易在專欄裡被大肆批評。人們總是可以在這些規則之下，指出一些看似合法但又不能怎樣的事情。你看，又一個非美式統治入侵金融的自由，不管公共利益如何！

但實際上，直截了當的規則更難作弊，因為當中可利用的漏洞更少。每個人都能更有把握，作弊行為是被置於邊緣地帶的。此外，如果這些規則確實得到良好的遵守；例如，抑制或孤立無效的投機行為。如此一來，它們就達到促進公共利益的目的。

至於監管機構，其職責不僅僅是執行這項或那項規定。它在面對新的規避或套利策略時，要持續玩「打地鼠」遊戲。當私人公司想出一個聰明的新策略時，它的工作就是學習與適應新情況。監管機構無法一直都領先一步，但畢竟，這是「警察抓強盜」的遊戲；也就是說，執法是為了公共利益。

◆ 錯誤的選擇：監管 vs. 自由

對許多人來說，若不是「政府管制」，就是「自由市場」。我們被引導成，認為自己必須在兩者之間做出選擇。你是支持自由市場的「資本家」，還是支持由上而下監管的「新政自由主義者」或「社會主義者」？選邊站吧！

但實際上，只有一個選擇──市場－國家平衡，兩者之間的平衡更為重要。本書想傳遞的主要資訊之一是：我們沒有被迫在「監管」與「市場」之間做出選擇。**因為央行可以當一個市場參與者來塑造市場行為，不只是當一個確保市場公平運作的警察。**我們已經多次注意到，聯準會已經在公開市場操作中買進與賣出資產。這些交易是由公債指定銀行居中處理的，因此買方與賣方通常不知道他們在與央行進行交易。然而，聯準會本質上就像市場的另一頭「鯨魚」，由於轉手的金額非常大，因此可以透過它們的行動塑造出價格與市場激勵。

聯準會也可以用更加穩健的方式做同樣的事情。雖然任市場自由發展，貪婪與短視的投機行為很容易將經濟推向危機，但聯準會可以監控形勢，並搶先阻止金融價格與其他價格的泡沫。它可以把銀行家與投機者，從他們自己的手中拯救出來，也把其他人從他們正在製造的災難中拯救出來。

聯準會在我們提出的「公共銀行選擇」中，也是直接參與者。聯準會可以直接透過鍵盤，把錢放進公民的帳戶，然後公民就可以從這些帳戶取得一定金額的錢，進行美元儲蓄與消費。正如前面解釋過的，民眾就不會被迫與私人銀行做生意。民眾的存款（聯準會的負債）也不會再與投機性資產配對，因為聯準會不會為了獲利而進行這些交易。無論是在我們共同的、抑或各自的能力上，我們都有一個更安全的選擇。

透過聯準會的行動，可以幫助私人銀行保持誠實。在沒有直接監管的

情況下，公共銀行實際上可以為服務與隱私設定一個基準。然後，私人銀行將不得不提供類似的服務或隱私，才能在市場上競爭。小小的競爭有什麼不好？因為民眾可以自由的選擇公共銀行業務、私人銀行業務、或兩者兼具的某些措施，我們將會看到更多的自由，只要我們認為合適。

第 5 部

新的社會契約與
經濟前景

　　一種新的社會契約是可能的，也是必要的。我們擁有錢，是因為我們擁有承諾，還有管理這些承諾的可靠方式。不過，新的社會契約應該承諾什麼呢？至少，它應該為每個人的生活與生活的環境，承諾一個更加繁榮的未來。

第 15 章

四個承諾：
收入、工作、財富和休閒

　　有錢的投資者擁有多樣化的、有價值資產的投資組合。所有的市場漲跌，在晨間新聞上讀到的數字，通常暗示著至少在四個重要領域，他們擁有好運：增加的收入（雖然他們也許不需要）、有意義的工作、積累的財富、以及大量有趣的休閒。我們完全可以理解，為什麼富人會對整個資本主義民主共和國的安排，感到相當滿意。

　　但承諾與希望不應該只屬於他們。每一位公民，也就是讓如此大量財富得以實現的人們，也應該有屬於他承諾的「投資組合」。在此，指的是對生活的四個面向做出公共承諾。

　　收入方面：每個人都能以基本收入補助金、或工作保障、或兩者兼具的形式，獲得一份保證收入或能賺到保證收入的方式。每個人的收入將變得更有保障。這本身不只是很棒，還能提高整個經濟體的工資水準。私人公司將不得不藉由提供更高的工資與福利來競爭人才。工作者們將會獲得曾經有過、但已經將近五十年沒有見過的加薪。

　　工作方面：保證工作可以更靈活，甚至是可以兼職。這也能鼓勵私人雇主減少工作時間、提升靈活度，就像有些雇主已經開始做的那樣。這會有助於縮小男性與女性之間的薪資差距，花在工作上的時間會更專注、更

有效率、更有活力、更愉快。

財富方面：工人可以透過資本撥款與其他措施，獲得更大的資本分配。每個小孩可以得到特定一大筆可觀的錢，在他們十八歲時可以自由支配。這筆錢可以用來支付更多的教育、學習一門手藝、或是創業。也許，只是也許，可以讓更多人進入創業階層。

休閒方面：有了更穩定的收入、更短或更靈活的工作時間，每個人就可以在工作之外的時間，享受更有意義的生活——無論是服務他人、參與政治、熟練的嗜好，或者只是更輕鬆與他人、與大自然和諧相處。

某個跟這些承諾很像的東西，曾經被稱為「美國夢」。在第一次世界大戰結束後的幾十年裡，隨著傳說中的經濟繁榮浪潮的興起，加上新的、更短的每週工作時間，人們覺得光明的未來就在眼前，而且已經開始了。可惜的是，這種情況並沒有持續下去，對大多數人來說都沒有。但這並不代表現在不可能發生，遲到總比不到好。

親愛的讀者，我們希望你現在能明白，**我們真的可以為這一切「買單」。每一個美國人真的可以享受一個更新與升級、為 21 世紀重新設計的「美國夢」**。美國有錢；只要民眾有足夠的勇氣去選擇，在經濟上是可能的，完全可能的。

金融不是政治哲學。我們「能」做什麼跟我們「應該」做什麼，是不同的問題。但是，如果我們真的能為所有人更好的生活提供資金，為什麼不去做呢？！為什麼不實際履行美國最好的承諾呢——因為它們是承諾，而且美國一開始就有很好的理由做出這些承諾。為什麼不做點正義之事，向世界表明，美國對自己在道德與財務上都很富有的形象，不是一種幻覺，而是一種預言，是美國未來的現實？！

◆ 第一個承諾：保證收入

支付「基本收入」給人民的想法，通常被認為是可笑的烏托邦。在資本主義的美國沒有免費的午餐，對吧？對另一些人來說，些許的基本收入支付更是遠遠不夠的，這只不過是矽谷大亨們為了拯救資本主義——或者從極度饑餓的大眾手中拯救他們自己的最後一搏。

最近，在芬蘭等國家和加州的斯托克頓等城市，有許多關於基本收入支付實驗的新聞。有人可能會認為，直接給人們是未來的方式，尤其是如果你想得遠一點：機器人或人工智慧「來搶我們的工作」。當貨車完全自動化後，大量的貨車司機該做什麼？安裝太陽能電池板嗎？無論如何，現在找份好工作沒有比以往更難嗎？[1]但很少人意識到的是，免費的午餐是當下在做的事，免費的午餐已經開始供應了，只不過份量少得可憐。

尤其有一個國家在允許巨大的不平等方面，遠遠落後於其他工業化國家，這個國家以對「自由市場」的熱情，以及對寧願在馬里布整天衝浪，也不願做一份兼職工作的懶惰、無用、喜歡白吃白喝之人的敵意而聞名。然而，幾十年來，它一直在發放免費的錢；近五十年來，它一直在保障人們的勞動收入達到一定水準。如果你的年收入低於一定的水準，你就能免費從政府身上獲得支票或電子信用卡形式的錢，不會被問任何問題。我們說的這個國家，並不是那些人們說自己非常幸福的「社會主義」北歐實驗國家之一——不，就是唯一的美國，在給人們免費資金的目標中，那個堅毅的先鋒。

如果你住在阿拉斯加州——提醒你，阿拉斯加州趨向於保守與共和黨。截至 2015 年止，你每年可以得到 2,072 美元；這是你從聯邦政府那裡得到的所有免費收入以外的金額，而且不必被問任何問題。自 1975 年以來，美國聯邦政府一直在以勞動所得稅收抵免（earned income tax credit，簡稱 EITC）的形式，發放無需承擔債務的現金，並在 1990 年代

大幅提高這項抵免。

起初，自由主義經濟學家海耶克（F. A. Hayek）與米爾頓·傅利曼提出「負所得稅」（negative income tax）的想法，共和黨總統理查·尼克森支持這項國家稅收優惠，並在其繼任者傑拉德·福特（Gerald Ford）總統的領導下，制定成為略有不同的 EITC，在其減少貧困的預期目標上產生神奇的效果。與一般不同的是，極端貧困率在隨後的幾年內急劇下降。即使是現在，EITC 仍然得到兩黨的支持，也許比任何社會保險計畫都還要多。

在這裡，一代又一代的右派與左派思想家，都能宣稱自己取得了些許的勝利。右派的支持者如海耶克、傅利曼、查爾斯·默里（Charles Murray）等人，以及左派的支持者如湯瑪斯·潘恩（Thomas Paine）、馬丁·路德·金恩（Martin Luther King Jr.）等許多人，都發現自己站在同一個獲勝的陣營。考慮到最近美國政治的分裂與部落性，這是相當了不起的。這是左派與右派給予人們「免費東西」的想法（或者更確切的說，是不附帶任何條件的用現金購買東西的想法），帶來的絕妙勝利。

當然，EITC 支付怎麼算也不算多。美國對自由市場紀律的承諾，意味著**你確實得到了免費的東西，只是不多**。除非你已經很富有——在這種情況下，免費的東西會源源不斷的來。如果你很窮，在你不再有資格獲得免費的錢之前，你在特定一年中可以不需要賺很多錢。之後，你就得靠自己（直到你變得非常富有為止）。不管怎樣，你必須工作。如果你不工作，可能還能獲得其他福利，但這些福利可能會很難得到，需要等待好幾年。

不過，這些都意味著，不應存在支付保證收入是否可行這種嚴肅的問題。某種程度上，保證收入的概念並不是烏托邦，它已經存在了。所以，如果現在有什麼問題需要思考的話，**只有發放免費的錢應該採取什麼形**

式，而不是問一開始是否就要這麼做。把錢塞在信封？還是直升機撒錢？

有些人擔心，如果提高收入，現在做三份工作的窮人，會突然整天待在家裡喝得酩酊大醉，或者在沙發上亢奮，而不會為了花更多的時間陪伴家人，而減少成只做兩份工作。因為你看，除非他們受到貧困的威脅，否則他們會很懶惰、不值得憐憫，可能會花時間在「狗屁工作」上，遠離家庭。[2]

實際上，只要收入穩定一些，有些人就會減少低薪工作。但最近的實驗表明，平均而言，人們繼續工作的情況和以前差不多，但是壓力變小了。那些薪水更高的全職工作，可以享受週末休息與令人輕鬆休假兩週的美國夢了。這難道不是夢的主要部分嗎？

戰後每週工作 40 小時的承諾，幾乎已經不復存在了。現在，美國人平均每週工作超過 40 個小時，工作時間更長，但工資相同，這相當於時薪降低。儘管官方承諾每年有兩週休假，但他們每年平均只有一週的休假；另一方面，歐洲人享受超過四週的休假。他們沒有從大約五十年前許下的承諾中受益——那是在隨後國家財富增加、技術突飛猛進、以及工人生產力激增之前。這些趨勢聽起來很棒，但在同一段時期，工資卻處於低水準。在近半個世紀沒有真正的工資成長之後，我們可以理解為什麼人們會懷疑，共享繁榮的絢麗承諾是否能得到兌現。

在這種情況下，任何一個優秀的會計師都會問：好吧，考慮到拖欠的款項，用什麼來彌補差額呢？嗯，首先，可以支付人們基本收入，比如說，保證每個月 1,000 美元。當然，現在說這個是有點晚了——五十年，相當於許多人的整個職業生涯。許多在美國的承諾下，辛勤工作了他們整個成年生活的人，現在只能靠社會安全制度在貧困中生活，而且時至今日他們也無法重返工作崗位。但從基本收入補助中獲得的額外的錢，肯定有助於支付醫療與照護費用。俗話說，種樹最好的時機是五十年前；第二好

的時機是⋯⋯今天，在下一個五十年悄然流逝之前。

　　似乎已經可以聽到權威人士插嘴說：「聽起來真不錯，但你要怎麼支付這筆錢呢？」他們的具體意思是，**用誰繳的稅來支付這些費用**。民主黨總統候選人楊安澤（Andrew Yang）在他 2020 年的競選中，一直被問到這個問題。他為全民基本收入進行遊說──被宣傳為資本主義社會生活產生的巨大收益，所帶來的全民紅利。他的回答是：徵收新的稅款，以抵消基本收入補助的成本。令人失望的是，這又相信了舊的平衡預算神話，也陷入認為必須用稅收支付所有好東西的陷阱。不過話又說回來──你也知道會有什麼反駁出現：你不能提高稅收，所以你無法擁有美好的東西。你這個不願工作的懶人，最好忘記「免費的錢」，繼續尋找更好的工作。

　　的確，即使必須用稅收來支付基本收入補貼──儘管事實上他們不必──也會有很多相當不錯的選擇。國家可以課徵消費稅，就像歐洲的銷售稅（增值稅）一樣，這是提高巨額收入的一種久經考驗的方式。或者，你可以像諾貝爾經濟學獎得主詹姆士・托賓所建議的那樣，對華爾街的投機行為課稅。絕對不需要提高所得稅，美國人似乎不太喜歡。**美國可以像支付所有的航空母艦和戰爭費用一樣，用同樣的方式支付基本收入：只要做出決定，透過花錢來創造金錢，並允許央行管理所有通貨膨脹的風險就行了。**

　　聯邦準備系統在這方面已經做得很好了──事實上，是做得太好了。透過一些新的政策調整，它甚至能更可靠的控制通貨膨脹。正如第十二章所解釋的，即使有大量的新支出，央行也能夠將通貨膨脹控制在一個健康的水準。從技術上來說，沒有理由不允許央行每個月直接付錢給人們。任何通貨膨脹或通貨緊縮的風險，都可以透過調整公民帳戶的利息來解決，如果有必要，還可以實施臨時性的凍結（「扣押」，同時我們也在收利息）。

所以，如果我們認為這是個好主意的話，**保證收入就是可行的。問題不在於技術上的可行性，而在於它是否是一個好主意——即正確、正義、最好的前進方式。**你會問，我們為什麼要做如此瘋狂的事？原因有很多。首先，保證收入會讓那些飽受五十年工資停滯之苦、辛勤工作的美國人，有一點喘息的機會。這將有助於彌補五十年來未能兌現的共同繁榮的承諾。好人的壓力會更小，有更好的機會與更多的自由，也會覺得自己得到更公平的待遇。也許，只是也許，他們會花更多時間陪伴小孩、待在家裡，或者在湖邊或沙灘上度過美好的日子。更多不斷在工作的人可以嘗到美好生活的滋味，就像富人一樣。因為在一個共享的共和國裡，人人都應該是平等的。

◆ 第二個承諾：工作

現代貨幣理論的支持者，以及在他們之前的許多人，包括科瑞塔·史考特·金恩（Coretta Scott King）、海曼·明斯基和賽迪·亞歷山大（Sadie Alexander）[3]，長期以來他們一直在爭論，每個願意工作的男人和女人，都應該被保障擁有一份薪水體面的工作。失業者（此處被定義為尋找工作的人）通常已經在公部門領取失業或其他社會福利，即更多免費的錢，且沒有任何附加條件。因此，有人會爭論，假如他們已經領取公共失業救濟金，為什麼不讓他們工作呢！有自尊心的美國人不會為此抱怨嗎？

因此，如果氣候變遷是一個問題，政府可以安排人們接受安裝太陽能板的培訓，或者為那些對太陽能板的選擇感到困惑的人，提供客服中心支援。即使是海邊的衝浪者，考慮到他們對激流之類的知識，也可以幫忙做救生員的工作，並從中獲得報酬。只要人們還在找工作，就有很多工作要做，沒有任何理由不給這些人工作，哪怕只是一份「過渡性工作」，然後

再回到收入更高的私部門工作。這種觀點認為，失業是一種不必要的罪惡，我們應該透過制定一個新的就業保障計畫來結束它，或許這是綠色新政（Green New Deal）的一部分。

我們同意。不過許多 MMT 支持者認為，這表示我們不應該擁有基本收入補助。對他們來說，只能擇其一——工作保障，或基本收入補助；不能兩者兼得。但為什麼不能兩者兼得呢？為什麼那些處於困境的工作者，不應該同時擁有一些保證收入與一份工作（如果他們願意的話），以便將他們的收入「補足」到一個合理（儘管相對較低）的水準呢？

MMT 支持者不會說，因為負擔不起，因為缺乏稅收。他們在這點上，與我們的看法是一致的：稅收不像一般人假定的那樣，用來支付公共支出。不過，有些人確實說過，基本收入會引起通貨膨脹。如果人們失業在家更舒服，公司就不得不提供更高的工資，吸引他們加入勞動人口。當公司為了這些人相互競爭，薪資就會被推得更高。這表示工作者平均而言將有更多錢可以花，然後花掉這些錢，導致物價上漲與不健康的通貨膨脹。

另一方面，對他們來說，工作保障不是通貨膨脹——至少只要保證工資夠低，就不至於把人們從私部門吸出來。它高到足以讓人們去工作，但又低到不會抬高私人企業提供的工資，所以不存在通貨膨脹風險。你把人們從沙發上拉起來，但仍然給他們去私部門工作的理由，因為薪水更高。

我們贊同工作保障。這是個好主意。為什麼每個願意為體面的工資而工作的人，無法做到呢？為什麼你的謀生能力要取決於某個有錢人是否願意請你，就像中世紀農民的吃飯能力，取決於地主是否願意讓他當佃農一樣？還有什麼比以微薄的工資為他人生產商品或提供服務，更符合美國人的呢——偉大美國人的自我犧牲精神！我們不太明白的是，為什麼這也排除了支付基本收入補助。

只有當你沒有充分認識到央行的力量，以及（如果有必要的話）做為補充的抗景氣循環財政政策時，這看起來才像是兩難。聯準會確實能夠控制任何通貨膨脹趨勢，至少有像第十二章描述的新工具。如果央行的工作與財政政策得當，基本收入不會引發不健康的通貨膨脹。

所以，如果人們願意工作，就讓我們確保他們無論如何都能工作。讓人們為公共利益服務！創造就業機會！但不管一個人是否能夠、或願意在這個人生的特殊時刻，考慮到他們的孩子、他們的學校教育、受傷，或創造性的計畫，我們也要確保他們有足夠的錢能生活。畢竟，這對美國來說毫不費力，只需命令央行按下按鍵，將一些錢存入這些人的銀行帳戶就行了——至少每個月 1,000 美元。

◆ 第三個承諾：財富

生活不需要、也不應該是繁重無聊的重複性工作。你應該也有能力積累、成長、以及儲存「儲備金」——為你的小孩、你的退休、你的下一個新事業，或其他任何事情。這也是美國夢的一部分，這是共和主義者傳統的一面，但許多美國人似乎已經忘記了。在美國的開國先烈們打算複製前帝國的羅馬理想中，政治組織的公民擁有自己賴以生存的基礎；例如，為農家提供的小農場，為工匠提供的工具等。這種思想認為，經濟上自給自足的人是理想中共和政體的公民。他們還沒有絕望到可以被賄賂的地步。他們都擁有共和國整體的「公共福利」——即共同財富的一部分。

這就是湯瑪斯・傑佛遜（Thomas Jefferson）等人所說的「強健的自營農民階層」背後的想法。在亞伯拉罕・林肯的偉大演講中，談到關於美國勞工擁有自己的工具和工作場所，裡頭就充滿了這個想法。這就是為什麼，早期的美國共和國在政治與經濟上都做得如此出色——至少如果你是

一個白人，你是被允許擁有財產與其他生產性資產的人。但如果認為這都是私人行為，那就大錯特錯了。**這是使私人行為成為可能的公共行為**。看看從建國至今無數的聯邦政策就知道了——例如，包含土地改革與 18 世紀後期的西北律令（Northwest Ordinance）、1860 年代及之後的宅地法（Homestead Act）與贈地法（Morrill Land-Grant College Acts），以及從新政時代到 1980 年代的家庭與高等教育財政政策。

現在，是時候恢復美國這個共和理念的基本特徵了。有充分的證據表明，幾個世紀以來，資本報酬率一直高於勞動報酬率——這就是 2014 年托瑪·皮凱提（Thomas Piketty）出版的暢銷書《21 世紀資本論》（*Capital in the Twenty-First Century*）的全部內容。另外，也有充分的證據表明，美國的住房（至少在 1990 年代開始的住房私有化，破壞美國人的住房融資計畫之前）一直是中產階級公民可以做的兩種最好的投資之一。另一種則是「人力資本」，也就是高等教育；直到 1980 年代後期，它的融資就像住房融資一樣，都是由政府推動的。

美國能實現這個理想嗎？就住房與高等教育而言，這很簡單：只要恢復私有化之前的現狀，就能創造奇跡。但我們還能走得更遠——非常遠。19 世紀與 20 世紀早期的「宅地」不只是家園，它們是謀生的手段。當時美國經濟仍以農業為主，且實際上有數百萬個小型家庭農場。但大多數美國人不再是農民，必須在非農業領域謀生。因此，要想成為古典意義上的共和國，需要找到「資本安居」的方式，就像以前擁有農場安居的方式一樣。

怎麼做？嗯，高等教育與職業教育是一種有助於解決的方法。但是企業要啟動與成長，需要的不只是人力資本。所以，為什麼不也幫助它？畢竟，美國在新政期間曾建立一個小企業管理局（Small Business Administration，簡稱 SBA），有各式各樣的政府採購合約，旨在鼓勵

歷史上受不公平對待的團體（包括少數民族成員）組成新企業。如此一來，為什麼不調整這些計畫，讓工人合作組織與其他類型的員工所有公司（employee-owned firm）得到幫助呢？

美國的租稅法典已經提供很大幫助，避免繳交員工持股計畫（employee stock ownership plans，簡稱 ESOP）的稅。**美國能做的不只是放棄徵稅──而是可以直接融資**。美國其實已經在與國防與國家安全相關的行業中這樣做了。為什麼不像過去數百萬農場那樣，為那些讓大家成為企業主的公司也這樣做呢？「從農場到公司」──在公部門鼓勵私人企業方面，這應該成為美國的新口號。

一個擁有自己財產的公民，會是一個穩定、負責任的公民；無論是在國內還是在國外，無論是在過去還是現在，這都是歷史的教訓。他還會是一個富裕、沒那麼不平等的公民，因此也是沒那麼脆弱和不穩定的公民。羅馬失去它的共和國，然後得到凱薩；當羅馬忘記政治共和國的經濟基礎之後，吸引了剛失去土地與絕望的平民暴民。如果說，美國如今看到了一點新凱撒主義，幾乎是沒有爭議的，而且和羅馬出於同樣的理由。美國必須延長林肯建議的生產合約，也就是讓一名工人從學徒開始，然後晉升，擁有他可以使用的工具，與他為之工作的公司聘書。

這不難做到。今天各企業由出身富貴的人主導，他們聘用出身不富貴的人。這個趨勢源於我們已經消除的同一個神話：在本質上，貨幣資本是稀缺的，只能由富有的人提供。拋棄這個神話，你就能打開齊心協力的公共行為的大門──將工人所有的公司資本化，甚至獎勵私人投資。不過，我們以廉價債務，而不是股權融資來實現這點。即使是自有資本的公司，也可以像德國與歐洲其他國家那樣，透過要求或公開在財務上獎勵公司董事會裡的勞工共同管理，讓公司變得更由員工主導。

諷刺的是，美國在這方面已經落後於歐洲了，因為美國實際上是建立

在「自耕農共和國」的理想之上。但是，落後並不代表居後。美國已經制定的這些工具，是恢復美國昔日共和國榮耀的最佳手段，美國曾經是一個由擁有、合作的生產者組成的社會，只有這樣的社會，其成員才是真正自由的。只有在這個意義上，自由的公民才能建立、保留富蘭克林（Ben Franklin）所說的——自由的共和國。

◆ 第四個承諾：休閒

人生不只有工作與產出，人生也包含生活。我們把每週工作 40 小時視為理所當然。不過，1940 年代建立的是勞工運動的一項重大成就。儘管工作是有價值的，我們也不該期望任何人在醒著的每一小時都在工作，並合理的擔心被解聘、失業和貧窮。因此，就連資本家也逐漸簽訂一項社會契約：不能期望我們放棄生命中所有有限的時間。但自 1940 年代以來，情況發生了很大變化，因此沒有理由認為，當時達成的休閒－工作協議會適用於各個時代。有了更穩定的收入和更短、更靈活的工作時間，每個人才可以在工作之餘享受更有意義的生活。或者，如果你必須用金錢來衡量休閒，那就想想同等工資的額外時間，把它看作是每小時工資的增加，這樣你就能減少工作時間。

縮短每週工時完全是可行的。懶惰的德國人每週只工作 35 個小時；最近，一個德國工會爭取把工作時間縮短到 28 個小時。出於效率的考慮，瑞典改為每週工作 30 個小時，因為人們每天工作 6 小時，效率是一樣的，浪費的時間更少。為什麼他們不應該在工資相同的情況下，擁有額外 2 個小時的自由時間？瑞士讓人民在不損失福利的情況下，自己選擇工作時間，前提是提前通知——這對為人父母、家庭、教育和旅行都有好處。即使是在美國這頭資本主義野獸的肚子裡，亞馬遜——這家公司並不

是以善待員工而聞名——也為許多員工提供彈性工時的兼職工作，其中有許多工作都可以在家中完成。

有些自詡為「保守派」的人認為，休息與休閒就是懶惰或植物人的狀態——許多人在開曼群島上躺著按摩時發表這樣的意見。美國人的祖先對休閒的觀點有不同的理解。在休閒娛樂中，他們非常認真的看待「創造」的部分，強調在非絕望的環境中，工作與玩樂是大多數文化成就和進步的泉源。想想到目前為止，有多少了不起的發現與發明使我們受益，如果它們的發現者或發明者只能勉強糊口，這些發現與發明就永遠不會問世。電、鐳和燈泡，是由放風箏的班·富蘭克林、做實驗的瑪麗·居里（Marie Curie）、修修補補的湯姆·愛迪生（Tom Edison）所發現與利用的，不是由絕望的奧立佛·崔斯特（編按：Oliver Twists，狄更斯小說《孤雛淚》的男主角）、或做三份工作以維持生計的人們所發現與利用的。

我們提出的承諾將恢復我們玩耍、學習和建設的能力，以及我們神聖的社會契約的其他條款。我們拿回我們需要時間，來組建家庭、社區、社團和其他「情感團體」，這就是阿勒克西·德·托克維爾（Alexis de Tocqueville）說的「公民社會」。托克維爾是位敏銳的觀察家，他觀察到我們在幾十年內，為了爭取自由，發展出公民社會這樣獨特的新政體。

公民社會是任何健康與充滿活力的文化泉源，而不是停滯與倒退的文化。科學、藝術、甚至社交本身都源於此。所以，政治與富有成效的安排和實踐——也就是「經濟」——也是如此。極度貧窮的人為了維持生計，沒有時間參與公民社會，也沒有時間組成公民社會。他們最多只能在社群媒體等幽靈般的替代品上擠出幾分鐘，但在社群媒體上，人們除了對著貓的照片大笑以及對著彼此大喊大叫之外，可能什麼也做不了。這不是一個和實體人群一起工作、一起生活，慢慢形成命運共同體的公民社會。這通常更像是一個充滿衝突、脫節、不滿和疏離感的地獄。因此，恢復休閒時

間並不是恢復更多的沙發時間或推特時間，是再次給所有人足夠的創造空間，而不只是隔岸觀火，讓那些可疑的治療方法變得沒那麼有吸引力和必要性。[4]

◆ 更新承諾，修復合約

恢復偉大的中產階級曾經擁有的東西——收入、工作、財富和休閒，就能修復自己與曾經偉大的國家。就是這樣，很簡單，對吧？美國要做的就是，恢復 21 世紀對「在 19 世紀與 20 世紀大部分時間裡擁有的基本物品」的詮釋，同時確保所有人（不只是白人、男性）都能擁有這些與生俱來的權利。要做到這一點，只需重新拿回我們不必扔掉的東西：只需拿回我們的錢。

第 16 章

從綠色貨幣到
綠色新政

　　任何關注自己「投資組合」價值的優秀投資者，都會擔心更大範圍的環境，這會影響其資產的表現。正因如此，如果要為每個公民提供新的承諾「組合」，包括收入、工作、財富和休閒，我們就應該擔心更大範圍的環境——**包含經濟與自然**。

　　經濟方面，如果承諾要保持其價值，央行就不得不以新的方式限制經濟的情緒波動。這也將有助於我們的個人自由。我們的個人自由取決於可預見性。此外，它也將有助於減少不平等，不平等的部分原因則來自不穩定。

　　自然方面也是，因為經濟活動必須在某個地方或其他地方發生。自然環境正在發生變化，地球正持續暖化，這都會影響生活的各個方面，包括金錢與繁榮。

　　現在我們已經看到，如果我們能鼓起勇氣使用這些錢，**我們就有足夠的錢能採取大膽的行動**。我們已經描述過一種新的公共財政方法，它更符合我們共和國的錢。身為「擁有」共和國與其發行的錢的公民，我們擁有更大的權力。但這並不代表每個人都能從中受益——當世界正在燃燒，或正在急劇暖化，或甚至是在我們寫這篇文章的時候，也都無法從中受益。

我們確實可以採取一些政策，使氣候政策保持良好的穩定性，同時也可以使經濟體的每一個角落，實現現代化與振興。

我們指的是「綠色新政」——這無疑是自八十幾年前的新政以來，影響最深遠、最具變革意義的美國政策倡議。綠色新政（或簡稱 GND）旨在同時解決兩個緊迫且密切相關的緊急事件。[1] 一方面，氣候科學告訴我們，在達到一個「臨界點」之前，我們只有不到十年的時間，能開始逆轉地球大氣中的碳累積，在到達臨界點之後，碳累積與隨之而來的全球暖化，將變得幾乎不可逆轉。另一方面，四十多年來的刻意去工業化與誤入歧途的公共財政撙節，已經讓美國落到這樣的地步：美國的製造業能力與公共基礎設施，是目前世界上所有「已開發」經濟體中，最落後、最骯髒、提供最少就業機會、以及效率最低的。

◆ 美國的落後

要了解這點，只要去「已開發」的任何地方，以及「發展中」的許多地方旅行就行了。以中國為例。儘管中國自稱仍在發展中，有些老式的燃煤、石油燃料發電廠與汽車仍在排放大量的碳，但它也有數千家最先進的製造廠，以及數萬英里連接城市的流暢、高效的高速鐵路；美國這邊只有破舊的工廠與美國國鐵（Amtrak）。如果你飛到北京、上海的機場，甚至像武漢這樣的小城市，你會看到乾淨和順暢運作的典範。相比之下，飛到拉瓜迪亞機場或洛杉磯國際機場，嗯，你會驚訝的發現，「原來這裡是美國」。所以，它與任何你能想到的基本基礎設施都有關。

中國也迅速將自己定位成先進機器人、5G 通訊技術、電動汽車，以及無數種其他「下一代」產品和技術的領先使用者、製造商和出口商。中國透過其「一帶一路」新措施，正迅速成為亞洲乃至世界的現代化引擎。

這裡有個特別令人惱火的例子：中國被迫處理與改善希臘的港口，歐洲人仍被本身的貨幣落後與隨之產生的撙節政策所迷惑，顯然認為他們不適合處理希臘的港口問題。他們不只讓外國人處理重要的國內基礎設施，現在還多了一個很好的灘頭陣地，讓更多的中國進口貨透過溫斯頓·邱吉爾所說的「軟肋」，滲透到歐洲。

與此同時，美國的從政者們則繼續推動擴大使用「美麗、乾淨的（致癌的）煤」與「水力壓裂法採油」，以獲得更多的化石燃料。這甚至發生在新輸油管道大規模洩漏、水力壓裂相關的癌症流行、含鉛的佛林特飲用水、或易燃的俄亥俄自來水等事件中。身為美國經濟體的一部分，美國的工業繼續萎縮，工作品質持續數十年的惡化。

或者以太陽能板為例——沒有比這個更好的例子，能說明美國目前的困境有多諷刺。你可能已經看過太陽能板出現在各處商業設施的屋頂，甚至是一些住宅。你可能不知道的是：（a）到目前為止，中國是世界上最大的太陽能板生產國、消費國和出口國，雖然事實是（b）美國人發明了太陽能板，而且曾經是太陽能板的主要生產國、消費國和出口國。

發生什麼事？答案是，中國制定了扶植這個「幼稚產業」成熟的政策，並迅速超越了美國。當中國需要協調一致時，一開始就做出了重大的承諾。改變整個基礎設施確實需要協調。當電力線、發電、充電、或加油站等只有公部門當局才能改變的背景條件，保持幾十年不變時，在經濟上大多數人是不可能單獨改變現況的。

就美國而言，政府幾乎什麼都沒做，這在很大程度上要感謝那些誤入歧途的偽自由主義從政者——他們顯然已經忘記正統經濟學家集體行動的問題了。所以現在，美國從競爭對手那裡，購買美國發明與曾經生產過的東西。美國人不只是在「浪費錢」給經濟上的競爭對手，也是在放慢朝乾淨再生能源轉變的步伐。

當然，妄想偏執的風格仍在作怪，阻止美國達到其生態目標。來自懷俄明州的共和黨參議員約翰‧巴拉索（John Barrasso）在國會的地板上對著冰淇淋大喊大叫：「又有一個綠色新政的受害者──那就是冰淇淋！家畜將被禁止。大家向乳製品、牛肉、家庭農場和牧場說再見吧。美國人最喜歡的起司漢堡和奶昔將成為過去。」不必擔心，新的大規模投資計畫永遠不需要巴拉索擔心的那些措施。關鍵是要確保更穩定的生態環境，讓未來幾代的孩子能夠學習、玩耍，享受像冰淇淋這樣的東西，而不是逃命。

◆ 新的黃金時代

齊心協力的全國動員，把現行的經濟模式轉變為使用綠色能源，不僅是為了保護生命，也將推動整個經濟進入一個空前的生產力與財富的未來。

想一想，那些帶來的高薪的製造業與建築業的工作。

想一想，它將為我們的生產方式與消費方式，帶來成本效益的巨大提升。

想一想，這些生產力的提高，將如何使我們能夠吸收為了完成工作所發行的錢。

最後再想一想，生活品質將會如何突飛猛進。我們不再有有毒的空氣和飲用水，不再有骯髒的「工業區」，不再有在機場、火車站、地鐵平台頻繁的等待與緊張，也不再有讓人發瘋的道路、橋樑、高速公路上的連環車禍或交通阻塞。

我們將再次生活在生產的國度，透過生活、工作、娛樂來生產。我們將享受，跟賦予我們生命的行星和太陽和諧共處的功能空間，而不是摧毀它們。

這就是綠色新政所承諾的。它包含多個專案領域——徹底檢修能源、交通和通訊網；改造公部門與私部門的住宅、工廠和商業場所；再到環境緩解與新技術的發展。總而言之，這些投資將帶來美國自最初的新政，還有 1930 與 1940 年代第二次世界大戰動員以來，從未見過的變革。[2]

我們也會在收入和財富方面，開始糾正和扭轉國家長期陷入極端、反共和政體的不平等的漫長過程。要實現這個目標，必須將美國現有的財富從下到上翻倍增加，從製造業與建築業開始，從環境影響最嚴重的地區（這並非巧合——想想密西根州的佛林特）出發，再從那裡向外發展。簡而言之，綠色新政承諾了一個共和國的新「黃金時代」，它的「黃金」就是它的承諾和它們能帶來的工作，也就是它的錢。

◆ 讓聯準會買單

講到這裡，緊縮派的金錢天真少女——即實際上把希臘港口與美國經濟交給碳與中國的那些人，他們當然會提出「你如何為此買單」、「債務怎麼辦」、「通貨膨脹怎麼辦」等令人煩惱的老問題。到目前為止，我們已經說過為什麼我們可以、且應該學會停止擔心上述所有問題。前面的各個章節都表明，GND 不但不會引發巨額債務，也不會引發通貨膨脹，反而能夠提高並大幅增加生產力與成長。它們也展示如何處理融資的問題：大力推動能快速啟動並協調私人支出和生產的公共支出。

在這裡，我們會提出唯一一個在前面章節沒有言明的觀點。正如我們先前所說，按照會計慣例，資產負債表上的資產會被負債抵消；反之亦然。你的銀行存款則是銀行的負債（前面提過，是銀行「欠」你帳戶裡的錢。實際上，在典型的活期存款帳戶裡，是「應要求即可提供的錢」）。但請注意，這與我們之前討論過的聯準會公民帳戶有關：你的公民帳戶存

款，會成為聯準會的負債。聯準會會希望擁有與這些負債相對應的資產（就像它現在持有的資產，對應於其持有的銀行準備金帳戶一樣，這些帳戶當然也是聯準會的負債）。為了達到這個目的，有什麼資產比前面描述的，透過「上下限」工具持有的證券，以及與綠色新政投資相關的證券，是更好的選擇呢？

這可以經由多重管道來實現。**一種是直接投資——聯準會可以直接購買用於 GND 項目融資的金融工具**。無論是私部門、公部門，或是混合的「公私協力」發行的證券，都能做到這一點。此外，考慮到國家 GND 項目本身的巨大廣泛性，這類工具的多樣性，將有助於實現極好的投資組合多樣化。[3]

另一個管道是經由銀行貸款本身。只要存款人從私部門銀行帳戶轉向聯準會公民帳戶，銀行如果希望繼續以銀行的身分營運，它們就會需要新的債務來為它們的投資「融資」。很明顯的，聯準會的貼現窗口貸款是其求助的來源，藉此聯準會本身可說是變成私部門銀行的存款人。**如果聯準會提高其（已經很高的）貼現窗口貸款，以彌補銀行方面損失的存款戶資金，它就能相當輕而易舉的調節這種貸款**。這是我們早期觀察的基礎之一，即公民帳戶將比《格拉斯－史蒂格爾法案》本身，更有效的實現《格拉斯－史蒂格爾法案》欲將銀行業務與投機活動分開的舊目標。不過，現在我們可以看到，公民帳戶基礎設施將允許更多事：它將使聯準會能夠直接影響銀行用語所說的「資產組合塑造」（portfolio shaping）——本質上是監督銀行的投資內容。[4]

身為私部門銀行的存款人，你可能非常希望你能這樣做，無論是單獨或與其他存款人合作。但你當然不能——因為你太「渺小」了，你的存款人同伴也太分散了，以致無法單獨或一起這麼做。相比之下，像 Google或微軟這樣的大型存款人，往往對它們合作的銀行機構有相當大的影響

力。它們能做主你做不到的事。但是美國的中央銀行——聯準會，是一個超級大型存款人。身為貼現窗口放款人，它可以一直發號施令（不是別人的事，而是我們公眾的事）。因此，很容易設想一種貼現窗口政策：聯準會可以讓它的貼現窗口貸款，至少在一定程度上，取決於潛在借貸銀行底下資產組合的「綠色」程度。瞧，又是聯準會，可以在不介入細部管理的情況下，幫忙形成 GND 融資的管道。

　　我們希望傳達的是，本書對金錢進行的重新理解，以及為國會提出本世紀最雄心勃勃的政策倡議（做為綠色新政決議案）買單，兩者是多麼的契合。兩者幾乎是天生一對。一方面，綠色新政中的綠色，與綠背紙幣——美元的綠色，實際上是同一種顏色。綠色和黃金一樣好——不，比黃金更好。這是一條從現在，通往唯一可行的未來的寶貴綠磚路。

後記

讓全民與聯準會一起，
重塑金錢的「承諾」本質

　　「共和主義」跟「民主」一樣，是我們經常聽到和說出的詞彙之一，以致有時候我們會對它變得麻木。我們忘記它的豐富意義與歷史共鳴，忘記它的重要性，忘記這個政治、社會和經濟理想，實際上是多麼的神聖——與脆弱。建國者並沒有意識到這一點；在隨後的幾十年裡，最傑出的領導人也沒有意識到。[1]

　　美國的效忠宣誓（Pledge of Allegiance）提到「共和國」是有原因的。亞伯拉罕・林肯幫忙建立自稱「共和黨」的新政黨是有原因的。美國憲法中的保證條款要求聯邦政府承擔責任，保證美國每一州成為「共和政體」是有原因的。

　　美國的建國者們認為，自己是在建立一個新的、跨越大陸的、前帝國時代的羅馬共和國的翻版。他們很清楚，「共和國」一詞源自拉丁語「res publica」，意思是「公共的東西」。換句話說，**共和國是屬於公民的東西。這是他們的東西，屬於他們所有人的東西。**他們透過共同行動來解決共同問題，包含維護享有屬於每個人而不是所有人的、更私人的東西。

　　這個東西是我們的東西。這是我們的國家。既然國家的錢就是它的

錢，**它的錢也是我們的錢**。我們是我們金錢的受託管理人，正如我們是我們國家的受託管理人一樣。

我們身為受託人的任務是什麼？我們的角色會帶來什麼責任？**我們必須用我們的錢做什麼**？在這方面，正如前面章節所建議的，我們的任務是利用錢來維護與加強我們的國家本身。這牽涉的遠比你意識到的要多。正如前面所指出，只有在公民獨立的情況下，民主國家才有可能存在。「獨立」並不只是意味著政府沒有囚禁你。除非所有人都是自由的——免於物質缺乏，免於拚命掙扎求生的必要性，免於互相壓迫；否則，就不存在包括所有人的「我們」。[2]

以上這些「免於」都牽涉到一項自由——積極參與國家本身的生活與決策的自由。換句話說，就是互相充分參與、解決共同的挑戰與關切，以及追求國家共同的目標的自由。**這需要的不僅僅是擺脫字面上的手銬和牢房的束縛，不只是法律上的自由，還需要建國者們知道的物質上的自由。**它需要免於恐懼、免於匱乏、免於絕望和分心，免於卑躬屈膝的依賴那些把「擁有一切」當作謀生先決條件的人。

亞伯拉罕‧林肯比開國元勳之後的任何一位美國領導人，都更清楚這一點。在 1850 與 1860 年代，他在美國南部發起反對合法蓄奴運動的同時，也發起反對他所稱的「工資奴隸」運動，當時工資奴隸在北方興起並蔓延。他警告，那些除了勞力也沒別的東西可賣的人，就像被出租而不是被擁有的奴隸。他強烈抨擊，這些人不可能成為真正意義上的共和國公民。一方面問題是，他們會被工廠的老闆租下來，在廠裡工作得太拚命、太久，無法關注公共事務或參與公共決策；另一方面，他們將非常依賴他們的雇主，以致他們永遠無法做出與雇主不同的想法——或不同的投票。

林肯總結，要把共和國的理想帶入新興工業時代，唯一的方法就是發展一種共和國經濟學，它不像早期的美國和前帝國時代的古羅馬一樣，以

農業經濟為前提，並依賴農業經濟。換句話說，需要的是安排，使工人擁有自己的工業資本，就像小農擁有自己的土地和農業資本（犁、馬、穀倉等）一樣。

值得注意的是，在這種背景下──即使是在 1860 年代早期內戰爆發的時候！林肯與國會所做的第一件、也最持久的事情，不只是支持且通過宅地法與贈地法（homestead and land-grant acts），而且還為公眾奪回了共和國的錢。那個時期的貨幣、銀行業和法定貨幣，提供美國人民第一個真正的國家貨幣──被暗示性的稱為「綠背紙幣」，以及第一個全國性的國家特許銀行網。這個系統至今仍與美國人民同在。每當你注意到像是「大通銀行」或「富國銀行」等銀行名稱後面有「N.A.」，你就能看到這個系統（「N.A.」代表美國〔銀行〕協會）。另外，每當有人提起國家銀行特許與監管的主管機關名稱，也就是金融管理局（OCC）時，你就會聽到這個系統。

但是，這個一百六十年前為保護共和國理想而建立、至今仍與美國人民同在的銀行系統，在目前的形式下，已經與共和國理想不再相容了。銀行與它們發行的美元，不再像最初那樣為自耕農和自雇者服務，而是為少數人擁有的大型公司服務，這些大型公司租了許多勞力，就像農園曾經擁有很多勞力一樣。我們要奪回工作生活、玩樂生活和政治生活，就必須奪回我們的銀行與我們的錢。

本質上，這就是前幾章所展示的。讓美國人民的聯準會──林肯改革的五十年後才成立──真正成為美國人民的聯準會。**成為公民的銀行，而不是銀行的銀行，這是關鍵的第一步。**授權它以所有美國人民的名義管理美國的錢，而且不只是以保持價格穩定的方式，**還要以保持所謂的共和國穩定的方式，這是第二步。**這表示所有人，即每一個人，不只在法律上，還要在物質上享有自由，進而有能力建立個人的私人生活，以及互補、共

享、有意義的公共生活。

我們已經試著告訴你該如何做。現在，讓我們堅持下去。

附錄

確保全球金融安全，
實現國內自治的方法

　　想像一下，一個沒有國家會破產的世界（除非它自己愚蠢）。在這個世界裡，聰明且優秀的統治者，有辦法為他們各自國家最終會成為體面、公正的社會所需要的東西買單。他們只需用自己的主權貨幣支付即可。當然，人們將不得不爭論什麼是體面與公正，並進行投票。唉，這可能順利，也可能不順利。但就財政本身而言，不會是個問題。技術上可行的東西，在經濟上也可行。對於每個國家的人民來說，問題很簡單，也就是問，自己想要擁有什麼樣的社會。

　　這在以前是個烏托邦式的想法，但並沒有一開始看起來的那樣遠離現實。這本書前面提過，一個「貨幣主權」不可能不由自主的破產。我們以這種方式定義了**完整的貨幣主權**。政府能夠：

1. 用選定的計算單位，發行自己的貨幣。
2. 用這個單位強制徵稅，以確保它的「流通」（由於害怕坐牢）。
3. 只借入或主要借入自己的貨幣。
4. 實施浮動而非固定匯率（或者是「骯髒的浮動匯率」〔dirty float〕，即偶爾進行干預、限制與其他貨幣的匯率上限或下限）。

5. 有限依賴食物或能源等必要商品的貿易，以利減輕外匯與通貨膨脹風險。

6. 經由獨立的中央銀行，或在政治上可行的情況下適當的立法規畫，建立相當有效、廉潔的機構，來管理通貨膨脹。

正如前面所指出，許多國家已經達到這些條件的合理近似值。當政府愈接近，就愈能掌控自己的財政與命運。正如前面提出的建議，那些目前顯然不是「貨幣主權」的國家，它們可能會採取改革措施，讓自己更接近目標——也許是在國際社會的援助下。這是非常值得的。因為一旦實現了完全的貨幣主權，**政府就不會被迫拖欠公共債務**。有哪個政府不希望這樣呢？為什麼不是每個政府都能擁有它，至少最終能得到它呢？

由此可見，「平衡預算」並不是避免破產的必要條件。正如本書所解釋的，因個人或公司財務的錯誤類比，產生對此表面上的需求，可以被當作迷信而拋棄。不過，「平衡預算」的宗教信仰還是有點道理，它要求我們多談談國際金融中的「不平衡」。

我們身在不同的國家，共享一個相當小的星球，而且現在受到全球經濟緊密相連。因此，並非每一個政府都能愉快的管理赤字，優化它們國家的經濟產出。在一段時間內，對一個國家來說也許是審慎的事，可能會很快的會為其他國家或甚至整個世界帶來危機。2008 年就發生過這種情況，當時美國的銀行與家庭破產，把世界經濟拖下了懸崖。

這是怎麼發生的？由於文明的結構中最無聊、也最重要的編寫法：會計。從會計的角度來看，當世界被視為一個整體時，所有的資產與負債的總和必須為零。公共赤字必須對應於簿記中其他地方的盈餘，這樣兩者實際上才會在資產負債表的兩邊「相互抵消」。

適當的會計方法劃分出不同「經濟領域」與它們之間的「領域平

衡」，尤其是（a）每一個國家的公部門與私部門之間，和（b）每一個國家與世界其他國家的關係之間。[1] 這是有幫助的；如果你追蹤資產與負債的流動，在不同國家及其部門之間的相互作用，你就能發現問題。鑒於貿易與每個國家的財政狀況，你會看到國家之間、和它們各自的公共與私人資產負債表之間不斷流動的變化。

這變得很複雜、很快速——謝天謝地，會計人員願意仔細的追蹤誰欠誰什麼和欠多少。因為即使貨幣主權國家不會在它們的公共債務上違約（除非是它們自己愚蠢的選擇），這些債務可能往往也與其他國家的超額盈餘相對應。**尤其當這些是公共盈餘時，會在那些容易破產的人群中構成危險的私人債務支出。**

中國的「美元過剩」（dollar glut）可說是解釋了，為什麼美國在2008 年之前擁有如此高的私人債務。中國過去（現在也依然）擁有美國方面大量的公共盈餘。考慮到美國在其他方面的處理方式（即處理不當），這種情況使美國處於不可持續的困境。國家最終陷入由屋主與銀行造成的危險、大量的私人債務累積。這些私人實體不是貨幣主權——它們使用政府的貨幣，而不是自己發行貨幣，所以他們可能會破產，而且當然是以一種驚人的方式。

因此，雖然公共債務是好東西，但它必須在全世界被妥善的管理。如果我們討論的是，在將近兩百個國家當中做出的決策，如此一來需要什麼樣的優秀管理呢？答案是：建立一個值得信賴的國際金融合作體系。

一個良好運行的全球金融體系，至少能做到以下六項任務：

1. 促進跨境貿易的貨幣兌換。
2. 提供或發行「全球」貨幣，供國家貨幣兌換（完美的避免「n+1」的問題，其中 n 為國家貨幣的數量）。
3. 在全球範圍內，根據需求提供緊急流動性。

4. 管理與監督全球支付系統。

5. 監督與調節金融穩定性，包含全球的長期經常帳餘額，同時對一種貨幣相對於另一種貨幣進行調整，減輕長期盈餘。

6. 為國內投資不足的全球／國際投資（發展、社會保險支援、減緩氣候變化等優先事項）提供資金。

　　這些「任務」可以用不同的方式來完成。我們可能有一個針對特定目標更集中、或更正式的系統。或者，我們可以分權管理，或以非正式的方式運作，希望透過這種方式達到相同的目標。我們已經有一個相當不錯的機構框架，可以從列出的任務中接下一部分不同的任務。我們現有的「非系統體系」包括世界各地的中央銀行、國際貨幣基金、世界銀行、國際清算銀行和其他參與者。

　　這些機構已經以各種正式與非正式的方式進行協調。2008 年的金融危機爆發後，各國央行建立貨幣「換匯額度」（swap line），這些機構之間的合作也隨之擴大。人們常說，如今大多數貨幣都可以在沒有政府干預的情況下自由兌換，它們每天的價值都由外匯市場所決定。實際上，央行經常進行干預，影響這些匯率。它們一起做的事是，**設定一種貨幣對另一種貨幣的匯率上限或下限（即「骯髒的浮動匯率」），這有助於它們管理較長期的經常帳餘額，並提前防止不穩定的失衡**。這是一件非常好的事。

　　聯準會在這些非正式的安排中顯得很重要。它已經發揮了類似於全球央行的作用。如果能證明它是全球貨幣責任的可靠管理者，那麼或許不錯。問題在於，所有央行都傾向於以國家為中心，在狹隘的授權下運作。基於對全球政治力量或對世界經濟的潛在損害的考量，而不是對特定國內民眾的需求，一個以聯準會為中心的體系，可能過於特別，或者對專制的政策來說過於開放。出於這些原因，人們可能會提出一個新的協議，來限

制匯率的波動與價差（例如，在他們的談判中，至少能有更多的新貨幣「換匯額度」與更正式的步驟）。

也許我們最需要的，就是回到凱因斯最初的國際清算聯盟（International Clearing Union，簡稱 ICU）計畫。當現行的體系建立時，這個計畫在布列敦森林談判中淡化了。[2] 也許，建立一種實際上有序管理貿易流動的新世界貨幣，短時間內還不可能。即便如此，正如第六章所建議，我們應該廢黜美元，大幅擴大特別提款權（SDR）的使用。它是真正的國際貨幣。它可以被更廣泛、更有效的使用。[3]

雖然目前這在政治上也不太可能。然而，從技術意義上來說，這是完全可行的。今天建立的金融架構，代表對以往歷史的徹底改進。在兩次世界大戰之間的那些年裡，沒有什麼比這更有效，甚至建立得更好的。當時的貿易戰與貨幣競爭，為第二次世界大戰的美國奠定了基礎。美國如今需要的新措施，主要是體系當中的協調。這些只是在秩序中的微小變化，這個秩序標誌著世界在一個世紀前巨大、徹底的進步。

附注

序言

1 鮑姆受到妻子的政治與感受能力的影響，是一位女權主義者與支持女性選舉權者。他將女主角桃樂絲塑造成一個勇敢的年輕女子，負責照顧不幸的男性同伴。但是，如果他傳達的訊息是女性賦權，那麼他更大的故事最終還是關於金錢與「民粹主義」政治的寓言。這個建議最初是由亨利‧M‧利特爾菲爾德（Henry M. Littlefield）在 "The Wizard of Oz: A Parable on Populism," *American Quarterly* 16, no. 1 (Spring 1964): 47-58中提出的，並由高爾‧維達（Gore Vidal）在"On Rereading the Oz Books," *New York Review of Books*, October 13, 1977中再次復興。其他不同重點的讀物包括：羅伯特‧A‧迪萬（Robert A. Divine）等人的 *America: Past and Present* (Glenview, IL: Scott, Foresman, 1984), 594-95；休‧洛克夫（Hugh Rockoff），"The 'Wizard of Oz' as a Monetary Allegory," *Journal of Political Economy* 98 (1990): 739-51；威廉‧R‧利奇（William R. Leach），«The Clown from Syracuse: The Life and Times of L. Frank Baum» and «A Trickster›s Tale: L. Frank Baum›s *The Wonderful Wizard of Oz*," in L. Frank Baum, *The Wonderful Wizard of Oz*, ed. Leach (Belmont, CA: Wadsworth, 1991)；大衛‧格雷伯（David Graeber），《債的歷史：從文明的初始到全球負債時代》（*Debt: The First 5,000 Years*）(New York: Melville House, 2011)。

2 理查‧霍夫士達特，"The Paranoid Style in American Politics," *Harper's Magazine*, November 1964。霍夫士達特在他獲得普立茲獎的作品 *The Age of Reform* (New York: Vintage, 1955), 70-93中，對民粹主義陰謀論的態度尤為強硬。他在 *The Paranoid Style in American Politics* (New York: Vintage, 1965), 279-92一書中的 "Free Silver and the Mind of 'Coin' Harvey,"，提到的民粹主義與進步的建議更能引起共鳴。

3 在2011年9月到11月的「占領」行動期間，作者當中的其中一位──鮑伯──就在祖科蒂公園（Zuccotti Park），當時他在附近的紐約聯邦準備銀行工作。他溫和的向其他占領者解釋這是一個重大錯誤，提供他們友善的輔導以了解央行工作。他在聯準會的同事們感到好奇，甚至同情抗議者一些其他的要求。正如我們在本書後面提到的，鮑伯之所以被聯準會聘用，部分原因是聯準會在2008

年的金融危機爆發前，非常擔心集體迷思，因此希望有新的視角。

前言

1 請參考 Bankrate, "63% of Americans Can't Afford $500 Car Repair or $1,000 Emergency Room Visit," https://www.bankrate.com/pdfs/pr/20160106-Money-Pulse.pdf。

2 班·柏科維茲（Ben Berkowitz），"Bernanke Cracks Wise: The Best QE Joke Ever!", CNBC, January 16, 2014，https://www.cnbc.com/2014/01/16/bernanke-cracks-wise-the-best-qe-joke-ever.html。

3 MMT 並不是唯一一個遵守會計和計算結果這個真理的；大多數非正統經濟學與後凱因斯經濟學派，都是在這個相同的基礎上發展起來的。但是近年來，年輕的 MMT 愛好者們做了大量的工作，匯集並發展關鍵的見解，同時將其傳播出去。關於最完整、可靠的闡述總體經濟學 MMT 方法的教科書，請參考威廉·米契爾（William Mitchell）、L·蘭德·瑞（L. Randall Wray），以及馬丁·沃茨（Martin Watts），*Macroeconomics* (London: Red Globe Press, 2019)。另請參考 L·蘭德·瑞，*Modern Money Theory: A Primer on Macroeconomics for Sovereign Monetary Systems*, 2nd ed. (London: Palgrave Macmillan, 2015)。

4 繞過私人銀行系統，直接賦予人們購買力的想法並不新穎。美鈔黨黨員在南北戰爭後提出這個想法的紙張版本。這個想法在 1930 年代，受到英國的道格拉斯（Douglas）少校和法國的雅克·杜博因（Jacques Duboin）的支持。經濟學家米爾頓·傅利曼著名提出「直升機撒錢」的可能性（但沒有指出，「直升機撒錢」應該瞄準一個好的方向，而不是無區別的撒錢）。約瑟夫·修伯（Joseph Huber）在 1998 年為這個想法辯護，他建議每月支付 500 歐元給德國人，當收入增加時，快速的分階段停止支付。2008 年的金融危機促使人們呼籲短期的「直升機撒錢」（柏南克甚至被稱為「直升機班」〔Helicopter Ben〕），或者「人民的量化寬鬆」，做為臨時的刺激措施。牛津大學經濟學家約翰·米爾鮑爾（John Muellbauer）在 2014 年提議，歐洲央行支付 500 歐元給每一位歐元區的居民，而在英國脫歐之後，有 35 位經濟學家在 2016 年 8 月簽署了一項類似的提議。本書建議定期進行「直升機撒錢」，並使用第十二章中列出的通貨膨脹管理新工具，進行謹慎的管理。正如柏南克所說，真正的障礙不是技術上的可行性，而是公眾對可能性的看法，而這個看法根植於糟糕的理論與糟糕的哲學。所以，除了從央行的工具箱中挖掘之外，這本書從頭開始，讓我們所有人都能清楚知道什麼是錢，以及我們可以用它做什麼。總之，了解貨幣，就是了解央行工作及其潛力。

第一章

1 伊曼努爾·康德，*The Metaphysics of Morals* (orig. 1797), sec. 6:288, pp. 76-7, under the heading "What is money?" Edited by Lara Denis, translation by Mary Gregor (Cambridge: Cambridge University Press, 2017)。原文斜體字。康德補充說，稅收不只是充足的，也是必要的：「只有這種方式（在我看來），某種商品才能

成為國民之間行業的合法交換手段，進而成為國家的財富，也就是錢。」這可能有點過頭了。正如我們後面解釋的，「基本貨幣」可以在一個社區中非正式的被建立起來。當一個經濟體的規模更大時（儘管康德的意思可能只是「國家財富」），就需要正式的法律了。加州大學爾灣分校的哲學研究生斯圖爾特・查賓（Stuart Chapin）發掘了這段內容。

2 克納普（Georg Friedrich Knapp），*The State Theory of Money* (Clifton, NY: Augustus M. Kelley, [1924] 1973), Ch. 1, Sec. 1, p. 1. First German publication 1905。

3 凱因斯，*A Treatise on Money*, vol. 1 (London: Macmillan, 1930)，凱因斯稱此為「現代貨幣」，「現代貨幣理論」的名字就是由此而來的。

4 路德維希・馮・米塞斯，*The Theory of Money and Credit*, trans. H. E. Batson (New York: Skyhorse Publishing, 2013), 78. First German publication 1912。

5 當米塞斯說國家在市場上的地位「與商業交易的任何其他各方沒有任何不同」（出處同上，68）時，他幾乎是誇張得可笑。根本沒有不同？他自己也指出在債務清算運作中的「錢的法律概念」，以及法定貨幣法、鑄造貨幣、安排貨幣替代品，甚至「未來以新貨幣支付稅款的規定」（出處同上，Ch. VI）。他只是最小化它們的影響力，而且理由也不充分。這種含糊其辭的作法在當時似乎很流行。阿巴・勒納，在 "Money is a Creature of the State," *American Economic Review*, 37, no. 2 (1947), p. 312 中指出，他在倫敦經濟學院（London School of Economics）的同事們曾經因為體育而

猛烈批評克納普。他們去除國家權力，但是「在後來的過程中，國家又設法悄悄回來了……通過它的權力，經由它能夠控制的銀行系統……用銀行信貸代替黃金。」事實證明，國家有一長串「方法」，包含最終的「法定貨幣」的發行。

6 米塞斯，*Theory of Money*, ch. 4, sec. 3, p. 78。

7 伏爾泰，《憨第德》。文中所有引文均摘自第十七章。內容可於下列網址取得：http://www.esp.org/books/voltaire/candide.pdf。

8 亞當・斯密，《國富論》，bk. 1, ch. 4。內容可於下列網址取得：https://www.gutenberg.org/files/3300/3300-h/3300-h.htm。

9 米歇爾・因內斯，"What is Money?," *Banking Law Journal* 30 (1913): 391。另請參考他的後續文章，"The Credit Theory of Money," *Banking Law Journal* 31 (1914): 151-68。關於因內斯的理論的完整討論，請參考亞倫・詹姆斯，"Money as Promise: Innes and the 'Fundamental Nature of a Financial Transaction'"（內容可在他的加州大學爾灣分校哲學系網站上找到，網址：https://www.faculty.uci.edu/profile.cfm?faculty_id=4884）。

10 這並不代表所有東西都應該有價格且可以出售——舉例來說，包含人、嬰兒，以及器官。社會可以輕易的限制商業交易的範圍。這些交易既沒有市場義務也沒有市場許可，也沒有「結算」的方式。美國與大多數國家一樣，禁止販賣人口、嬰兒、器官、性、以及謀殺服務。

11 最重要的例外是如今政府之間的貨幣：

國際貨幣基金的特別提款權（SDR）。在相對較小的團體中──不到 200 人──它是真正的錢。但是，在形式上，它是通過簽署國際貨幣基金組織的條約，自願被採用的。合作的條款是由非正式的制裁與排除在外的威脅來執行的。我們會在第六章與附錄〈確保全球金融安全，實現國內自治〉中重新提到SDR。

12 當律師與哲學家爭論這類事情時，他們會說，眾所周知的「權利」與「義務」是結伴而行的，就像一對形影不離的夫妻一樣（用行話來說，就是「相關的」）。它們是同一張借據的兩面。

13 合約通常會明確指出一定的金錢支付。即使沒有，違約通常會使受害方有權索取金錢損害賠償。法院很少要求當事人按照最初簽訂的合約去做──也就是律師所說的「強制履行」──因為那樣看起來很像奴隸制度。為了履行你的義務，你可以以此方式平等的付錢。

14 然而，像比特幣這樣的商品或多或少有點像錢，取決於人們對它的接受程度（它的「範圍」）與它被接受的義務範圍（它的「可替代性」程度）。隨著黃昏逐漸消失，進入夜晚，像錢也只是程度的問題。

15 請參考 "Covid-19 Relief Could be Catalyst for a Digital Dollar," *Law360*，https://www.law360.com/articles/1257079/covid-19-relief-could-be-catalyst-for-a-digital-dollar。

16 請參考羅伯特・霍克特，"Facebook's Proposed Crypto-Currency: More Pisces Than Libra For Now," Forbes, Jun 20, 2019，https://www.forbes.com/sites/rhockett/2019/06/20/facebooks-proposed-crypto-currency-more-pisces-than-libra-for-now/#787134c02be2。

第二章

1 聯準會在法律上沒有義務為私人銀行的利益服務，不過它確實在公私混合協議中與商業銀行相配合。中央銀行是一個公共機構，在法律上負有為國家利益服務的責任。儘管私人擁有的銀行在地區銀行中擁有股權、在這些地區銀行的董事會中擁有席位，並且對自籌資金系統產生的收入擁有索取權，但這是事實。即使是那些「私人」銀行也必須獲得特許，這是我們在第八章與第九章中描述的「金融特許經營」的一部分。

2 經濟學家阿巴・勒納在 1940 年代初期描述了他所謂的公共支出「功能性金融」的新原則。他甚至敦促，「絕不能只是因為政府需要付款就徵稅」。這與「穩健的金融」形成了鮮明的對比，「穩健的金融」確實需要稅收或借款來「支付」支出，但這等同於過時的金本位邏輯。"Functional Finance and the Federal Debt," *Social Research* 10, no. 1 (1943): 40-41。紐約聯邦準備銀行主席比爾茲利・拉謬（Beardsley Ruml）在 1946 年發表的一篇標題為 "Taxes for Revenue are Obsolete," *American Affairs* 13, no. 1 (1946)的文章中強調了重點。就連如今，英格蘭銀行也在其網站上公布這一切（"What is Money?"，https://www.bankofengland.co.uk/knowledgebank/what-is-money），聯準會前主席艾倫・葛林斯潘與班・柏南克也對國會和電視觀眾發表了大致相同的言論。請參考奧古斯提諾・方特維奇亞（AgustinoFontevecchia），

"Bernanke Fights Ron Paul in Congress: Gold isn't Money," *Forbes*, July 13, 2011，https://www.forbes.com/sites/afontevecchia/2011/07/13/bernanke-fights-ron-paul-in-congress-golds-not-money/。葛林斯潘 2005 年在眾議院預算委員會上的證詞，有關法定貨幣與為什麼我們可以一直支付社會安全福利，請參考 https://www.youtube.com/watch?v=DNCZHAQnfGU。

3　1美元單位可能仍然「存在」於試算表中，因為政府的一部分被標記為具有資產。但該單位仍會被當作聯準會的負債，這也是政府的一部分。至於整體政府的試算表，資產與負債相互抵消為零。

4　人們依然可以說，支出最終是由通貨膨脹管理、甚至是由能夠防止通貨膨脹的實際資源來「支付」或「資助」。稅在這方面將有所幫助，若是說稅從來就是沒有必要的，那就是一種誤導。但這並不代表「用稅來支付支出」，通常指的是「支付」出現的問題。更準確的說法是，通貨膨脹管理或實際資源「支付」或「資助」支出，而稅收在這方面可能會有所幫助。即便如此，在預算中計算出的總稅收，通常也是其意義所在。這個合計的數字本身不會告訴你，價格或行業是否以有利於通貨膨脹管理的理想方式，被定為稅的目標。

5　聯準會也提供「定期存款」，很像私人銀行的定期存單。它們在功能上與公債相似，用它們來代替公債可能會讓事情變得更清楚。它們看起來不太像政府的「貸款」，而是更像美國公債：政府從貨幣供給中把錢抽出，在具有特定的「到期日」的情況下，用流動性交換流

動性較差的資產。你把錢存放在中央銀行一段約定的時間，之後中央銀行會重新發行美元給你。你這樣做是為了安全和一些利息，就像私人銀行一樣。

6　美國公債還有其他的功能——不過這些功能可以透過前面附注提到的「定期存款」來實現。首先，全球金融體系現在依賴美國公債做為一種安全資產。發行這些公債可能會附帶著美元身為世界儲備貨幣的角色。它們也為金融家提供服務。華爾街的投機者肯定非常感激，有機會將資金存停泊在安全的政府資產——至少他們應該如此。大型金融公司如何決定承擔哪些風險？相較於它們可以從政府那裡獲得可靠的資金（大型金融公司使用的兩種主要的正式模型，都是以政府的債券做為基準）。金融資本主義的典範，很樂於接受政府對它們賭博習慣的援助。而且，放心吧，它們歡迎如此多的「社會主義」。

7　聯準會的資產負債表曾經以某種高效的方式運行，每天上下波動數兆美元，但在交易結束時總會歸零。但那些輝煌的日子已經一去不復返了——聯準會的臨時「工具」（通常是在需要時創造的），無論如何就像一個戈德堡（Rube Goldberg）裝置一樣。老奶奶為什麼要只是為了政府資產負債表的審美簿記偏好，而勉強度日呢？前 IMF 官員、央行部門主管彼得·史黛拉（Peter Stella）提出了這種審美偏好，同時也很好的解釋了聯準會的管路系統；請參考 "Peter Stella on Debt, Safe Assets, and Central Bank Operations: A Macro Musings Transcript,"，由大衛·貝克沃思（David Beckworth）採訪，*The Bridge*, Mercatus Center at George Mason University,

February 18, 2019，https://www.mercatus.org/bridge/podcasts/02182019/peter-stella-debt-safe-assets-and-central-bank-operations。

8　美國前財政部副部長法蘭克‧紐曼（Frank N. Newman）這樣表述財政部的觀點：「我記得我在財政部工作的時候，人們總是假設聯準會帳戶裡一開始就有錢。似乎沒有人知道它最初從何而來、何時來的；也許它是在聖經時代建立的。但實際上，如果財政部想在某一天支付200億美元，那麼它在聯準會帳戶中開始時就至少有這麼多錢。然後，它會發行新的國債，並重建它在聯準會的帳戶（我不記得曾經用到透支）。……每個週期都是：先消費，然後發行公債來補充聯準會帳戶。財政部在期間開始時在聯準會帳戶中有一些遺留資金，這個事實與了解任何一年的當前資金流動，並無真的的關係。」史蒂芬妮‧凱爾頓（Stephanie Kelton），"Former Dept. Secretary of the U.S. Treasury Says MMT Critics Are 'Reaching,'" *New Economic Perspectives*, October 30, 2013，https://neweconomicperspectives.org/2013/10/former-dept-secretary-u-s-treasury-says-critics-mmt-reaching.html。

9　史蒂芬妮‧凱爾頓（原名貝爾〔Bell〕）仔細研究會計，解釋了這是如何幫助聯準會設定利率的。她也認為，稅收無法支付任何東西。未償付的債務只是被取消，就像做出承諾然後兌現一樣。你不會「收回你的承諾」，而是以某種方式「保存」走向未來的承諾。從法律上來說，承諾或合同被稱為「解除」或「消滅」；債務完全消失了。史蒂芬妮‧貝爾，"Do Taxes and Bonds Finance Government Spending?," *Journal of Economic Issues* 34, no. 3 (Sept. 2000): 603-20。

10　請參考葛林斯潘對預算委員會的評論，眾議院，2005年3月2日，https://www.youtube.com/watch?v= DNCZHAQnfGU。

11　也就是說，假設國際後果得到控制。國際貨幣體系對於消除危險的「失衡」至關重要。我們在第六章與附錄中，解釋了國際貨幣——特別提款權——如何發揮作用的。

12　請參考葛林斯潘 1997 年的演講，https://www.federalreserve.gov/boarddocs/speeches/1997/19970114.htm。

13　但是請注意，參議員泰德‧克魯茲出於自我膨脹目的的膽小愚蠢行為，利用了美國體系的一個特點，要求每年正式提高「債務上限」。這條規則只會助長這種背信棄義；無論如何，美國都應該信守它的承諾，取消這個立法程序。

14　如果那些購買政府債券的人，開始對看似真的很高的公共債務水準感到不安，那會怎麼樣呢？聯準會將不得不使用其工具，將利率降至一個更好的水準。它可能需要提前注意，並使用我們在第十二章中描述的工具快速做出反應。經濟學家布拉德‧德隆似乎更樂於接受當前的「功能財政」觀點，他在他的部落格 *Brad deLong's Grasping Reality*，在 "By Popular Demand: What Is 'Modern Monetary Theory'?," January 21, 2019（https://www.bradford-delong.com/2019/01/what-is-modern-monetary-theory.html）一文中指出，事情可能出錯的一些相關方式。經濟學家保羅‧克魯曼在 "What's Wrong with Functional Finance? (Wonkish)," *New York Times*,

附注　283

February 12, 2019（https://www.nytimes.com/2019/02/12/opinion/whats-wrong-with-functional-finance-wonkish.html）一文中，擔心一種不太可能出現的債務「滾雪球」的情形，即平均利率超過總體成長率。但是除了利率目標以外，央行有很多工具能預測與預防不良後果。舉例來說，聯準會可以像前面建議的那樣，全部停止發行美國公債，或者提高私人銀行貸款的安全邊際。同樣的，第十二章會展示聯準會的工具包。史蒂芬妮·凱爾頓在 "Modern Monetary Theory Is Not a Recipe for Doom," *Bloomberg Opinion*, February 21, 2019（https://www.bloomberg.com/opinion/articles/2019-02-21/modern-monetary-theory-is-not-a-recipe-for-doom）一文中，以類似的方式對克魯曼做出回應。

15 在金融體系工作的人也有類似的說法。比如法蘭克·紐曼，他借鑒了自己擔任美國財政部副部長、在美國與中國的商業銀行擔任董事長和執行長的經驗。請參考他的 *Freedom from National Debt* (Minneapolis, MN: Two Harbors Press, 2013)。彼得·史黛拉很好的解釋了聯準會的運作機制（請參考上述第七項附注）。另外，金融家華倫·莫斯勒（Warren Mosler），他幫助非正統經濟學家開發了 MMT，提供了局內人的視角。*The 7 Deadly Innocent Frauds in Economic Policy* (Valance Co. Inc., 2010)，可在該網址找到：moslereconomics.com。

16 保羅·薩繆爾森的採訪，*The Life, Ideas and Legacy of John Maynard Keynes*，由馬克·布勞格（Mark Blaug）執導（1988），網址：https://www.youtube.com/watch?v=4_pasHodJ-8。

17 《奇愛博士》中的另一位將軍巴克·特吉森（Buck Turgidson）在作戰室列出了成本效益計算。美國將遭受較低的死亡人數，並留下相當大的威懾能力。既然轟炸已經在進行中，你知道的，最好現在就全力以赴，抓住出其不意的時機，把傷亡人數降到最低。馬弗里（Muffley）總統反對說，這是「大屠殺」，不是戰爭。對此，他回答：「總統先生，我沒有說我們不會把頭髮弄亂。」和里巴一樣，也和薩繆爾森一樣，特吉森儘量減少不利因素，但他忽略了仍然存在的選項（例如，召回或擊落轟炸機），認為長期的文明只需要可怕的事情。

18 如同前言所提到的，這是我們與一些 MMT 經濟學家不同的關鍵方式，他們會要求立法機構用財政政策來管理通貨膨脹。有些人認為這更「民主」。我們懷疑立法機構在這類敏感的問題上能否始終足夠可靠，尤其是在休會期間。正如我們在第十四章中所解釋，「獨立」的中央銀行可以與「民主課責」保持一致。

第三章

1 J·L·奧斯汀，"Performative Utterances," in *Philosophical Papers* (Oxford: Oxford University Press, 1961), 235。另請參考奧斯丁，《如何以言語行事》（*How to Do Things with Words*），第二版，eds. J. O. Urmson and Marina Sbisà (Cambridge, MA: Harvard University Press, 1975)。

2 約翰·希爾勒，*Making the Social World: The Structure of Human Civilization* (Oxford: Oxford University Press, 2010), 12。

3　伊索（Aesop）的*Complete Fables*, trans. Olivia and Robert Temple (Penguin Classics, 2003), fable 46。

4　"What Are the Federal Reserve's Objectives in Conducting Monetary Policy?,"，聯邦準備理事會常見問答集，最新更新日期：2019 年 12 月 11 日，https://www.federalreserve.gov/faqs/money_12848.htm（斜體字補充）。

5　這可能需要擴大法律上的授權。

第四章

1　霍布斯確實建議君主維護文明與公平，這有利於穩定。因此，一個明智的獨裁者肯定會出於自身利益，利用金錢和銀行家謀取普遍利益。普遍的繁榮可以安撫群眾，培養人們對他的仁慈的感覺，這也會滿足他的虛榮心。即使如此，至高無上的統治者對我們沒有義務，可能太愚蠢或太粗心以致於無法明智的治理國家。如果他做好事，可能是因為害怕叛亂——也可能是因為害怕被斬首。

2　盧梭，*The Social Contract*, in *The Social Contract and Other Later Political Writings*, ed. and trans. Victor Gourevitch (Cambridge: Cambridge Press, 1997)。

3　請參考亞倫・詹姆斯，*Assholes: A Theory* (New York: Doubleday, 2012), 4n。

4　我們猜想如果盧梭多考慮一下錢的話，他本人也會同意。請參考例如羅伯特・霍克特 "Rousseauvian Money" (Cornell Legal Studies Research Paper Series No. 18-48, Cornell Law School, Ithaca, NY, last revised May 28, 2019)，https://papers.ssrn.com/sol3/papers.cfm?abstract_id=3278408。

5　阿瓦列多（Facundo Alvaredo）、伯特蘭・加賓蒂（Bertrand Garbinti），以及托瑪・皮凱提，"On the Share of Inheritance in Aggregate Wealth: Europe and the USA, 1900–2010," *Economica* 84 (2017): 239-60。另請參考克里斯多福・英格拉漢（Christopher Ingraham），"People like the Estate Tax a Whole Lot More When they Learn How Wealth is Distributed," *Washington Post*, February 6, 2019，https://www.washingtonpost.com/us-policy/2019/02/06/people-like-estate-tax-whole-lot-more-when-they-learn-how-wealth-is-distributed/。

6　史蒂文・李維茲基（Steven Levitsky）與丹尼爾・齊布拉特（Daniel Ziblatt），*How Democracies Die* (New York: Crown, 2018)。

7　盧梭對「普遍意志」（general will；大致意思是「人們的意志」）的描述過於模糊，這是一個問題。雅各賓派用盧梭的話來合理化斷頭臺上的大屠殺。但是，「普遍意志」的概念一直被認為是在民主制度內被賦予意義的——而現在正是這些制度被顛覆了。從本質上說，它是由公正的制度凝聚起來的人們的意志。請參考弗雷德里克・紐豪澤（Frederick Neuhouser），*Foundations of Hegel's Social Theory: Actualizing Freedom* (Cambridge, MA: Harvard University Press, 2000), chapter 2 in particular。

8　訣竅在於，在新對手拉攏你不可或缺的支持者之前，先拉攏他們——至少要有足夠長的時間，將規則傳遞給部落或家族（這樣今天的支持者就可以繼續輕鬆賺大錢）。民主政體不一樣是因為你需要更多的人的支持，一個更大的「代表選舉團」。關於這項分

析，請參考布魯斯‧梅斯吉塔（Bruce Bueno de Mesquita）與艾雷斯塔‧史密斯（Alastair Smith），*The Dictator's Handbook* (New York: Public Affairs, 2011)，以及布魯斯‧梅斯吉塔等人，*The Logic of Political Survival* (Cambridge, MA: MIT Press, 2005)。

9 國際體系甚至鼓勵資源控制的鬥爭。只要一個獨裁者有效的掌握權力，他在國際貿易中受到的對待，就好像他完全有權出售他的國家的資源，並以國家的名義借錢。這是我們的法律決定，我們可以做出不同的決定。國際協定可以禁止所有這類的交易。或者，少數重要貿易夥伴國家，可以簡單的改變它們國內的財產規則，這樣來自獨裁國家的貨物或資金的所有權就不會轉移。正如我們現在所允許的事情，我們在民主國家購買的石油與電子產品讓獨裁者繼續掌權——反過來又削弱我們的經濟與政治體系。上述內容都在利夫‧韋納（Leif Wenar），Blood Oil (Oxford: Oxford University Press, 2015)一書中有提出。請參考亞倫‧詹姆斯，"Why We Must Lift the Resource Curse," in Wenar et al., *Beyond Blood Oil: Philosophy, Policy, and the Future* (Lanham, MD: Rowman and Littlefield, 2018)。

10 如果事情在選舉前進展順利，人們也會傾向於重新選舉現任者，如果不順利，人們就把那些不稱職的人趕出去。他們主要根據政黨路線投票，不是因為政黨代表獨立的政策偏好，而是因為他們根據黨派關係決定選擇什麼，而黨派關係是基於種族、性別、民族、宗教、地區或階級群體決定的。當人們密切關注時，這些趨勢會變得更糟。克里斯多

弗‧H‧亞辰（Christopher H. Achen）與拉瑞‧M‧巴托斯（Larry M. Bartels），*Democracy for Realists* (Princeton: Princeton University Press, 2016)。

11 約翰‧杜威，*The Political Writings*, eds. Debra Morris and Ian Shapiro (Indianapolis: Hackett, 1993), 122。

12 這是約翰‧羅爾斯的里程碑式著作 *A Theory of Justice* (Cambridge, MA: Harvard University Press, 1971)的第三部分的思想，該著作繼承了盧梭的理性主義道德教育理論。

13 盧梭，"Discourse on the Sciences and Arts or First Discourse," in T*he Discourses and Other Early Political Writings*, ed. Victor Gourevitch (Cambridge: Cambridge University Press, 1997)。

14 盧梭，"Discourse on the Origins and Foundations of Inequality Among Men or Second Discourse," in The Discourses. "Second Discourse" 的深入討論為弗雷德里克‧紐豪澤，Rousseau's Critique of Inequality (Cambridge: Cambridge University Press, 2014)。

15 盧梭在他後來對民主的積極看法（*The Social Contract* 一書）中忽略了金錢。羅爾斯看到了一般的觀點，但他的 *A Theory of Justice*一書卻從未揭示出貨幣政策的特殊作用——他只是把貨幣政策納入社會制度的「基本結構」的經濟分支中。

16 盧梭，"Second Discourse"。

17 關於擔心不平等的類似、重疊的理由清單，請參考托馬斯‧斯坎倫，*Why Does Inequality Matter?* (Oxford: Oxford University Press, 2018)。

18 約翰‧巴夫（John Bargh），"At Yale We

Conducted a Study to Turn Conservatives into Liberals. The Results Say a Lot About Our Political Divisions," *Washington Post*，November 22, 2017，https://www.washingtonpost.com/news/inspired-life/wp/2017/11/22/at-yale-we-conducted-an-experiment-to-turn-conservatives-into-liberals-the-results-say-a-lot-about-our-political-divisions。

19 凱琳・奧康納（Cailin O'Connor）與魏瑟羅（James Owen Weatherall），*The Misinformation Age: How False Beliefs Spread* (New Haven: Yale University Press, 2019)。

第五章

1 米歇爾・因內斯，"What is Money?," *Banking Law Journal* 30 (1913): 392。另請參考他的後續文章，"The Credit Theory of Money," *Banking Law Journal* 31 (1914): 151-68。

2 尼采，*On the Genealogy of Morals and Ecce Homo*, trans. and ed. Walter Kaufmann (New York: Vintage, 1967), 64-65。

3 該讚揚的就讚揚。有一些早期的貨幣「信用理論」的先驅，如約翰・羅（1705 年的 *Money and Trade Considered*）與詹姆斯・斯圖亞特爵士（1767年的 *An Inquiry into the Principles of Political Economy*）。被卡爾・馬克思批評過的亨利・鄧寧・麥克勞德（Henry Dunning Macleod）在分別於 1855 年和 1856 年出版的 *The Theory and Practice of Banking*, vols. I and II 中也有類似的思想。同樣值得注意的還有亨利・桑頓，1845 年；詹姆斯・弗格森（James Ferguson），*Treatise on Civil Society*；

以及孟德斯鳩，*The Spirit of the Laws* (1748)。

4 亨利・桑頓是一位英國銀行家，他對18世紀晚期的倫敦金融市場有了深入的了解。他的 *Enquiry into the Nature and Effects of the Paper Credit of Great Britain* (1802)，充滿了對貨幣內生信用性質的洞見，即使是當代正統經濟理論也應該好好學習。就馬克思而言，在貨幣問題上，他經常被誤認為是一個落後的「金屬主義者」，因為他主要使用「金錢」這個詞與所謂的「商品貨幣」做為連接。一旦我們觀察到，他只是用了一個不同的術語——「虛構資本」（fictitious capital）——來解釋今天人們所說的「金錢」，然而，我們馬上就會發現，他對信貸貨幣在推動繁榮與蕭條週期中所扮演的角色，有著豐富、桑頓式的理解。這一點不僅體現在 *Capital* 一書的第一冊(1867)，也體現在他死後出版的第二冊(1885)與第三冊(1894)，*Theories of Surplus Value* (1905-1910)就更不用說了。《經濟學人》（*The Economist*）雜誌的創辦人沃爾特・白芝浩（Walter Bagehot）也發表了類似的言論，他的 *Lombard Street* (1873)一書，至今仍是央行需要「最後貸款人」的經典表述，這要歸功於內生產生的信貸貨幣具有情緒多變的特性。至於跟亞當・斯密大致同時代的斯圖亞特與孟德斯鳩，令人遺憾的是，更多讀過前者的人卻沒有讀過後者。雖然亞當・斯密在許多問題上有深刻見解——貨幣、交換經濟在需要政府解決的集體行動挑戰中的脆弱性——但這些問題不在其中。正是凱因斯重新發現了孟德斯鳩的這點。不幸的是，直到現在，斯圖亞特還在等待被重新發現。

第六章

1 亞里斯多德，*Politics* 1.9.1257a-b；亞當·斯密，*Wealth of Nations*, bk. 1, ch. 5。

2 保羅·薩繆森，*Economics*, 9th ed. (New York: McGraw Hill, 1973), 55。

3 歐文·費雪，*The Money Illusion* (New York: Adelphi, 1929)。

4 阿爾弗雷德·馬歇爾在其1890年的 *Principles of Economics*（古典理論最精采的部分）一書中，闡述了為什麼他忽略金錢，傾向於理智的斜視：「在這本書中，我們可能忽視金錢的一般購買力可能發生的變化。因此，任何東西的價格，都會被當作它相對於一般事物的交換價值的代表」。(New York, Cosimo Classics, 2009), 62。

5 另一位偉大的古典理論家庇古是這樣說的：「貨幣事實……對經濟福利沒有直接的意義。從這個意義上來說，金錢顯然是一層面紗。它不構成任何經濟生活的基本要素。」*The Veil of Money* (London: Macmillan, 1949), 14。

6 人類學家卡羅琳·漢弗萊（Caroline Humphrey）詳細描述了這個案例，她解釋：「至今為止，還沒有一個純粹且簡單的以物易經濟的例子被描述過，貨幣的出現就更不用說了；所有可得的人種誌都表明，從來沒有這樣的事情。」"Barter and Economic Disintegration," *Man* 20, vol. 1 (March 1985): 48。

7 人類學家大衛·格雷伯在《債的歷史：從文明的初始到全球負債時代》(Newv York: Melville House, 2011) 一書中，介紹了尼采與債務關係的歷史範例，以揭示「以物易物的錯誤看法」。我們認為尼采是有用的「推測歷史」。

8 用當代道德哲學的語言來說，道德的很大一部分可以是關於「我們欠彼此什麼」。在哲學家托馬斯·斯坎倫頗具影響力著作《我們彼此負有什麼義務》中，我們對彼此的虧欠——曾經在電視劇《良善之地》（*The Good Place*）中出現過。對與錯，只是一個我們能否向他人證明的問題。如果有人問：「怎麼能這樣呢？」也許你會有一個合理的答案；你確實可以向她證明你的行為是正當的。但如果你試圖解釋，卻真的解釋不了（不能以對方無法合理抱怨的方式），你的所作所為對她來說就是不合理的。你誠實的解釋你的動機：「好吧，既然你問了，是的，我確實穿過了停止標誌，擋了你的路；不是因為我開 BMW，而是因為，你看，我的時間真的很寶貴。你的，比較沒那麼寶貴，對吧？（另外，你知道，上帝並不存在。）」但是，這個「理由」顯然是不夠的。如果你這麼說，她會用懷疑的眼神盯著你，用不滿的眼神看著你，這是理所當然的。請參考斯坎倫的《我們彼此負有什麼義務》（Cambridge, MA: Harvard University Press, 1998）。以下是December 2019 Vox podcast, *The Ezra Klein Show*，《良善之地》創作者麥可·舒爾（Michael Schur）與他的哲學加顧問（加州大學洛杉磯分校教授漢斯坎倫的學生）潘蜜拉·希羅尼米（Pamela Hieronymi）：https://www.vox.com/podcasts/2019/12/10/21002589/the-ezra-klein-show-mike-schur-the-good-place-moral-philosophy。

9 事實上，做為根植於承諾與相互義務，金錢是最富有道德的機構之一——在我們被告知為「萬惡之源」的事物中一件值得注意的事。請參考羅伯特·霍克

特，"Rousseauvian Money" (Cornell Legal Studies Research Paper Series No. 18-48, Cornell Law School, Ithaca, NY, last revised May 28, 2019), https://papers.ssrn.com/sol3/papers.cfm?abstract_id=3278408。

10 關於經典療法，請參考歐文·費雪，*Booms and Depressions: Some First Principles* (New York: Adelphi, 1932)。關於經濟大衰退，請參考阿蒂夫·米安（Atif Mian）與阿米爾·蘇斐（Amir Sufi），"Consumers and the Economy, Part II: Household Debt and the Weak US Recovery," *FRBSF Economic Letter*, January 18, 2011，https://www.frbsf.org/economic-research/files/el2011-02.pdf。

11 如果你在大學裡學過經濟學，你可能會想起著名的 Arrow-Debreu 一般均衡模型——個重要的範例。基本框架可以追溯到19世紀的法國經濟學家里昂·瓦爾拉斯（Léon Walras），現在仍然主導著總體經濟的模型建立。將這種經濟方法系統化的典範仍然是德布赫（Gérard Debreu）的 *Theory of Value* (1954)——一本非常漂亮，但同樣無用的小專著，作者在第一章就預先警告讀者，金錢被架設為無關緊要的。毫不意外的，根據凱因斯的觀察，有時間而沒有確定性的生活使金錢成為必要，德布赫也假定不確定性（有別於精算風險），並在「兩階段模型」中將時間本身減少到不超過兩個時期——「之前」與「之後」。

12 這裡有一個這種模型的好例子，它明確的包括「沒有錢」：小約翰·B·朗（John B. Long, Jr.）與查爾斯·I·普洛瑟（Charles I. Plosser），"Real Business Cycles," *Journal of Political Economy* 91, no. 1 (February. 1983): 39-69。金錢專家可

能認得查爾斯·普洛瑟這個名字，他是一位貨幣「鷹派」人物，曾在 2006 年底至 2015 年初擔任費城聯邦準備銀行（Philadelphia Fed）總裁。

13 非主流經濟學家史蒂夫·基恩（Steve Keen）確實利用模型預測了2008年的危機。他的模型追蹤了不同領域、公部門與私部門、國內與國外之間的流動，並讓人們分辨出不可持續的「失衡」，在這個例子中是私人銀行與家庭的資產負債表，正如他在 *Can We Avoid Another Financial Crisis?* (Cambridge, UK: Polity, 2017)一書中所解釋的。他借鑒了韋恩·戈德利（Wynne Godley）的重要著作"sectoral balance accounting"，例如，韋恩·戈德利與馬克·拉沃伊（Marc Lavoie），*Monetary Economics: An Integrated Approach to Credit, Money, Income, Production and Wealth* (New York: Palgrave Macmillan, 2006)。

14 凱因斯，"A Monetary Theory of Production"，1933年發表的一篇德文版文章，英文版可於下列網址取得：https://www.hetwebsite.net/het/texts/keynes/keynes1933mtp.htm。

15 米爾頓·傅利曼，"The Role of Monetary Policy," *American Economic Review* 58, no. 1 (March 1968): 3。

16 《洋蔥報》，February 16, 2010，https://www.theonion.com/u-s-economy-grinds-to-halt-as-nation-realizes-money-ju-1819571322。

17 至於如何形成這種奇怪的「互為主體性」的現實該如何理解，可能取決於我們如何看待他人的想法。完整故事，請參考亞倫·詹姆斯，"Money, Recognition, and the Outer Limit

of Obliviousness"（內容可在他的加州大學爾灣分校哲學系網站上找到，網址：https://www.faculty.uci.edu/profile.cfm?faculty_id=4884）。

18 米歇爾・因內斯，"The Credit Theory of Money," *Banking Law Journal* 31 (1914): 155。

19 如欲了解更新後的 IMF（更符合凱因斯的觀點，也更能滿足當代世界經濟的需要）草圖，請參考羅伯特・霍克特，"Bretton Woods 1.0: A Constructive Retrieval for Sustainable Finance," *New York University Journal of Legislation & Public Policy* 16, no. 1 (2013), https://scholarship.law.cornell.edu/facpub/921/。關於為什麼擴大 SDR 的使用是公平的要求，請參考亞倫・詹姆斯，"The Fairness Argument for International Money"（內容可在他的加州大學爾灣分校哲學系網站上找到，網址：https://www.faculty.uci.edu/profile.cfm?faculty_id=4884）。

第七章

1 這個觀點甚至與米爾頓・傅利曼的「貨幣主義」不一致，至少有一篇讀物是這樣。但「中性面紗」的經典形象依然存在，促使經濟學家大多將貨幣政策與經濟學其他部分分離開來。

2 再說一次，標準均衡模型不會出現在連續時間。正如我們在第六章中提到的，在完全競爭條件下，有影響力的 Arrow-Debreu 效率市場模型就是一個很好的例子。

3 關於從這個事實產生的與當代金融體系相關的許多分支，請參考羅伯特・霍克特，"The Capital Commons: Digital Money and Citizens' Finance in a Productive

'Commercial Republic'" (manuscript, 2018)。

第八章

1 有些高喊「終結聯準會！」的人並無此意，或者根本不知道他們想像的是什麼。那些有此意的人，應該提供一個可信的計畫，不只可以應對眼前的危機，還能應對更不穩定的繁榮與蕭條週期、幾十年的經濟衰退、對數百萬計的人們的長期傷害，以及隨之而來的文化與政治動盪（包含對民主的新威脅）所帶來的更高的風險。而且，不，不要提到聯準會的懷疑論者，像是海耶克、路德維希・馮・米塞斯，以及米爾頓・傅利曼；必須說一些明智的東西，對大量真實人們和社會的未來來說，真正嚴重的危機風險。有些人希望保留國有化的貨幣，只不過是限制聯準會在管理其總體供給方面的角色，例如，透過回歸國家金本位制，或法定貨幣下的功能等價物（例如，透過一些專制、固定的限額來設定貨幣發行）。但正如我們將會看到的，這也會為經濟成長帶來巨大的危機風險。

2 請參考羅伯特・霍克特，"Money's Past is Fintech's Future: Wildcat Crypto, The Digital Dollar, and Citizen Central Banking," *Stanford Journal of Blockchain Law & Policy*, June 28, 2019, https://stanford-jblp.pubpub.org/pub/wildcat-crypto-fintech-future。

第九章

1 如欲了解更多關於這種模式及其錯誤之處，請參見羅伯特・霍克特與索爾・T・奧瑪洛瓦（Saule T. Omarova），"The

Finance Franchise," *Cornell Law Review* 102:1143 (2017)，以及羅伯特‧霍克特，"Finance without Financiers," in Erik Olin Wright, ed., *Democratizing Finance* (New York: Verso, forthcoming 2020)，也可在下列網址取得：https://ssc.wisc.edu/~wright/929-utopias-2018/wp-content/uploads/2018/01/Hockett-Finance-without-Financiers-17-June-2017.pdf。在克努特‧威克塞爾（Knut Wicksell）提出的最初構想中，除了預先積累的錢以外，「可貸資金」還包含銀行產生的信用貨幣，威克塞爾稱之為「銀行貨幣」。在格里‧曼昆（Greg Mankiw）被廣泛使用的經濟學教科書與許多評論文章中，更現代版的詮釋將可貸資金視為預先積累的。現在，當你遇到「可貸資金」這個詞時，你可能會讀到或聽到一些對銀行、銀行系統的實際運作方式幾乎一無所知的人說的話。克魯曼的專欄對這觀點似乎不太清楚。

第十章

1 羅伯特‧霍克特在 "The Capital Commons: Digital Money and Citizens' Finance in a Productive 'Commercial Republic'" (manuscript, 2018) 中，詳細闡述了下面描述的形式的全面發展與詳細提議。請參考羅伯特‧霍克特與索爾‧奧瑪洛瓦，"The People's Ledger" (in progress)。羅伯特‧霍克特在 "The Democratic Digital Dollar," *Harvard Business Law Review* 10, no. 1 (2020)（https://www.hblr.org/wp-content/uploads/sites/18/2020/02/The-Democratic-Digital-Dollar_HBLR_FINAL.pdf）中，詳盡說明了一個既適合州與地方政府、適合美國財政部，也適合聯準會的計畫版本。2019 年 10 月，紐約州眾議院與紐約州參議院採用了由鮑伯起草、旨在為紐約州落實這個計畫的立法。白皮書更詳細的解釋了紐約提案。請參考羅伯特‧霍克特，"The New York State Inclusive Value Ledger: A Peer-to-Peer Savings & Payments Platform for an All-Embracing and Dynamic State Economy" (manuscript, 2019)，可於紐約州眾議員金兌錫（Ron Kim）的網站上取得：https://ronkimnewyork.com/downloads/The-New-York-Inclusive-Value-Ledger-Sept-2019.pdf。這篇白皮書後來被改善、歸納，並發表在 Harvard Business Law Review 上，內容如下：https://www.hblr.org/wp-content/uploads/sites/18/2020/02/The-Democratic-Digital-Dollar_HBLR_FINAL.pdf。美國眾議院金融服務委員（US House Financial Services Committee）目前也在考慮鮑伯的「財政部美元」（Treasury Dollar）計畫，這是一種可快速實施的方式，財政部可以透過這種方式，向美國所有公民、企業，以及合法居民提供數位支付與儲蓄。請參考例如，https://papers.ssrn.com/sol3/papers.cfm?abstract_id=3563007；https://www.forbes.com/sites/rhockett/2020/03/29/why-now-for-a-digital-treasury-dollar-because-coronavirus/#2e6191151305；以及https://www.forbes.com/sites/rhockett/2020/03/24/how-to-keep-the-digital-dollar-democratic-a-treasury-dollar-bill—treasury-direct-plan/#5a6200f837c8。

2 請參考例如丹尼爾‧艾爾伯特（Daniel Alpert）、羅伯特‧霍克特，以及魯比尼（Nouriel Roubini），"The Way

Forward," Policy Paper, New America Foundation, October 10, 2011，https://www.newamerica.org/economic-growth/policy-papers/the-way-forward/。

3　關於最後兩點，請參考羅伯特・霍克特與理查・瓦格（Richard Vague），*Debt, Deflation, and Debacle: Of Private Debt Write-Down and Public Recovery*, Global Society of Fellows, the Global Interdependence Center at the Federal Reserve Bank of Philadelphia, April 9, 2013，https://www.interdependence.org/wp-content/uploads/2013/04/Debt-Deflation-and-Debacle-RV-and-RH1.pdf。

4　這個建議與其他建議有重疊之處。請參考尼克・格魯恩（Nick Gruen），*Central Banking for All: A Modest Proposal for Radical Change*, Nesta, March 2014，https://media.nesta.org.uk/documents/central_banking_for_all.pdf；德克・尼伯特（Dirk Niepelt），"Reserves for Everyone—Towards a New Monetary Regime?," VOXEU Center for Economic Policy Research Policy Portal, Jan. 21, 2015, https://voxeu.org/article/keep-cash-let-public-hold-central-bank-reserves；"Central Banks Should Consider Offering Accounts to Everyone," *Economist*, May 26, 2018, https://www.economist.com/finance-and-economics/2018/05/26/central-banks-should-consider-offering-accounts-to-everyone；以及（更詳細的說明）強納森・麥克米蘭（Jonathan McMillan），*The End of Banking: Money, Credit, and the Digital Revolution* (Zurich: Zero/One Economics, 2014)；摩根・里克斯（Morgan Ricks）、約翰・克勞福（John

Crawford），以及列夫・梅納德（Lev Menand），"Digital Dollars" George Washington Law Review (forthcoming)，https://papers.ssrn.com/sol3/papers.cfm?abstract_id=3192162。另請參考 JP 科寧（JP Koning）、大衛・安多爾法圖（David Andolfatto），以及羅伯特・薩姆斯（Robert Sams）在 2014 年與 2015 年提出的「Fedcoin」提案。在過去的一年裡，我們之中的其中一人——鮑伯——也一直在跟紐約州的立法者和美國眾議院金融服務委員會合作，將這個計畫的州級別版本落實到位。請參考霍克特在上文第十章第一節中引用的資料。

5　許多批評人士認為，僅靠貨幣政策不足以解決 2008 年的危機，尤其是在「流動性陷阱」之下。財政措施也是必要的。我們同意這種批評。但是在 2009 年至 2012 年期間觀察到的貨幣政策缺陷，更多是源自於特許經營的貨幣政策，而非貨幣政策本身。我們的「內包」建議說明瞭原因。

6　如欲了解更多關於「人民的量化寬鬆」與「直升機撒錢」的建議，請參考例如阿納托萊・卡列茨基（Anatole Kaletsky），"How About Quantitative Easing for the People?," *Reuters*, August 1, 2012，http://blogs.reuters.com/anatole-kaletsky/2012/08/01/how-about-quantitative-easing-for-the-people/；馬丁・沃夫（Martin Wolf），"Central Banks Need a Helicopter," *Financial Times*, December 4, 2008，https://www.ft.com/content/c9b60ecf-2b41-329d-8aad-a94daf7af45f。「直升機」口語詞彙源於米爾頓・傅利曼，"The Role of Monetary Policy," *American Economic Review* 58, no. 1

(March 1968): 1-17。凱因斯在三十幾年前用過把錢埋在瓶子裡的比喻。凱因斯，*The General Theory of Employment, Interest, and Money* (London, Macmillan: 1936)。

7 請參考霍克特與奧瑪洛瓦，"The Finance Franchise," *Cornell Law Review* 102:1143 (2017)。

8 關於其中一些公開的次級與三級造市活動，請參考例如羅伯特·霍克特，"Republican Home-Owning," White Paper, Federal Reserve Bank of St. Louis, December 2018，https://www.stlouisfed.org/~/ media/files/pdfs/hfs/assets/2018/tipping-points/hockett_tipping_points_paper_2018_12.pdf?la=en；羅伯特·霍克特與索爾·T·奧瑪洛瓦，"'Private' Means to 'Public' Ends: Governments as Market Actors," *Theoretical Inquiries in Law* 15, no. 1 (January 2014): 53-76；羅伯特·霍克特，"How to Make QE More Helpful: By Fed Shorting of Commodities, *Benzinga*, October 11, 2011，https://www.benzinga.com/news/11/10/1988109/how-to-make-qe-more-helpful-by-fed-shorting-of-commodities；以及羅伯特·霍克特，"A Jeffersonian Republic Through Hamiltonian Means: Values, Constraints, and Finance in an American 'Ownership Society,'" *Southern California Law Review* 79, no. 1 (2005-2006): 45-164。

9 我們早在一個世紀前就可以這麼做了，1918 年採用的聯邦準備體系電匯系統（Fedwire）或新政時代的銀行改革時，肯定也能這麼做。關於聯邦準備體系電匯系統的歷史，請參考譬如亞當·吉爾伯（Adam Gilbert）、多拉·杭特（Dara Hunt），以及肯尼斯·C·溫奇（Kenneth C. Winch），"Creating an Integrated Payment System: The Evolution of Fedwire," *FRBNY Economic Policy Review* 3, vol 2 (July 1997): 1-7。

10 這些優點包括：（1）交易可以以無法去除、可複製的方式被記錄與追蹤；（2）可以是非常私密與安全的；（3）幾乎可以同時處理與「結算」；（4）可以隨時與多個國家、地方、或跨國支付基礎設施連接。

11 如欲了解更多細節，請參考羅伯特·霍克特，"Money's Past is Fintech's Future: Wildcat Crypto, The Digital Dollar, and Citizen Central Banking," *Stanford Journal of Blockchain Law & Policy*, June 28, 2019，https://stanford-jblp.pubpub.org/pub/wildcat-crypto-fintech-future。

第十一章

1 哈利·考克本（Harry Cockburn），"China Blacklists Billions of People from Booking Flights as 'Social Credit' System Introduced," *Independent*, Nov. 22, 2018。https://www.independent.co.uk/news/world/asia/china-social-credit-system-flight-booking-blacklisted-beijing-points-a8646316.html。Netflix影集《黑鏡》（*Black Mirror*）的一集〈急轉直下〉（Nosedive）就將該計畫改編成劇本。

2 如果自然權利像一些自由主義者所宣稱的那樣有說服力，那麼即使是有限的政府也很難被證明是正當的。洛克的自由意志主義哲學家諾齊克（Robert Nozick）在他著名的著作 *Anarchy, State, Utopia* (New York: Basic Books, 1974)中，

假定自然權利是近乎絕對的「邊際約束」（side constraints）。他認為自己可以證明一個「最低限度的國家」是合理的，但他在這方面，他的論點雖然聰明而有影響力，但卻是不連貫的：它要不是需要無政府狀態，就是允許一個更健全的社會福利國家；它不能證明介於兩者之間的東西——一個最低限度的國家。在這本書中，諾齊克與約翰・羅爾斯的 *A Theory of Justice* 有過一次著名的爭論，使盧梭的政治哲學復興。

3 在羅爾斯的版本中，在不知道我們實際的社會地位（在「無知的面紗」後面）的情況下，我們會從自身利益中選擇原則。我們會堅持保護我們的基本自由，但隨後又要求獲得機會和經濟物品的普遍分配的原則。然後，從自由、機會，以及平等的道德基礎逐步向更具體的應用——到憲法、制度、法律，以及政策，其中包括我們的社會會計系統。

4 金錢可以說是運作得更深入，建構了我們的機構。關於遊戲中的記分如何「俘虜」並潛在的腐蝕我們的機構、自主權，以及價值觀，請參考 C. Thi Nguyen，"Gamification and Value Capture," ch. 9 in Games: Agency as Art (Oxford: Oxford University Press, forthcoming 2020)。Nguyen 的分析可以延伸到金錢做為一種記分方法，也有助於解釋金錢的腐敗影響。

第十二章

1 關於影子銀行，請參考霍克特，"Finance without Financiers," in Erik Olin Wright, ed., Democratizing Finance (New York: Verso, forthcoming 2020)，也可在下列網址下載：https://ssc.wisc. edu/~wright/929-utopias-2018/wp-content/uploads/2018/01/Hockett-Finance-without-Financiers-17-June-2017.pdf。

2 請參考羅伯特・霍克特，"A Fixer-Upper for Finance," *Washington University Law Review* 87, no. 6 (2010): 1213-91，https://papers.ssrn.com/sol3/ papers.cfm?abstract_id=1367278。

3 請參考羅伯特・霍克特，"The Macroprudential Turn: From Institutional 'Safety and Soundness' to Systemic 'Financial Stability' in Financial Supervision," *Virginia Law and Business Review* 9, no. 2 (2014): 201-56，https://papers.ssrn.com/sol3/papers.cfm?abstract_id=2206189。

4 請參考羅伯特・霍克特，"How to Make QE More Helpful: By Fed Shorting of Commodities," *Benzinga*, October 11, 2011，https://www.benzinga.com/news/11/10/1988109/how-to-make-qe-more-helpful-by-fed-shorting-of-commodities。

5 請參考羅伯特・霍克特，"Open Labor Market Operations," *Challenge* 62, no. 2 (2019): 113-27，https://papers.ssrn.com/sol3/papers.cfm?abstract_id=3298823。

6 丹尼爾・塔魯洛（Daniel Tarullo）借鑒了他在聯邦準備理事會的前理事經驗，解釋了現有的通貨膨脹動態理論是多麼有限。他做出結論說，「目前沒有一個詳盡、以經驗為主的理論，能夠以一種對即時決策有用的方式，來解釋當代的通貨膨脹動態。」在這裡，他指的是依賴於「不可觀察變數」的老生常談的概念，包含「通貨膨脹預期」以及失業和通貨膨脹之間的抵換「菲利普曲線」（Philips curve）。他建議更加關注於

「可觀察的東西」，同時放棄標準理論。"Monetary Policy without a Working Theory of Inflation" (Hutchins Center Working Paper no. 33, Hutchins Center on Fiscal and Monetary Policy, Washington, DC), https://www.brookings.edu/research/monetary-policy-without-a-working-theory-of-inflation/。

第十三章

1 為了做到真正的刀槍不入，政府應該獲得貨幣的主權，定義如下：（1）以選定的記帳單位發行自己的貨幣；（2）使用這個單位徵稅，以確保其「流通」（透過對監獄的恐懼）；（3）只借入或主要借入自己的貨幣；（4）實行浮動匯率而非固定匯率（或者是「骯髒的浮動匯率」，即偶爾進行干預，限制與其他貨幣的匯率上限或下限）；（5）對食物或能源等必要商品的貿易依賴有限，以利減輕外匯與通貨膨脹風險；（6）通過「獨立的」中央銀行，或在政治上可行的情況下適當的立法規畫，建立相當有效、廉潔的機構來管理通貨膨脹。另請參考附錄。

2 這是羅伯特·霍克特在 "Save Europe's Marriage with a Trial Separation," *Bloomberg*, June 12, 2012（https://www.bloomberg.com/opinion/articles/2012-06-12/save-europe-s-marriage-with-a-trial-separation）中的建議。另請參考羅伯特·霍克特，"What the Euro's Current Difficulties Really Mean," *The Hill*, July 4, 2015，https://thehill.com/blogs/pundits-blog/international/246834-what-the-euros-current-dif-ficulties-really-mean。

3 這個觀點曾一度引起爭議。勝過任

何經濟學家的丹尼·羅德里克（Dani Rodrik），在他有影響力的論文與他的書籍 *One Economics, Many Recipes* (Princeton: Princeton University Press, 2007) 中澄清了此事。

4 喬瑟夫·史迪格里茲（Joseph Stiglitz），*Making Globalization Work* (New York: W. W. Norton, 2006)。

5 例如，突尼西亞可能會從「進口替代」轉變為「最後的雇主」，如 FadhelKaboub 在 "ELR-Led Economic Development: A Plan for Tunisia" (Working Paper no. 499, The Levy Economics Institute of Bard College, Annandale-on-Hudson, NY, May 2007, http://www.levyinstitute.org/pubs/wp_499.pdf) 中所建議的。有些國家可能在可行的情況下，儘量減少基本必需品的「貿易依賴」，或在緊急情況下預先安排商品「互換額度」。舉例來說，德國在戰後重建期間明智的安排了大宗商品的互換。請參考羅伯特·霍克特，"Bretton Woods 1.0: A Constructive Retrieval for Sustainable Finance," *New York University Journal of Legislation and Public Policy* 16, no. 2 (2013): 401-83，https://scholarship.law.cornell.edu/facpub/921。「石油互換」（用原油換精製油，無需支付美元）可能有助於緩解委內瑞拉目前的通貨膨脹危機。

第十四章

1 請參考亞倫·詹姆斯，*Assholes: A Theory* (New York: Doubleday, 2012)；亞倫·詹姆斯，*Assholes: A Theory of Donald Trump* (New York: Doubleday, 2016)。

2 現代貨幣理論（或簡稱 MMT）的支持者在提出聯邦「就業保障」時（一旦實

施，就會自動提供每個人工作機會，而不會產生新的通貨膨脹壓力），往往持有這種觀點。公部門工資只是被保持在夠低的水準，而不至於讓人們脫離私部門的工作，因此工資大多數情況下不會被抬高。這個特定政策（我們將在第十五章討論）有「自動穩定器」的效果，因此不需要不斷進行立法調整。

3　阿巴・勒納，"The Economic Steering Wheel or The Story of the People's New Clothes," ch. 1 in *Economics of Employment* (New York: McGraw-Hill, 1951) (based on a 1941 essay)。

4　請參考弗朗切斯科・比安奇（Francesco Bianchi）、席洛・凱德（Thilo Kind），以及霍華・鞏（Howard Kung），"Threats to Central Bank Independence: High-Frequency Identification with Twitter" (NBER Working Paper No. 26308, National Bureau of Economic Research, Cambridge, MA, issued September 2019, last revised January 2020)，https://www.nber.org/papers/w26308。為了維護川普的立場（如果不是他的理由的話），我們注意到，低失業率數字還沒有轉化為工資或薪水的上升，工資與薪水仍處於歷史低點。川普不會告訴你這點，因為他想吹噓「低失業率」，但我們現在告訴你，這樣你就會知道，為什麼我們也相信鮑爾應該保持低利率。

5　請參考科恩（Joshua Cohen）與查理斯・塞伯（Charles Sable），"Directly Deliberative Polyarchy," among other essays in Joshua Cohen's *Philosophy, Politics, Democracy: Selected Essays* (Cambridge, MA: Harvard University Press, 2009)。另請參考科恩與塞伯的 "Global Democracy," New York University Journal of International Law and Policy 37 (2005): 763-97，https://scholar-ship.law.columbia.edu/faculty_scholarship/513。

6　引用彼得・德奇（Peter Deitsch）、弗索瓦・克拉夫（François Claveau），以及克萊門・弗丹（Clément Fontan），*Do Central Banks Serve the People?* (Cambridge, UK: Polity Press, 2018), 82-6。

7　作者之一──鮑伯──實際上是被紐約聯邦準備銀行專門僱用來組建一個「逆向思考部門」的。這是個了不起的例子，央行實際上試圖在內部制度化一種「交叉檢查」的課責機制。

8　聯準會經常做出「政治」決策，用完美的術語來說就是：這些是影響每個人的重大決定，與零售式競選活動中最基本的價值觀有關。經濟學家經常拿「貨幣」與「財政」政策進行對比，後者被認為是「分配的」、「政治的」，前者則不是。但它們不存在明顯的區別。透過不同的方法，它們都具有「配置性」或「分配性」。經由「直升機撒錢」，採取「人民的 QE」。與2008 年金融危機後的首輪 QE 相比，在不平等方面的附帶損害較小。或者購買公司債券，這基本上是一種「隱性產業政策」。為什麼不利用債券購買計畫來減少碳排放呢？為什麼不排除武器生產者呢？不這麼做是出於「政治」考量。關於這些觀點，請參考德奇、克拉夫，以及弗丹的 Central Banks。

9　請參考羅伯特・霍克特，"Bringing it All Back Home: How to Save Main Street, Ignore K Street, and Thereby Save Wall Street," *Fordham Urban Law Journal* 36, no. 3 (2009): 421-45，https://scholarship. law.cornell.edu/cgi/viewcontent.cgi?article= 1043&context=facpub。

10 "A Professor and a Banker Bury Old Dogma on Markets," *The New York Times*, Sept. 20, 2008, at https://www.nytimes. com/2008/09/21/business/21paulson.html。

11 除了上述有關承認錯誤的觀點外，德奇、克拉夫和弗丹也指出，方法、觀點和人的多樣性，也能提高「錯誤修正」的能力。

12 羅伯特・霍克特與丹尼爾・迪倫 （Daniel Dillon），"Income Inequality and Market Fragility: Some Empirics in the Political Economy of Finance, Part I," *Challenge* 62, no. 5 (2019): 354-74， https://www.tandfonline.com/doi/ abs/1 0.1080/05775132.2019.1638026，以及 "Income Inequality and Market Fragility: Some Empirics in the Political Economy of Finance, Part II," *Challenge* 62, no. 6 (2019): 427-52，https://www.tandfonline.com/ doi/ abs/10.1080/05775132.2019.1656894。另請參考前聯準會理事莎拉・布魯・拉斯金的 2013 年演講，"Aspects of Inequality in the Recent Business Cycle," Speeches, Board of Governors of the Federal Reserve System，https://www.federalreserve.gov/ newsevents/speech/raskin20130418a.htm。

13 關於「混蛋資本主義」與混蛋銀行家，請參考亞倫・詹姆斯，"Asshole Capitalism," ch. 6 in *Assholes: A Theory*。

14 羅伯特・霍克特，"Wells Fargo, Glass-Steagall and 'Do You Want Fries with That?' Banking," *The Hill*, September 22, 2016， https://thehill.com/blogs/pundits-blog/ finance/297256-wells-fargo-glass-steagall-and-do-you-want-fries-with-that-banking。

15 羅伯特・霍克特，"Warren, Yellen, and Bank Regulation's Forgotten Toolkit," *Forbes*, June 21, 2017，https://www.forbes. com/sites/rhock-ett/2017/06/21/warren-yellen-and-bank-regulations-forgotten-toolkit/#48bf68f23367。

16 請參考像是羅伯特・霍克特，"The Macroprudential Turn: From Institutional 'Safety and Soundness' to Systemic 'Financial Stability' in Financial Supervision," *Virginia Law and Business Review* 9, no. 2 (2014): 201-56，https:// papers.ssrn.com/sol3/papers.cfm?abstract_ id=2206189，以及羅伯特・霍克特，"Practical Guidance on Macroprudential Finance-Regulatory Reform," Harvard Law School Forum on Corporate Governance and Financial Regulation, November 22, 2013， https://corpgov.law.harvard.edu/2013/11/22/ practical-guidance-on-macroprudential-finance-regulatory-reform/。

第十五章

1 請參考亞倫・詹姆斯，"Preparing for Mass Unemployment: Precautionary Basic Income" in *The Ethics of Artificial Intelligence*, ed. Matthew Liao (Oxford: Oxford University Press, forthcoming)。也可以在詹姆斯的加州大學爾灣分校網站上的「學術出版物」找到，https:// www.faculty.uci.edu/profile.cfm?faculty_ id=4884。

2 請參考大衛・格雷伯，*Bullshit Jobs: A Theory* (New York: Simon and Schuster, 2018)。

3 請參考妮娜・班克斯（Nina Banks），

"The Black Woman Economist Who Pioneered a Federal Jobs Guarantee," Institute for New Economic Thinking, February 22, 2019，https://www.ineteconomics.org/perspectives/blog/the-black-woman-economist-who-pioneered-a-federal-jobs-guarantee。

4　最近的一篇關於衝浪的哲學探討——做為協調、具體化的技能練習——借鑒為什麼我們應該繼續資本主義的休閒革命，這場革命始於1940年代引入的每週 40 小時的工作制。減少工作對社會的貢獻，以及資本主義對我們不斷變化的星球的歷史協調的貢獻，與傳統工作一樣多。亞倫・詹姆斯，《衝浪板上的哲學家：從現象學、存在主義到休閒資本主義》（*Surfing with Sartre: An Aquatic Inquiry into a Life of Meaning*）(New York: Doubleday, 2017)。

第十六章

1　綠色新政決議案是作者其中一員——鮑伯——協助起草的，在此：認識聯邦政府創造綠色新政（H.R.109 決議案，第 116 屆國會〔2019年〕，https://www.congress.gov/bill/116th-congress/house-resolution/109/text）的責任。有活力的版本為羅伯特・霍克特與瑞安納・甘瑞（Rhiana Gunn-Wright），"The Green New Deal: Mobilizing for a Just, Prosperous, and Sustainable Economy" (Cornell Legal Studies Research Paper no. 19-09, Cornell Law School, Ithaca, NY, last revised March 19, 2019)，*Financing the Green New Deal: A Plan of Action and Renewal* (forthcoming 2020)。

2　請參考第十六章、第一節所引用的資料。

3　請參考霍克特，綠色新政。

4　同上。

後記

1　請參考羅伯特・霍克特，*A Republic of Owners* (New Haven: Yale University Press, forthcoming 2020)。

2　同上。

附錄

1　韋恩・戈德利與馬克・拉沃伊，Monetary Economics: An Integrated Approach to Credit, Money, Income, Production and Wealth (New York: Palgrave Macmillan, 2006)。

2　羅伯特・霍克特，"Bretton Woods 1.0: A Constructive Retrieval for Sustainable Finance," *New York University Journal of Legislation and Public Policy* 16, no. 2 (2013): 401-83，https://scholarship.law.cornell.edu/facpub/921。

3　國際貨幣基金，*Reserve Accumulation and International Monetary Stability*, April 13, 2010，https://www.imf.org/external/np/pp/eng/2010/041310.pdf，以及國際貨幣基金，*Enhancing International Monetary Stability—A Role for the SDR?*, January 7, 2011，https://www.imf.org/external/np/pp/eng/2011/010711.pdf。另請參考邁克・佩蒂斯（Michael Pettis），"An Exorbitant Burden," Foreign Policy, September 7, 2011，http://www.foreignpolicy.com/articles/2011/09/07/an_exorbitant_burden；邁克・佩蒂斯，*The Great Rebalancing: Trade, Conflict and the Perilous Road Ahead for the World Economy* (Princeton:

Princeton University Press, 2013)；喬瑟夫‧史迪格里茲，Making Globalization Work (New York: W. W. Norton., 2006)；傑瑞德‧伯恩斯坦（Jared Bernstein），"Dethrone 'King Dollar," *New York Times*, August 28, 2014，https://www.nytimes.com/2014/08/28/opinion/dethrone-king-dollar.html；弗雷德‧伯格斯坦（C. Fred Bergsten），"The Dollar and the Deficits," *Foreign Affairs*, November/December 2009，https://www.foreignaffairs.com/articles/united-states/2009-10-15/dollar-and-deficits；以及亞倫‧詹姆斯，"The Fairness Argument for International Money"（內容可在他的加州大學爾灣分校哲學系網站上找到，網址：https://www.faculty.uci.edu/profile.cfm?faculty_id=4884）。

國家圖書館出版品預行編目（CIP）資料

通膨的恐懼：消除你對貨幣供給過多的疑慮，從聯準會政策看
收入、失業率、惡性通膨問題的解答／羅伯特·霍克特（Robert
Hockett）、亞倫·詹姆斯（Aaron James）作；劉奕吟譯. -- 初版. --
臺北市：樂金文化出版：方言文化出版事業有限公司發行, 2022.9
304 面；17×23 公分
譯自：Money from nothing: or, why we should stop worrying about
debt and learn to love the Federal Reserve
ISBN 978-626-7079-42-3（平裝）

1.CST：中央銀行 2.CST：貨幣政策 3.CST：經濟學 4.CST：美國
562.4521　　　　　　　　　　　　　　111011070

通膨的恐懼

消除你對貨幣供給過多的疑慮，從聯準會政策看收入、失業率、
惡性通膨問題的解答

Money from nothing: or, why we should stop worrying about debt and learn
to love the Federal Reserve

作　　者　羅伯特·霍克特（Robert Hockett）、亞倫·詹姆斯（Aaron James）
譯　　者　劉奕吟

責任編輯　楊伊琳
編輯協力　林映華、賴玟秀
總 編 輯　陳雅如
行銷企畫　徐緯程、段沛君
版權專員　劉子瑜
業 務 部　康朝順、葉兆軒、林姿穎、胡瑜芳
管 理 部　蘇心怡、莊惠淳、陳姿仔

封面設計　賴維明
內頁設計　顏麟驊
法律顧問　証揚國際法律事務所 朱柏璁律師

出　　版　樂金文化
發　　行　方言文化出版事業有限公司
劃撥帳號　50041064
通訊地址　10046 台北市中正區武昌街一段 1-2 號 9 樓
電　　話　(02)2370-2798
傳　　真　(02)2370-2766

印　　刷　緯峰印刷股份有限公司
定　　價　新台幣 499 元，港幣定價 166 元
初版一刷　2022 年 9 月 7 日
I S B N　978-626-7079-42-3

Money from Nothing: Or, Why We Should Stop Worrying About Debt and Learn to Love the Federal Reserve
Copyright © 2020 by Robert Hockett and Aaron James
This edition arranged with C. Fletcher & Company, LLC.
through Andrew Nurnberg Associates International Limited

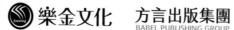

版權所有，未經同意不得重製、轉載、翻印
Printed in Taiwan